A L'IMAGE DU CULTE CELESTE

ODON MICHEE MITEO Donel

Il y a un Culte au ciel,

Une dévotion continuelle à la gloire exceptionnelle,

Une instance d'adoration sans limite à Celui dont le règne est

éternel!

Jour et nuit, les anges adorent sans être à court de mots.

Au cœur des quatre êtres vivants jaillit un chœur,

La symphonie d'un cantique nouveau.

Jetant leurs couronnes aux pieds de Celui même qui les a

couronnés,

Les vieillards se prosternent au mépris de leur dignité

Car, un Seul mérite de régner pour l'éternité!

Dans cet élan solennel,

S'exhale un arôme: l'adoration, le parfum perpétuel.

Le temps n'existe pas, l'heure n'a pas lieu, il y a ni pause ni

fatigue, ni sommeil ni assoupissement...

Oui, il y a un Culte au ciel,

Une dévotion perpétuelle à la gloire de Celui qui Etait, qui Est et

qui demeure: ADONAÏ,

Le Dieu indescriptible aux délices inépuisables !

Qu'en est-il donc du Culte sur terre ?

SOMMAIRE

DEDICACE

A mon père dans la foi, Apôtre **Jean-Paul KASWEKA,** visionnaire de l'Eglise « Cité du plein évangile Béthanie » qui est la maternité de ma vie en Christ, ainsi que son admirable épouse, pasteur **Justine KASWEKA**! M'ayant vu naître dans la foi, ils ont semé en moi la soif de Dieu qui, aujourd'hui a produit un adorateur et écrivain Chrétien.

Au couple pastoral **Guy et Virginie KASWEKA**, les vrais modèles qui ont marqué d'empreintes indélébiles le parcours de mon ministère à travers les salutaires encouragements.

Au couple pastoral, **Israël et Jemima KANKOLONGO**, eux qui ont guidé mes premiers pas dans la marche chrétienne, présents dans mes faibles commencements, ils ont fait montre d'une patience d'Ange à mon égard et demeurent jusqu'à ce jour une solide référence pour moi.

Je dédie enfin ce livre à tous les vrais adorateurs du Père, eux qui sont le reflet, la manifestation, et la révélation de la nature de Jésus-Christ au monde entiers.

REMERCIEMENTS

Gloire soit rendue à toi Seigneur Jésus Christ la sublime origine du savoir et le couronnement de toute intelligence. De la boue du péché tu m'as repêché, par ton sang tu m'as justifié, et dès lors, je suis devenu Enfant de Dieu et Adorateur du Père à la louange de la gloire de sa grâce. (Ephésien 1 :6)

Merci au Couple pastoral Rebecca et Obed SAMSON ainsi qu'à toute la famille Faveur de Dieu. L'expérience acquise au sein de l'Eglise à travers toutes les opportunités offertes à ma modeste personne, est en grande partie la source d'inspiration pour la réalisation de cette œuvre.

Je saisi l'occasion de cette rédaction pour présenter toute ma gratitude à la grande communauté Philadelphie. Qu'à travers elle, le couple apostolique : Roland et Viviane DALO, les couples pastoraux : Athom's et Nadège MBUMA ainsi que Ken et Nathalie LWAMBA trouvent mes sincères sentiments de reconnaissance pour leur apport inestimable à mon édification spirituelle.

A vous pasteur Henry Papa MULAJA, mon mentor, je dis sincèrement merci d'avoir accepté volontiers de préfacer cet ouvrage; le premier à mon actif.

Ma gratitude s'adresse de même à vous Prophète Grâce MWAMBA, Pasteur Emmanuel ITUMBA, Papa Christian

MWANANGWA pour vos touches personnelles et distinctes combien louables, qui ont teinté de leurs nuances respectives le contenu de ce livre.

Grand merci au Couple Dada et John KANKU, pour m'avoir toujours encouragé par des salutaires conseils me donnant d'avancer dans ma marche jusqu'à réaliser une telle œuvre.

Je pense également à la très nombreuse Famille TSHINEMA, que je ne saurais lister ici. Vous m'êtes tous très chers et je prie chacun de se retrouver dans cet échantillon mentionné : REBECCA, BEAU, SAMUEL, DALHIA, JEMIMA, BERACA.

Merci aux couples: Nadèje et Francis NDOKAYI ; Cynthia et Francis DUMBI, ainsi que Wendy et Rudy KIMVUIDI, pour votre apport combien louable que mes simples mots sauraient estimer!

Merci aussi à vous mes amis et compagnons dans la foi: les Apôtres Marc TSHITE et Daniel LUSUNGU, Les Prophètes Phinnées MBIYA et Daniel LUALABA, les Pasteurs Ezéchiel KALOMBO et Raymond NGIMBI, Wesley MAYI et l'équipe Aksanti Adore, Jessica LUTETE et la famille Intime avec Christ, Joëlle KAZADI et la Chorale Faveur de Dieu.

Je ne saurais tourner cette page sans mentionner Hélène KOMERWA, Harmonie AMINATA, Marianne KADIMA, Chimène MUKWA, Lucie MBAY, Vanessa SOMWE, Anisette MANGBELE, ainsi que tous ceux qui reconnaissent dans cette œuvre le fruit de leur franche collaboration. À vous tous et à chacun je dis sincèrement merci !

Votre Frère **Odon-Donel Michée MITEO**

PREFACE

« *Je publierai ton nom parmi mes frères, Je te célébrerai au milieu de l'assemblée.* » (Psaumes 22:22)

C'est pour rendre à Dieu un culte agréable que ses enfants se réunissent autour de Lui. En ces occasions, non seulement ils Lui rendre des hommages mérités, mais ils se ressourcent également auprès de Lui et reçoivent les instructions nécessaires à leur croissance tant spirituelle que matérielle. Il va donc sans dire que chaque enfant de Dieu devrait réaliser et intégrer en lui que le Culte reste un instant incomparable et un rendez-vous solennel richement béni.

Depuis que le Saint Esprit m'a donné des enseignements spécifiques sur le Culte, la louange et l'adoration, par la grâce de Dieu je ne cesse de les partager avec l'Eglise corps du Christ à travers des ouvrages, des conférences et des ateliers.

La lecture de cet ouvrage m'a ouvert à la connaissance d'autres vérités importantes. En inspirant de la sorte son serviteur Odon Michée, le Seigneur a certes voulu nous emmener à une nouvelle profondeur dans notre manière de lui rendre culte.

« A l'image du Culte céleste », dont l'auteur est un serviteur de Dieu pour qui j'ai beaucoup de respect, est un de ces livres qui enrichissent notre façon d'appréhender la communion avec notre

Père céleste. Je recommande vivement la lecture à tous les adorateurs de Jésus Christ.

Bonne lecture!

Votre Frère **Henry Papa MULAJA**

AVANT-PROPOS

Tout le long de ma petite expérience personnelle d'adorateur et de conducteur de louange, plusieurs fois j'ai été persuadé en moi-même d'avoir très bien assuré la conduite pour avoir vu des gens danser, sauter, adorer etc. et même avoir reçu des félicitations et des encouragements de la part des enfants de Dieu. Je me contentais donc de faire et refaire quasiment les mêmes choses pour revivre les mêmes effets jusqu'au jour où le Seigneur me fit vivre une expérience bouleversante, laquelle changea radicalement ma façon de rendre culte et de conduire la louange.

En effet, invité à un séminaire organisé par une église de Kinshasa, je vécus un fait insolite qui troubla profondément mon esprit. Le début du culte ce jour-là fut plutôt « normal », c'est-à-dire: animé et emballé dans une forte louange où l'on dansait et célébrait Dieu. A quelques minutes de la prise de parole de l'orateur du jour, la chorale entonna un cantique d'adoration en swahili qui emporta quasiment toute l'assemblée, y compris l'orateur qui, du reste, ne put prêcher. L'épilogue de ce chant avait une petite séquence répétitive disant juste: « *amina, amina, amina…* (Amen) ».

Mon oreille exercée de musicien bien tendue, la tête inclinée et les yeux fermés, je notai qu'à force de répéter cette séquence, les chantres et l'assemblée glissaient petit à petit hors de la tonalité du son des instruments. Au bout de quelques minutes, le désaccord fut total. Quelle disharmonie! Il me parut très bizarre que des musiciens aussi talentueux ne fournissent aucun effort pour aider l'assemblée à retrouver la tonalité du chant. Après avoir vainement tenté d'étouffer le son à mes oreilles pour me soustraire de cette terrible cacophonie, j'en vins à conclure que ces musiciens n'étaient que des amateurs, incapables de rester concentrés sur leur prestation.

Ne pouvant plus me concentrer, j'ouvris carrément les yeux pour voir ce qui se passait là devant. A ma grande surprise, tous les chantres étaient prosternés, plongés dans l'adoration, et les musiciens eux-mêmes, totalement emportés. Certains parlaient en langues et d'autres n'arrivaient même plus à jouer de leurs instruments. Ayant alors parcouru la salle du regard, je vis à mes côtés des gens allongés par terre, chantant, larmoyant, marmonnant des paroles inaudibles, sautillant de toutes parts…

En fin de compte, je réalisai que j'étais le seul resté « rationnel » et « intelligemment serein » au milieu d'un monde transporté par la mouvance du Saint Esprit. Après avoir pris la mesure de l'événement, je ne pus que conclure en toute sérénité que le grand distrait, déconnecté et incapable de concentration, c'était bien moi!

Cela m'affligea beaucoup. C'est alors, seulement, que le Seigneur commença à me faire comprendre que dans mes différentes conduites du culte, je n'étais jamais arrivé là où Lui m'attendait. Je me contentais du minimum que je pouvais, sans jamais vouloir aller plus loin, pour vivre ce qu'Il me réservait.

Depuis ce jour-là, ma façon de louer et d'adorer, voir même de me préparer pour un culte, changea radicalement et ma soif de la présence de Dieu monta de plus en plus. Cela m'a conduit jusqu'à la rédaction de cet ouvrage que je vous invite à déguster sans modération.

INTRODUCTION

Tout Chrétien sait sans nul doute que rendre Culte à Dieu est la raison fondamentale pour laquelle Christ a racheté l'humanité toute entière par le prix de son sang, en se donnant lui-même en sacrifice. En effet, c'est pour qu'ils le servent que, de sa main puissante, Dieu a libéré les enfants d'Israël du joug de Pharaon et les a fait monter du pays d'Égypte vers une terre réservée par Lui-même à cette fin (Ex 3 :12 ; 4 :23 ; 5 :1). Il en est de même pour l'ensemble de ses enfants, que nous sommes : dans son ineffable amour, Christ nous a également repêché d'un esclavage (celui du péché), nous a racheté pour Dieu au prix ultime du don de sa propre vie afin qu'en guise de reconnaissance, nous rendions continuellement au Seigneur un culte agréable dans la mouvance de son Esprit.

Qu'est-ce donc un culte ?

Avant de toucher la sève du thème, il sied bon de comprendre d'ores et déjà que le **culte** se résume en un moment d'intimité avec Dieu; un rendez-vous régulier et sacré où les rachetés s'assemblent autour du Seigneur, avec les cœurs remplis de reconnaissances et d'allégresses, animés d'une soif intense de lui rendre grâce pour toutes ses merveilles, de le louer, l'adorer, entendre sa voix et partager de bons moments avec Lui. En d'autres termes, pour un adorateur de Dieu, se rendre au culte (à l'Église ou dans une réunion chrétienne), c'est répondre personnellement à l'invitation de son Dieu, qui l'appelle à sa rencontre pour communier avec Lui. « *C'est là que je me rencontrerai avec toi ;...*» dit l'Éternel dans Exode 25 :22. Que la rencontre soit donc individuelle ou communautaire, le culte reste néanmoins un moment intime entre l'adorateur et son Dieu.

A l'image céleste quid ?

Tout culte sur terre est censé être un reflet du culte dans le ciel. C'est-à-dire, pour qu'il soit édifiant et agréable, le culte rendu à Dieu sur terre, se doit d'être en Esprit et en Vérité, selon le modèle que Lui-même s'est choisi. Un moment authentique réellement vivant et unique, plutôt qu'une simple formalité; une réunion routinière où l'on se présente comme pour juste s'acquitter d'un devoir. Un culte, c'est encore moins un passe-temps hypocrite des gens qui n'ont aucune soif de Dieu, mais qui en donnent l'impression juste pour avoir conscience tranquille au regard des traditions ou habitudes du milieu. Le Seigneur dit dans sa parole :

«Quand ce peuple s'approche de moi, il m'honore de la bouche et des lèvres ; mais son cœur est éloigné de moi, Et la crainte qu'il a de moi n'est qu'un précepte de tradition humaine. » (Esa 29 :13, Marc 15 :8). C'est donc un moment où les adorateurs s'approchent du Père avec des cœurs plutôt sincères et vrais. Tous les gestes accomplis tels que ; lever les mains, donner une offrande, se prosterner, etc. doivent provenir d'un cœur sincère, qui ne cherche pas à se faire remarquer par les gens mais bien à être vu par Dieu.

Il est le propre des assemblées de vrais adorateurs animés d'une intense soif de rencontrer personnellement Dieu, de lui rendre toute la gloire par les actions de grâce, les louanges, l'adoration, les offrandes, les témoignages, etc. Par ailleurs, il doit être conduit par un modérateur tout aussi adorateur, oint et sensible au mouvement du Saint Esprit. Son rôle, le même d'ailleurs pour tous les autres conducteurs de cultes, est celui d'influencer l'assemblée par sa conduite, afin de faciliter la rencontre personnelle de chacun des adorateurs qui la composent avec le Dieu qui l'y a invité.

Objectif du culte: glorifier Christ

L'immense amour de Dieu manifesté par le sacrifice de la croix est la profonde motivation qui pousse tout adorateur à Lui rendre son Culte. A cet effet, L'ultime finalité d'un culte authentique, c'est de rendre gloire à Dieu en réponse de cet amour par les actions de grâce, les louanges, l'adoration, les offrandes dont il est seul digne, comme le dit si bien le roi David dans Psaumes 26 :6-7 : « *Je lave mes mains dans l'innocence, et je vais autour de ton autel, ô Éternel ! Pour éclater en actions de grâces, et raconter toutes tes merveilles. »*

L'impact du culte : l'édification de l'adorateur

Le culte authentique déclenche la gloire de Dieu et fait évoluer l'adorateur, il le transporte de son état humain pour l'emmener à la dimension de Dieu. En d'autres termes, une véritable rencontre avec Dieu ne laisse pas l'adorateur inchangé : elle le marque d'une profonde empreinte. En fait, il est édifié, selon la profondeur de la relation qu'il a développée avec Dieu et celle du Culte qu'il lui rend. Lorsque cette gloire devient manifeste, elle impacte la vie de l'adorateur, l'édifie et le laisse rayonnant. Personne ne peut entrer dans la présence de Dieu et rester tel quel, personne ne peut croiser sa face et rester le même ; il y a toujours un changement qui doit se produire. A cet effet, en dépit de toutes les délices (les bénédictions matérielles) qui sont dans sa présence, Dieu embrase, par sa gloire, tout l'être de l'adorateur, l'absorbe par sa présence, le purifie et le rend saint à sa propre image afin qu'il soit le reflet de sa présence en tout temps et en tout lieu. C'est ici que l'adorateur cesse petit à petit d'être lui-même pour ressembler de plus en plus à Christ. Il n'a plus le même caractère : il n'est plus orgueilleux, sa langue ne supporte plus le mensonge, il ne calomnie plus, n'insulte plus. La conscience qu'il a de la présence de Dieu l'amène à avoir le péché en horreur. (Es 6:1-9).

Remarque

Bon nombre de cultes auxquels nous assistons de nos jours ne glorifient plus le Seigneur Jésus-Christ et, par conséquent, n'édifient presque plus les fidèles. Force est de constater que ces fidèles qui fréquentent l'église ou d'autres cadres à caractère pourtant chrétien ne font montre d'aucun changement dans leur vie au fil des jours, des dimanches, de veillées, etc. Ils demeurent les mêmes et affichent les mêmes comportements : orgueil, vol, mensonge, rancune, etc. En outre, ils restent confrontés aux mêmes soucis quotidiens (maladie, famine, chômage, stérilité, etc.), vivant ainsi comme s'ils n'avaient jamais rencontré Christ (Malachie 3 :18).

Par ailleurs, certaines églises commencent à proposer des cultes centrés sur des faits cliniques tels que les miracles, les prodiges, le surnaturel, les prédications de puissance, les prophéties… Ce qui emmène les enfants de Dieu à se focaliser sur de tels moments particuliers, au détriment du véritable culte, dans sa plénitude. Ces moments sont même, parfois, davantage mis en valeur au grand dam de la louange et l'adoration. Par conséquent, certains pensent que louer et adorer est une affaire des seuls musiciens. Il n'est donc pas étonnant de voir qu'ils ne se préparent plus suffisamment, ni même à temps pour se rendre au culte. Pourtant, Dieu n'attend pas que le prédicateur prenne la parole, ou que le service commence pour qu'il agisse. Souverain maître du Culte, il peut décider de visiter un adorateur dès les premières minutes de la rencontre, de toucher quelqu'un juste à travers le moment de louange ou d'adoration, par une parole inspirée prononcée par le modérateur, etc.

C'est étonnant de voir que même les motivations mêmes ont changé : les chrétiens ne vont plus tellement au culte à la rencontre de Dieu ; ils s'y rendent pour être vu par les hommes de Dieu, une relation particulière avec ces derniers ayant désormais prévalence sur celle avec le Seigneur! Aussi va-t-on souvent à leur rencontre pour chercher les miracles de Dieu, plutôt que le Dieu des miracles; les révélations de Dieu plus que le Dieu même qui révèle. Les fidèles s'en trouvent donc plus épatés par ce que font les hommes de Dieu qu'impactés par l'action du Saint Esprit. Mais le plus abominable reste de voir certains oints de Dieu commencer à prendre le centre du culte jusqu'à devenir objet de louange et d'adoration des fidèles.

Toutes ces observations, et tant d'autres encore, soulèvent autant de questions que d'inquiétude sur le gouffre qui sépare au fil des temps la manière dont l'intimité avec Dieu est de plus en plus perçue et la façon dont elle devrait l'être. Les préoccupations suivantes n'en constituent qu'un échantillon loin d'être exhaustif : Quel est donc le vrai sens du culte selon Dieu ? Quels sont les thèmes qui le composent ? Comment devons-nous le lui rendre pour déclencher notre édification ? Qui sont ses acteurs et que doit être son contenu ? Qu'est-ce qui le tue et comment le restaurer ?

Ce petit manuel ayant pour thème « *à l'image du Culte céleste* », se propose de s'étendre sur toutes ces considérations afin de remettre en lumière ce que notre créateur attend de nous dans la relation privilégiée qui nous lie. Il constitue donc un rappel à la conscience des adorateurs sur l'importance du véritable culte, la manière dont il doit être rendu pour demeurer édifiant, l'état dans lequel l'on doit s'y rendre mais également ce que doit être son contenu.

CHAPITRE 1

Le culte

I.   Esquisse notionnelle

Parmi les nombreuses définitions se rapportant au mot « *culte* », nous allons, dans le cadre de notre petite analyse, nous focaliser sur la plus courante, qui tire son origine du latin « *cultus* », participe passé du verbe « *colere* », signifiant « *adorer* ». Au sens très strict, *Cultus* veut aussi dire « *culture*», du verbe *cultiver, travailler, tourner tout autour* et, par extension, « *entretenir* »ou « *prendre soin de…* ». Et Comme nous allons le voir plus loin dans les lignes qui suivent, rendre culte c'est poser de bons actes intentionnels en vue d'améliorer la qualité de la *relation* qu'on entretient avec quelqu'un, Dieu, en l'occurrence.

Dans diverses religions, le culte est compris comme l'ensemble des rites et des cérémonies par lesquels on rend hommage à une divinité. L'Ancien Testament parle de culte pour instruire le peuple sur celui qu'il devrait rendre à l'Éternel une fois entré dans la terre de Canaan (Exode 13:5) ; mais aussi pour prévenir contre les faux cultes adressés aux corps célestes (Deutéronome 4:19). Ce culte de l'ancienne alliance avait pour centre « *les sacrifices* ». En effet, dès le début de l'humanité, les hommes ont exprimé leur reconnaissance et leur vénération à Dieu par des sacrifices (Genèse 4:4; 8:20; 35:14) en invoquant son nom (Genèse 4:26; 12:8). Au mont Sinaï, Dieu a codifié la manière de lui rendre un culte qui lui soit agréable.

Comme nous l'avions mentionnée dans la partie introductive : tout culte sur terre est censé être un reflet du culte dans le ciel. Celui de l'ancienne alliance était l'ombre des réalités célestes « *…lesquels célèbrent un culte, image et ombre des choses célestes, selon que Moïse en fut divinement averti lorsqu'il allait construire le tabernacle : Aie soin, lui fut-il dit, de faire tout d'après le modèle qui t'a été montré sur la montagne.* » (Hé 8:5). La nouvelle alliance nous présente Jésus-Christ qui a pénétré dans le sanctuaire céleste avec son propre sang et il y officie comme souverain sacrificateur (Hébreux 9:11, 12, 24). Les anges sont ses servants (Hébreux 1:14). Les séraphins louent Dieu nuit et jour (Esa 6:2-4). L'Apocalypse évoque en maints tableaux le culte céleste (Apocalypse 4:8-11; 5:8-14; 7:9-12; 11:15-19; 14:1-3; 15:2-4) dans lequel nous pouvons discerner aussi quelques éléments du culte chrétien de la fin du premier siècle. Bref, dans la nouvelle alliance le véritable culte consiste en une expression d'un ***profond attachement*** à Dieu (Phil 3 :3).

Avant d'aller plus loin, énumérons quelques formes de cultes et leur évolution dans le temps.

II.   Formes des Cultes

Il existe diversesformes de cultes. Nous allons en relever trois,qui nous intéressent dans le cadre de cet ouvrage : le Culte familial;le culte personnel ;le culte communautaire.

1. Culte familial

Le culte familial ou « le culte en famille », est un moment d'une grande importance où tous les membres de la famille doivent avoir l'habitude de se réunir autour du nom de Jésus. La famille constitue la cellule de base d'éducation et, la maison elle-même est considérée comme le sanctuaire vivant de Dieu. Il est dès lors très important de partager les valeurs chrétiennes entre frères et sœurs sous l'initiative des parents tant que tout le monde partage encore le même toit familial. Cela constituerait un vaccin préventif contre toute dépravation ou immoralité que l'extérieur pourrait proposer aux enfants. « *Et quand les jours de festin étaient passés, Job appelait et sanctifiait ses fils, puis il se levait de bon matin et offrait pour chacun d'eux un holocauste ; car Job disait : Peut-être mes fils ont-ils péché et ont-ils offensé Dieu dans leur cœur. C'est ainsi que Job avait* **coutume** *d'agir.* » (Job 1 :5). Le mot « coutume » ici, montre que c'était un acte habituel et régulier pour Job de rendre ce culte en famille.

Il est en principe de la responsabilité des parents de faciliter la création d'un climat favorable à l'intégration des écrits bibliques par le partage de la parole, la louange, l'adoration, la prière, etc. Cette atmosphère permettra d'inculquer aux enfants très tôt les valeurs telles que la fraternité et la diversité, l'unité etc. tout en bannissant les vices comme l'hypocrisie, le mensonge, etc. Cultiver ce moment de face à face entre frères et sœurs de la même famille, leur apprendre à demander pardon, à secourir, etc. pour que la vie de la maison devienne un parfum. Même en cas d'absence, on pourra alors être certain que ce climat ainsi déployé formera un bouclier contre les antivaleurs venant du monde extérieur. Les parents doivent aussi apprendre aux enfants la fidélité de Dieu pour que très vite ils apprennent à ne compter que sur Lui, selon qu'il est écrit : « *Le vivant, le vivant, c'est celui-là qui te loue, comme moi aujourd'hui ; Le père fait connaître à ses enfants ta fidélité* » (Es 38 :19) ; « *Tu diras alors à ton fils: C'est en mémoire de ce que l'Éternel a fait pour moi, lorsque je suis sorti d'Egypte. »* (Exode 13 :8).

En tant que chef de famille, le père doit aussi savoir que le véritable leadership n'est pas dans la position occupée, mais dans l'influence que l'on exerce. Les enfants doivent apprendre à adorer le Dieu de leur Père. (Éphésiens 6:4).

Qui sont les ennemis du culte en famille?

- ➢ **L'irrégularité** : (le culte de famille doit être vivant et non ennuyeux). Il peut prendre moins de temps, pourvu qu'il reste régulier. Ce qui importe à Dieu, ce n'est pas tant la durée de nos prières, mais bien notre constance dans sa présence.

- ➢ **La télévision** : plus personne n'ignore que de nos jours, la télévision est devenue tellement riche en programmes que tout le monde peut y trouver un passe-temps captivant. Il faut veiller à ce que cet attachement ne vienne pas empiéter sur le moment consacré à Dieu

- ➢ **L'individualism**e : Chacun veut vaquer à ses occupations, au moment de sa convenance et sans intéresser les autres, ni même simplement tenir compte de leurs propres activités. C'est là un virus dangereux qu'il vaut mieux détruire avant qu'il ne mette en péril l'unité de la famille.

➤ **Absence de leadership** : si les parents sont démissionnaires, le reste de la famille ne peut qu'en subir les conséquences néfastes. La mère doit prendre conscience de son rôle dans la cohésion familiale.

Il est important de savoir qu'un échec au niveau de la famille induirait fatalement une perdre de contrôle sur tout le reste. Voilà pourquoi donc il ne faut jamais négliger le culte familial. Il est une source efficace d'une éducation solide. Il pose un fondement inébranlable qui facilite la croissance chrétienne tant individuelle que collective.

2. Culte personnelle

2.1   Notion

De prime abord, il convient de noter que le culte personnel repose sur un élément très crucial : notre « *relation* » avec Dieu. Comme nous l'avons susmentionné, le mot culte dérive du latin **cultus** (adorer) qui, par extension veut dire cultiver. Le culte personnel consiste à cultiver ou entretenir notre relation d'intimité avec Dieu. Autrement-dit, il est question de poser de bons actes intentionnels en vue d'améliorer la qualité de notre relation avec Dieu. *« Considérer l'amour comme un acquis, c'est le tuer à petit feu ».*

Lorsqu'on vit dans une relation avec quelqu'un, à tout moment on cherche à poser de petits gestes d'attention (cadeaux, salutations, rencontres, appels, visites, partages, etc.) en vue de nourrir, de préserver, et de pérenniser ladite relation. Cela va de soit aussi avec Dieu :le salut reçu ne doit pas être pris pour un simple acquis ! La relation avec son adoré, en l'occurrence Dieu, se doit d'être entretenue et de rester interactive. Elle devient de plus en plus intime et solide au fur des moments de rencontres personnelles, durant lesquels l'adorateur recherche constamment le plaisir de son Seigneur, en posant notamment de bons actes (offrandes, louanges, adorations, actions de grâce, etc.), alors que Lui l'édifie en retour.

Dans l'ancienne alliance, il nous est montré comment Dieu lui-même prenait soin d'organiser des rencontres régulières avec son peuple, pour que ce dernier ne puisse s'éloigner définitivement et mépriser sa relation avec Lui. Ces rencontres se passaient dans des lieux que seul Dieu déterminait, en voici les plus courants : la *montagne* (Genèse 22 :2,14 ; Genèse 31 :54 ; Exode 3 :1.12 ; Exode 19 :3. 12.2) ; *la tente* (Exode 33 : 11) ou *tabernacle* (Exode 26 :30 ; Exode 35 :15) et enfin *le temple* (1Samuel 3 :3).

Cependant tous ces lieux ne suffisaient pas pour rendre un véritable culte perpétuel et le peuple ne cessait de se détourner de Dieu. En effet, seul le moment de rencontre avait l'influence sur l'homme et lui donnait la conscience de la présence de Dieu. Une fois dehors il oubliait ce contact. (Jacques 1 :23-24)

C'est pourquoi dans la nouvelle alliance, Jésus vient montrer un nouveau lieu parfait, une nouvelle forme de temple qui permettra à l'homme de rester continuellement en présence de son Dieu sans en sortir. Il dit à la femme samaritaine: « *...crois-moi, l'heure vient où ce ne sera ni sur cette montagne ni à Jérusalem que vous adorerez le Père (...). Mais l'heure vient, et elle est déjà venue, où les vrais adorateurs adoreront le Père en esprit et en vérité...* » (Jean 4 : 21-23) ; l'apôtre Paul ajoute : « *Ne savez-vous pas que vous êtes le temple de Dieu, et que l'Esprit de Dieu habite en vous ?* » (1Corinthien 3 :16).

Rendre culte à Dieu ne dépend donc plus d'un lieu fixe, car le nouveau temple c'est le corps même de l'adorateur, devenu ainsi le siège du Saint Esprit (1Co 3 :16-17 ; 1Co 6 :19). Par conséquent, on entre dans la présence de Dieu pour y demeurer et non pour en sortir peu après. Où qu'il soit, à n'importe quel moment, l'adorateur peut rendre culte à son Dieu. Désormais le culte n'est plus attaché à un lieu quelconque mais plutôt à la personne qui le rend à Dieu et ce, quel que soit le lieu où le moment. D'où l'expression « **culte personnel** ». Nous pouvons dès lors résumer le culte personnel en deux volets : le premier est intimement lié à la nature même de vie que doit mener un enfant de Dieu, alors que le second se rapporte aux moments particuliers que tout enfant de Dieu doit consacrer à son créateur.

2.2   *En tant que mode de vie*

Avant qu'il ne soit une rencontre à l'Eglise ou un moment particulier d'intimité, le Culte est la vie même de tout chrétien qui, du reste en tant qu'adorateur doit honorer son Dieu en tout lieu et en tout temps « ***l'adoration est attachée à l'adorateur comme étant sa propre nature*** ». Celui qui est né de Dieu doit comprendre que désormais sa vie est sensée être un parfum de bonne odeur qui monte continuellement vers son créateur.

Voici ce que l'Apôtre Paul nous dit dans son Epitre aux Romains : « *Je vous exhorte donc, frères, par les compassions de Dieu, à offrir vos corps comme un **sacrifice vivant**, saint, agréable à Dieu, ce qui sera de votre part un **culte raisonnable*** » Romains 12:1

Dans l'ancienne alliance, le terme *sacrifice* désignait plus particulièrement **l'immolation** d'animaux : taureaux, bœufs, vaches, béliers, brebis, boucs, chèvres. Comme rappel, en ce qui concerne le culte de l'ancienne alliance, avant d'offrir l'animal en sacrifice, il fallait commencer par le tuer pour qu'il soit dépourvu de toute volonté et résistance « *Il égorgera le veau devant l'Eternel ; et les sacrificateurs, fils d'Aaron, offriront le sang, et le répandront tout autour sur l'autel qui est à l'entrée de la tente d'assignation.* » (Lévitique 1 :5). Cependant, à travers le sacrifice par excellence à la croix, nous avons été mis à mort avec le Christ afin que par sa résurrection nous puissions retrouver la véritable vie en lui. Dans cet état de nouvelle créature, cette vie que nous avons ne nous appartient plus car, elle est désormais réservée à notre Seigneur Jésus Christ. (Ga 5 :20). Ainsi, le culte raisonnable que chacun doit rendre personnellement à Dieu dont parle l'apôtre Paul se résume en une offrande du corps comme « ***un sacrifice vivant*** » qui veut dire « ***donner sa vie en sacrifice*** ». Plusieurs sont ceux qui pensent que Dieu ne voit que le cœur alors s'amuse avec leur corps librement sans gêne comme ils veulent, pourtant en se donnant en sacrifice il s'agit de tout notre être qui doit honorer Dieu. En d'autres termes, ici le culte personnel est une vie de sainteté et de dignité, d'obéissance à la volonté de Dieu. La vie de l'adorateur de Dieu est semblable à un miroir dans lequel Dieu se regarde et voit le reflet de sa grandeur et de sa sainteté, et quand le monde nous regarde lit Christ en nous qui sommes son image et sa ressemblance. (Genèse. 1 : 26 ; 2Co 3 :18. 3:3 ; Romains 8 :19) *« De la même manière qu'un homme marié reste l'époux de son épouse non pas seulement à la maison mais quel que soit l'endroit où il se rend, ainsi nous sommes fils de Dieu non pas seulement à l'Eglise mais nous devons l'honorer où que nous soyons ».*

2.3   *En tant que moment particulier*

« Qui est donc cet homme qui, en épousant une femme, peut partir pour un voyage d'une durée de 50 ans en la laissant seule, sans donner aucune nouvelle ? Une telle relation aurait-elle quelque chance de subsister ? » Comme nous l'avons sus-évoqué dans le point précédent, le salut en Jésus-Christ introduit l'adorateur dans une relation permanente avec Dieu. Son corps étant le temple du Saint Esprit, toute sa vie devient un Culte continuel. Cependant, cela n'exclut pas d'avoir un moment particulier, un rendez-vous habituel avec Dieu. Un moment où Dieu nous forme et nous révèle sa volonté pour notre propre bien, voire pour celui de tout son

peuple. Chaque enfant de Dieu doit avoir ce moment particulier dans son quotidien, loin de tous les siens, un rendez-vous régulier et personnel à respecter, où il doit communier avec son Sauveur.

C'est pendant ce moment que l'adorateur s'approche davantage de son Dieu, non seulement pour lui exposer les soucis et problèmes qui le tourmentent, mais pour passer de bons moments avec lui dans la méditation de sa parole, la louange, l'adoration, etc. C'est également au cours de ces moments qu'il cherchera à connaitre Dieu davantage, à approfondir son intimité avec Lui, en priant et en apprenant à l'écouter, à lui obéir, à savoir distinguer ce qui est de Lui et ce qui ne l'est pas, à connaitre sa volonté pour lui-même et son prochain. « ***Plus on passe le temps avec Dieu, moins on considère la prière comme une question de durée, mais plutôt de profondeur, car un seul mot peut suffire pour susciter un exhaussement*** ».

Parcourons quelques passages bibliques montrant que Christ lui-même, le fils de Dieu, se retirait pour aller prier :

> ➢ *« Quand il l'eut renvoyée, il monta sur la montagne, pour prier à l'écart ; et, comme le soir était venu, il était là seul. »* (Mathieu 14 :23) ; *« Là-dessus, Jésus alla avec eux dans un lieu appelé Gethsémané, et il dit aux disciples : Asseyez-vous ici, pendant que je m'éloignerai pour prier. »* (Mathieu 26 :36) ; et d'autres passages vont dans le même sens : Marc 6 :46 ; Luc 9 :28.

De telles références existent également pour l'apôtre Pierre, notamment avant de se rendre chez Corneille : « *Le lendemain, comme ils étaient en route, et qu'ils approchaient de la ville, Pierre monta sur le toit, vers la sixième heure, pour prier.* » (Actes 10:9).

Il y a des choses que Dieu ne nous révèle au mieux que lorsque nous prenons un moment en aparté avec lui. « *Celui qui parle avec Dieu tôt le matin, regarde la toute la journée tout souriant en disant : je savais !* » (Pasteur Athom's MBUMA : redéfinir louange, adoration et culte)

Retenons que c'est ce moment particulier qui cultive davantage notre intimité avec Dieu. Tout enfant de Dieu devrait donc en avoir un et le respecter. Car c'est là que Dieu se révèle à nous et nous transforme, nous façonne ; c'est là qu'on apprend à l'écouter à davantage l'aimer etc.

3. Culte communautaire

3.1 Notion

Il est aussi appelé « ***culte corporatif*** ». Il s'agit en effet, du rassemblement des rachetés autour du nom de Jésus. (Manuel du cours « *Introduction générale à la conduite du culte* » par le pasteur Henry Papa MULAJA, RhemaWorshipSchool 2013).Un rendez-vous des personnes qui, après avoir réalisé l'amour qui découle de l'œuvre de la croix, décident de se réunir régulièrement pour parler de Jésus, le célébrer, l'adorer, etc. L'élément clé dans le culte, c'est « ***Christ au centre***» d'où l'essence du mot « ***Christocentrisme*** ». (Cf. pt IV de ce chapitre).

NB : l'expression « rassemblement des rachetés » n'exclut pas la participation des païens dans le culte, mais bien au contraire, l'objectif est de les influencer afin qu'eux aussi réalisent l'amour que Dieu a pour eux et combien la miséricorde que nous avons reçue depuis croix peut aussi les affranchir de l'esclavage du péché. Quant à sa forme et son déroulement, le culte communautaire a commencé depuis l'époque des apôtres et a connu une évolution importante avec le temps. Nous allons le voir en détails au cours de ces lignes.

3.2   Évolution

Dans la synagogue, le culte était centré autour de la lecture et de l'explication des Écritures : « *... il entra dans la synagogue le jour du sabbat. Il se leva pour faire la lecture, et on lui remit le livre du prophète Ésaïe ...*» (Luc 4 : 16-20). On y joignait des prières, la récitation du credo, le chant des Psaumes etc. Ce culte était assuré par des laïcs. Les premiers chrétiens ont repris les éléments essentiels du culte synagogal en y ajoutant le repas du Seigneur (Actes 2:46-47). Au fil du temps, le fond et la forme du culte ont beaucoup évolué. (Conférence sur « le culte édifiant » par le Pasteur Athom's Mbuma, Rhema worship School 2013).

A. Culte libre

Quant au déroulement des offices (dans l'église des premiers temps), nous avons l'impression d'une grande liberté. La proclamation de la parole, la lecture, le chant et la prière en étaient les éléments principaux, avec la Sainte Cène.

Dans ce système de culte, il n'y avait pas un modérateur qui devrait commencer par entretenir l'assemblée puis céder la place au prédicateur. Tous les chrétiens qui avaient reçu la bonne nouvelle par la bouche des apôtres se réunissaient dans ce qu'on appelait « *les assemblées* » et pouvaient chacun prendre la parole à tour de rôle et s'exprimer en toute liberté par un chant, un témoignage d'une expérience personnelle avec Dieu, une exhortation etc. « *Que faire donc, frères ? Lorsque vous vous assemblez, les uns ou les autres parmi vous ont-ils un cantique, une instruction, une révélation, une langue, une interprétation, que tout se fasse pour l'édification.* » (1Co 14:26) Le culte était donc caractérisé par:

> **la liberté** : « *Or, le Seigneur c'est l'Esprit ; et là où est l'Esprit du Seigneur, là est la liberté.* » (2Co 3:17) ; (1Co 14:26) ;

> **l'ordre** : « *car Dieu n'est pas un Dieu de désordre, mais de paix. Comme dans toutes les Églises des saints,* » (1Co 14:32-33)

> **les prières compréhensibles et en langues** : « *Car si je prie en langue, mon esprit est en prière, mais mon intelligence demeure stérile. Que faire donc ? Je prierai par l'esprit, mais je prierai aussi avec l'intelligence ; je chanterai par l'esprit, mais je chanterai aussi avec l'intelligence.* » (1Corinthiens 14:14-15) ;

> **le chant de Psaumes, d'hymnes et de cantiques spirituels** : « *entretenez-vous par des psaumes, par des hymnes, et par des cantiques spirituels, chantant et célébrant de tout votre cœur les louanges du Seigneur* » (Éphésien 5:19) ; (Col 3:16)

> **la lecture des Écritures** : « *Jusqu'à ce que je vienne, applique-toi à la lecture, à l'exhortation, à l'enseignement.* » (1Timoté 4:13)

> **des lettres d'apôtres** : « *Eux donc, ayant pris congé de l'Église, allèrent à Antioche, où ils remirent la lettre à la multitude assemblée. Après l'avoir lue, les frères furent réjouis de l'encouragement qu'elle leur apportait.* » (Actes 15:30-31) ; et d'autres références telles que : Col 4:16 ; 1Théssalonissiens 5:27.

> **des paroles d'enseignement, d'exhortation et d'édification** :« *Paul y entra, selon sa coutume. Pendant*

trois sabbats, il discuta avec eux, d'après les Écritures, » (Actes 17:2) ; on peut lire aussi :(Actes 18:28) ; 2Ti 3:16.

Remarques :il est bien évident qu'une liberté mal gérée finit inéluctablement par outrepasser les limites et se transformer en libertinage. L'assemblée prenant de l'expansion, et tout le monde voulant prendre la parole, peu à peu le désordre a commencé à s'installer. Très vite, cette spontanéité a disparu, et l'habitude s'est introduite d'avoir un ordre de service plus ou moins rigide : c'est le commencement de la *« la liturgie »*.

B. Culte liturgique

Déjà dans la 'Didachè' (Doctrine « dite » des Apôtres, document daté de la fin du 1er siècle, début du 2ème), la tendance est amorcée. On appelle *liturgie* un texte prévu d'avance pour un office religieux. Le mot en soi, vient d'un terme grec qui signifie, étymologiquement : service public. Il était utilisé dans la version grecque ancienne de l'Ancien Testament pour désigner le service au Temple dans tous ses aspects. La liturgie et d'autres termes qui lui sont apparentés apparaissent quelque fois dans le Nouveau Testament, mais dans un sens beaucoup plus général pour indiquer n'importe quel service à caractère sacré (Luc 1.23; Act 13.2; Rom 13.6; 15.16, 27, etc.) Au cours des siècles, le cléricalisme et le formalisme se sont aggravés, et la liturgie s'est figée de plus en plus. L'exemple parfait, nous pouvons le constater dans l'avènement de l'Église universelle « Catholique », qui va tenter de résoudre le problème de débordement dont a fait montre le culte libre. En effet, chez les catholiques, la liturgie consistait à déterminer les différentes étapes qui composent le culte « la *messe*» (un recueillement avec respect) auxquelles il faut veiller pour assurer l'ordre et le respect quant au fond et à la forme dudit culte. Ainsi donc, le déroulement se faisait suivant un ordre de services écrits d'avance, des prières lues, voire même parfois des réponses. Ceci a eu pour conséquence:

➢ Le temps est désormais bien déterminé et respecté (heure du début et de la fin) ;

➢ La parole n'est plus donnée à tout le monde ;

➢ Celui qui doit parler est averti bien avant et sait de quoi il va parler ;

➢ Les écritures ne sont pas lues ni mises à la portée de tout le monde ;

➢ Le culte inspire un profond respect, une révérence de son lieu et de tous les rituels qui s'en suivent (eucharistie, les sacrément, etc.).

Remarque :

Le système du culte liturgique chez les catholiques a eu beaucoup d'avancés. L'ordre et le respect du sacré étaient bien assurés afin d'éviter des excès. Cependant, dans le même souci de maintenir le respect du culte, les catholiques vont réincorporer dans le déroulement de leur messe certains rites de l'ancien testament, qui avaient déjà été abandonnés parce qu'ils n'avaient plus de place dans le culte de la nouvelle alliance. Ils ont réinséré des éléments tels que l'encens, les statues et le chandelier (Ex 30 :4 ; Lev 2 :1-2 ; Ex 20 :4 ; Ex 25 :31). Leur souci était de matérialiser la présence de Dieu dans le temple comme dans l'ancienne alliance. C'est de cette façon qu'on a retrouvé dans leurs endroits cultuels des dessins, des statuettes, chapelet, crèches… pour renforcer chez les fidèles la conscience d'être en face du Seigneur durant la messe.

La réforme réagit face à cette tendance en proclamant le sacerdoce universel des croyants. Ce qui, du reste, fut loin de faire l'unanime. Luther aurait voulu donner une responsabilité beaucoup plus considérable au peuple chrétien, mais il dût constater que les fidèles n'avaient pas la maturité voulue pour un tel changement. Les Églises luthériennes, réformées et surtout anglicanes ont donc continué à réserver aux ecclésiastiques dûment installés le privilège de présider le culte, et elles ont maintenu une liturgie assez élaborée. Les Églises dissidentes qui ont vu le jour peu à peu, depuis le temps de la Réforme, ont réagi contre cette tendance en allant plus ou moins loin dans la direction opposée. Aujourd'hui encore, nous avons au sein du protestantisme des communautés aux formes liturgiques fixes, avec un ordre de service écrit d'avance, des prières lues, et même parfois des réponses également prédéterminées. D'autres « *protestants* » ont protesté avec véhémence le système catholique, avec sa façon d'exprimer les croyances, voir même la forme et le fond de ses messes. A la place, ils ont préféré un culte plus spontané, quelque fois exubérant, focalisé sur un élément essentiel appelé « *l'évangile*», et auquel plusieurs fidèles participent activement.

C. Culte évangélique

Ce culte évangélique est venu avec les protestants qui se sont opposés à toute influence de religion que les catholiques imposaient au monde. Tout en héritant de la liturgie, les protestants entrainés par de grands noms comme **John et Charles Wesley,** ont écarté tous les rites de l'ancien testament repris par les catholiques, en récupérant quelques éléments du culte libre (témoignages, cantiques, etc.) tout en y incorporant un élément essentiel : « *l'évangile* » ou *la « prédication* ». En effet, pour ce système, l'évangile est l'élément central et capital de la rencontre cultuelle. On ne peut pas, dès lors, concevoir un culte sans prédication. Le moment de la parole est considéré comme le plus important de tout le culte, au détriment de tout le reste. C'est ainsi que la nécessité d'une personne qu'on appelle « *modérateur* » s'est imposée. De la même manière que **Jean-Baptiste** devrait proclamer le baptême de la repentance dans le désert afin de préparer les cœurs des gens à la rencontre avec Jésus (Marc 1 : 1-8), ici le modérateur a pour rôle de gérer l'assemblée pendant un moment afin de la préparer à recevoir l'évangile qui sera apporté par le prédicateur. Généralement le culte se déroulait comme suit:

➢ Prière de remerciement,

➢ Confession des péchés et demande de pardon ;

➢ Prière de sanctification ; Invocation du saint Esprit,

➢ Prière d'autorité ; Louange et adoration,

➢ Prédication,

➢ Offrande, sans oublier les témoignages, cantiques individuels, etc.

Remarques : malgré la bonne intention de recadrer les choses, le système du culte évangélique n'est pas resté sans reproche. En fait, là aussi, des habitudes ne tardaient pas à s'établir et des innovations sont parfois accueillies avec défaveur aux yeux des autres croyants. A titre exemplatif:

➢ le modérateur est comme un simple animateur qui attend juste qu'un certain quorum soit atteint dans la salle pour céder la place au prédicateur. Tant qu'il n'est pas atteint, il s'improvise dans diverses directions, bref une conduite sans aucune orientation du Saint Esprit ;

> ➤ les gens de l'assemblée deviennent des habitués dans le culte, ils savent par quoi ça commence et comment tout finit ;

> ➤ quelle que soit la manière dont le fidèle a marché avec son Dieu, il préfère attendre le jour du culte pour implorer le pardon de ses péchés ;

> ➤ le fidèle peut venir en retard pour écouter juste la prédication parce qu'on lui a appris que c'est le moment crucial du culte ;

> ➤ le fidèle néglige complètement les autres étapes du culte, comme la louange et l'adoration, les offrandes; etc.

Si chez les catholiques les fidèles se pressaient d'arriver tôt et bien avant que le prêtre n'entre afin de ne pas trouver les portes verrouillées, chez les protestants, un certain laxisme devenait de plus en plus manifeste par des retards exagérés des fidèles car, ils se disaient : l'essentiel c'est d'écouter la parole. Plus loin, avec les technologies modernes, des cultes sont retransmis à la radio ou à la télévision, sans parler d'internet. Par conséquent, certains fidèles préfèrent carrément suivre la prédication de loin (à la maison, dans la voiture, etc.), la louange, l'adoration, la communion fraternelle, et même certains éléments du culte restant complètement sans importance pour eux. A ce système, un autre courant de chrétiens est venu s'ajouter : ceux qui ont estimé qu'il ne fallait pas rester aussi cartésien que les protestants. Au-delà de la prédication, le croyant doit expérimenter la démonstration de la puissance de cette parole prêchée par l'action du Saint Esprit : « *la pentecôte* ».

D. Culte pentecôtiste

Comme le mot le dit si bien, les pentecôtistes tirent leur existence des actes des Apôtres (Actes. 2 :1-4). L'effusion et le rôle du saint Esprit sont d'une telle importance que leur influence devient prépondérante dans le déroulement du culte.

Si le moment de la prédication demeure la partie maitresse du culte, il faut néanmoins que cette parole soit accompagnée d'une démonstration de l'action du Saint Esprit. Autrement-dit, si la parole est centrée sur la guérison ou la délivrance, par exemple, l'assemblée doit expérimenter concrètement ces choses. Le déroulement du culte prend ainsi une nouvelle dimension. En effet, si les pentecôtistes ont gardé certains éléments du culte libre (témoignage, cantique individuel, etc.), perpétué la liturgie et reconduit la prédication, tout comme les protestants, ils y ont ajouté un élément nouveau appelé « *le service* ». La prédication est ainsi suivie d'un moment intense de prière en rapport avec la parole prêchée afin de favoriser l'occurrence des miracles tant attendus. Le Saint Esprit est donc librement en action et se manifeste par des services de guérison, délivrance, des déclarations etc.

Remarques : le culte pentecôtiste a manifesté aussi quelques défaillances telle que :

> le temps du culte, tout particulièrement l'heure de sa fin n'est plus respectés parce qu'ils disent ne pas pouvoir « limiter l'action du Saint Esprit » ;

> les étapes du culte ne sont plus observées parce que c'est le Saint Esprit qui décide de tout ;

> Le même désordre qu'affichait le culte libre, et que l'on avait tenté de résoudre par l'insertion de la liturgie, commence à refaire surface.

Bref, seul le saint Esprit, à travers l'homme qu'il s'est choisi, décide de la manière dont le culte devra se dérouler. Cet état de choses a également eu des conséquences significatives, dont la naissance d'un nouveau courant de chrétiens qualifiés de **« charismatiques »**

E. Culte charismatique

Sans entrer dans les menus détails, *'charisme'* ou *'charisma'* relève d'un don obtenu par *'charis'*, c'est-à-dire par grâce (1Corintiens 12). Dans le grec usuel, on employait le mot *'charisma'* pour désigner tout don reçu gratuitement. Dans le cadre de notre analyse du culte, il s'agit de la personne qui a reçu ce don spirituel, c'est-à-dire l'oint de Dieu, le canal par lequel le saint Esprit agit. Il est communément appelé « *l'homme de Dieu* ».

Depuis son avènement, l'influence de l'homme de Dieu sur le déroulement du Culte a pris une telle ampleur qu'il peut, de nos jours, en changer la direction à sa guise. Le culte vise de moins en moins la rencontre avec Dieu, pour se tourner de plus en plus vers l'homme que Dieu s'est choisi. En d'autres termes, l'homme par qui la parole est annoncée assure également le service. Alors, quand la démonstration de l'action du Saint Esprit est très manifeste, toute l'assemblée en est épatée au point de commencer à porter toute son attention sur lui. *L'homme de Dieu mérite un double honneur* (1Tim 5 :17).

Remarques : le culte charismatique affiche quelques constats entre autres :

> L'homme de Dieu tient le culte en sa disposition et peut le modifier à sa propre guise ;

> les gens commencent à venir au culte pour voir l'homme de Dieu et expérimenter les miracles au lieu de rechercher Dieu; tout ce qui se passe avant son entée n'a presque plus d'importance et le culte commence véritablement avec son entrée ;

> l'entrée de l'homme de Dieu devient tellement élogieuse qu'il arrive de plus en plus que le service en cours (y

compris la louange et l'adoration) soit interrompu pour faire place à l'animation qui entoure son accueil ;

➢ le fidèle vient au culte pour chercher le Dieu de…au lieu d'être animé par la soif de rencontrer personnellement son Dieu ;

➢ on commence à assister au culte de la personnalité et à des spectacles parfois insolites; la soif de rencontrer Dieu n'y est presque plus, les chrétiens deviennent des fanatiques d'un homme ; etc.

Le plus grand danger est le détournement de l'adoration, repas exclusif de Dieu, au profit d'un homme (Exode 20). Que faire donc?

F. Le modèle qui convient

Notons d'ores et déjà que la recherche d'un modèle qui convient ne devrait pas être perçue comme un jugement porté sur les uns et les autres, mais plutôt comme un effort de repérer les éléments essentiels et authentiques d'un culte rendant véritablement gloire à Dieu et édifiant son assemblée. L'observation du Nouveau Testament et de la souplesse qui caractérise le culte chrétien primitif devraient nous mettre sur nos gardes pour éviter le formalisme, quelle qu'en soit la nature. Si le Saint Esprit n'est pas à l'œuvre, les plus belles formes (de cultes) restent creuses ; l'absence de forme ne valant pas mieux. Par ailleurs, si l'assemblée vibre sous l'action de l'Esprit, un souffle bienfaisant animera la liturgie la plus traditionnelle et inspirera les interventions les plus spontanées.

Le vrai modèle du culte est celui qui est rendu à Dieu par l'Esprit sur terre comme au ciel (Phil 3 :3). « ***Ce qui est de Dieu est donné par Dieu, rendu à Dieu par Dieu lui-même en nous*** ».En effet, par le Saint Esprit, Dieu lui-même nous inspire le modèle du culte que nous devons lui rendre. Seul le Saint Esprit est maitre du culte et en connait les limites. « (…) *Dieu nous les a révélées par l'Esprit. Car l'Esprit sonde tout, même les profondeurs de Dieu.* » (1Corinthiens 2 :10). C'est lui qui sonde les profondeurs de Dieu, décèle les besoins cachés au cœur du Père, les révèle à ses enfants afin que leur culte lui soit rendu en toute liberté (2Corinthiens 3 :17), selon son modèle « *sur terre comme au ciel* » et que par lui, Christ soit glorifié et l'adorateur édifié.

Cependant, il sied de noter que si par l'Esprit le culte doit se dérouler en toute liberté, notre Dieu aime l'ordre : « *car Dieu n'est pas un Dieu de désordre, mais de paix.* » (1 Co 14 :33) ; « *Mais que tout se fasse avec bienséance et avec ordre.* » (v.40). Ainsi, dans le souci d'éviter les excès, on en est arrivé au système du ***conducteur du culte***.

L'on peut donc retenir qu'un culte modèle se caractérise, entre autres, par :

➢ Les éléments qui composaient le culte libre (culte libre) ;

➢ une forme de cheminement allant d'une étape à une autre (culte liturgique) ;

➢ la prédication (culte évangélique) ;

➢ le service selon la direction divine (culte pentecôtiste) ;

➢ le respecte des hommes que Dieu s'est choisis sans les vénérer ni les adorer (culte charismatique).

Autrement dit le culte reste un rendez-vous que Dieu lui-même donne à son peuple, car c'est lui qui a dit « venez à moi… » (Mat 11 : 28 ; Ex 3 :12-13). Cette rencontre est donc organisée par Dieu lui-même qui nous invite à sa rencontre, étant lui-même omniprésent (Luc 14 :16-17).

Que faut-il retenir?

➢ **premièrement**: ce n'est pas le prédicateur qui amène Dieu à l'heure de la parole. Bien au contraire, Dieu nous précède et c'est lui qui nous invite. Toujours fidèle, il est présent déjà au début du culte comme **Alpha,** durant tout son déroulement comme **Emmanuel,** et jusqu'à sa fin comme **Omega**. Il ne faut donc pas privilégier certaines étapes du culte au dépend des autres (exemple : venir au culte seulement le moment de la prédication) car, la visitation divine peut arriver à tout moment; Dieu peut guérir au moment de la louange, exhausser au moment des offrandes, fortifier au cours du témoignage d'un bien aimé, orienter par une seule parole que le modérateur aura prononcée pendant la conduite, etc.

> **ensuite** : l'objectif premier d'un adorateur qui se rend à un culte doit être de *rencontrer* non pas les hommes mais **le Dieu** qui l'ya **invité**. Ceci doit motiver et entretenir toute la soif d'arriver à l'heure (voire même bien avant le service), avec un cœur sensible et bien disposé à rencontrer Dieu. Par conséquent, l'on ne devrait pas attendre le moment du culte pour confesser ses péchés mais, en revanche, on doit plutôt s'apprêter avant de s'y rendre (Cf. parabole des dix vierges de Mat 25). Maitre du culte, Dieu peut visiter quelqu'un à tout moment, selon sa soif et sa disposition. Chaque seconde passée dans sa présence est donc d'une telle importance qu'elle peut changer toute une éternité. Tout dépend donc du degré de la soif qui anime le cœur de chacun: « *nul ne peut accuser un robinet à cause de la quantité d'eau qu'il a décidé d'y puiser* ».

> **enfin** : il est de la responsabilité des **conducteurs de culte** (y compris le modérateur) de *faciliter* cette rencontre entre

l'assemblée et Dieu. Leur conduite (les chants, les paroles de motivation, les requêtes, etc.) est censée influencer l'assemblée afin que chacun de ses membres arrive à rencontrer son Dieu personnellement.

III.   Les éléments d'un Culte authentique

Nous l'avons dit ci-haut, le culte est authentique lorsqu'il est sincère, vrai et rendu à Dieu selon sa volonté en Esprit et en Vérité. Pour un culte authentique à l'image du ciel, il existe trois éléments importants établis par Dieu depuis l'ancien testament et qui, dans la nouvelle alliance ont pris une dimension spirituelle pour le décrire : l'autel, le sacrifice et le sacrificateur.

1. L'autel

Il s'agit d'une construction élevée, où l'on brûle l'encens ou les sacrifices offerts à la divinité. La loi fondamentale de l'autel hébreu, incorporée dans l'alliance divine donnée au Sinaï avant la construction du tabernacle, prescrivait d'élever un autel de terre ou de pierre partout où l'Éternel se manifesterait. Cette loi fut la première à garantir l'érection d'autel dans le tabernacle et dans le temple, où l'Éternel serait perpétuellement présent. Il était érigé avec douze pierres, ce qui représentait l'alliance de Dieu avec Israël son peuple « *Moïse écrivit toutes les paroles de l'Eternel. Puis il se leva de bon matin ; il bâtit un autel au pied de la montagne, et dressa douze pierres pour les douze tribus d'Israël. »* Exode 24 :4.

Le sacrifice de la croix nous a introduit aussi dans une nouvelle alliance que Dieu a conclue avec tous ceux qui ont dit oui à cet amour manifesté. Désormais l'autel représente ***le cœur de l'adorateur***. Le premier élément qui fait que le culte soit authentique, c'est un cœur sincère et vrai, constamment bien disposé, rempli d'amour et prêt à se déverser devant Dieu.

De la même façon que l'autel emmenait tout sacrificateur à se remémorer l'alliance que Dieu a conclue avec son peuple, aussi le cœur de l'adorateur lui rappelle continuellement l'alliance conclue avec Dieu à travers l'œuvre de la croix.

2. Le sacrifice

Sous l'ancienne alliance, Dieu acceptait les sacrifices d'animaux. Mais compte tenu du sacrifice suprême de Christ, les sacrifices de l'ancien testament ne sont plus nécessaires. L'épître aux Hébreux insiste beaucoup sur le fait que le culte et les sacrifices mosaïques étaient « l'ombre des choses célestes » (Hébreux 8:4-5) ; ils représentaient sous une forme imagée et prophétique le grand sacrifice de la croix. (Hébreux 9:11-12). Par conséquent, pour celui qui est en Christ, le seul acte d'adoration acceptable consiste à s'offrir entièrement au Seigneur. Le culte authentique requière l'offrande du corps (l'être tout entier) comme sacrifice vivant *« Je* *vous exhorte donc, frères, par les compassions de Dieu, à offrir vos **corps comme un sacrifice vivant**, saint, agréable à Dieu, ce qui sera de votre part **un culte raisonnable**.* » Romains 12 :1, « *Selon ma ferme attente et mon espérance que je n'aurai honte de rien, mais que, maintenant comme toujours, **Christ sera glorifié dans mon corps** avec une pleine assurance, soit par ma vie, soit par ma mort* » Philippiens 1:20. Le sacrifice de la nouvelle alliance se résume donc en une consécration totale à Dieu « ***parce que Christ est mort pour nous, nous devons vivre pour Lui*** ».

3. *Le sacrificateur (adorateur)*

Avant, le Sacrificateur ou Prêtre était le Ministre attitré du culte, qui officiait à l'autel et accomplissait certains rites pour le compte de la communauté. Médiateurs entre l'homme et Dieu. La hiérarchie se présentait comme suit :

- ➢ Aaron (ou son successeur), le souverain sacrificateur, ayant accès une fois l'an dans le lieu très saint au jour des expiations ;

- ➢ Les sacrificateurs et les lévites, chargés du service du sanctuaire, exerçant leurs fonctions jusque dans le lieu saint ;

- ➢ Le peuple, admis à présenter ses offrandes dans le parvis devant l'autel des holocaustes.

Dans le Nouveau Testament, Christ est le souverain sacrificateur unique et parfait (Hé 7:24-28) ; les croyants font tous partie du sacerdoce royal une armée des adorateurs, étant devenus rois et sacrificateurs avec Celui qui les introduit jusque dans le lieu très saint, dont le voile a été déchiré (1Pi 2:5,9 ; Ap 1:6 ; Hé 10:19-22). *« Chaque adorateur doit s'approcher de Dieu avec un cœur sincère pour s'offrir lui-même en sacrifice »*

IV.   Les critères d'un culte authentique

Une fois les trois éléments cités ci-haut réunis, le vrai culte doit manifester quelques critères importants entre autres : être complet, avoir Christ au centre, rendre gloire à Dieu et édifier son peuple.

1. Complet

Il fut une fois un pasteur qui, prenant la parole pour prêcher lors d'un culte, prononça ces paroles : *« nous avons tout fait ;à présent nous allons passer aux choses sérieuses »*. Cette pensée sous-entend que tout ce qui s'est passé avant sa prédication ne valait absolument rien et n'était qu'un passe-temps. A force d'écouter de tels propos, beaucoup d'enfants de Dieu sont devenus attachés juste à un moment particulier d'un culte, au mépris du reste. De nos jours, l'on voit assez régulièrement des enfants de Dieu arriver près d'une heure et demi après le début d'un culte qui doit en durer deux, pour n'offrir finalement à Dieu que des miettes du temps ainsi restant. Le véritable culte doit être rendu à Dieu dans son intégralité, dans toute sa plénitude, en considération de tous les différents moments qui le composent (les actions de grâce, la louange et l'adoration, la prédication, les offrandes, les témoignages, etc.), en d'autres mots, il ne doit pas se focaliser sur un moment spécifique. En revanche, chacune des étapes qui la composent doit être considérée comme un moment sacré, car chaque minute et chaque seconde sont d'une telle importance qu'elles requièrent une attention soutenue et une sensibilité spirituelle aiguisée de la part de chaque adorateur, d'autant plus qu'il se tient en présence du Roi des rois. Pour rendre un tel Culte à Dieu, les vrais adorateurs doivent se compter parmi les personnes qui arrivent à temps, ayant constamment présent à l'esprit que la présence du Seigneur n'est pas liée au début de quel que service que ce soit.

2. Christ au centre (Christocentrisme)

Comme nous l'avons déjà évoqué, le culte communautaire est un rassemblement des rachetés autour du nom de Jésus Christ. Lui seul reste et demeure l'unique centre du culte. L'assemblée se réunit en sa présence et en son nom. Toute l'attention et toutes les pensées des adorateurs doivent se focaliser sur nul et rien d'autre que Jésus, seule raison de tels rassemblements et du culte rendu en ces occasions.

Examinons de près un passage clé qui exprime le christocentrisme dans les réunions chrétiennes. C'est le Seigneur Jésus Christ qui dit : « *Car là où deux ou trois sont assemblés en mon nom, je suis au milieu d'eux.* » (Mathieu 18 :20). Là où deux ou trois sont assemblés en mon nom (autour de Lui), je suis là, au milieu d'eux.

➤ *Là où* : C'est une grande grâce que le Seigneur nous a accordée en nous laissant cette promesse de sa présence au milieu des rachetés qui invoquent son nom. C'est une grande grâce aussi qu'il l'ait formulé d'une manière à la fois brève et complète, dans des termes précis sur lesquels nous pouvons nous pencher. En quelque lieu que ce soit : dans un édifice religieux, dans la salle de séjour d'un modeste appartement ou sous le manguier.... Quand Jésus prononçait ces paroles, il était encore sur la terre, mais il parlait pour le moment actuel pendant lequel il se trouve dans le ciel : dans le ciel oui, et pourtant là, sur la terre aussi. Certes, nous ne le voyons pas physiquement mais, néanmoins, par la foi. Pouvant jouir de sa présence, là au milieu de nous, nous pouvons nous estimer bienheureux : « *Bienheureux ceux qui n'ont point vu et qui ont cru* » (Jean 20:29).

➤ *Deux ou trois* : D'après la tradition juive, un minimum de dix hommes (un minyan) est requis pour constituer une synagogue ou présenter une prière publique. Christ assura ses disciples qu'il serait présent au milieu d'eux, quand même ils formeraient un groupe plus petit encore: deux ou trois témoins rassemblés en son nom afin d'exercer la discipline. En principe, c'est le nombre minimum qui existe pour pouvoir parler d'une réunion. Sachons-le donc, le petit nombre n'apporte aucune restriction à la présence de Jésus, qui ne méprise pas l'extrême faiblesse.

➢ ***Sont assemblés en mon nom*** : Ils ne se sont pas assemblés parce qu'ils adhèrent à une association. Ils sont plutôt venus pour être nombreux autour de leur Maître et Sauveur, portés par le besoin de lui parler, de se laisser enseigner par lui, de se réjouir ensemble dans sa présence.

➢ ***Je suis.*** *:* JE SUIS est le nom de Dieu, qui nous parle de son éternelle existence « ... *Celui qui s'appelle "je suis" m'a envoyé vers vous* ». Ces deux mots signifient également qu'il est présent personnellement, et non par procuration comme le serait un sacrificateur (ou un prêtre) humain, ou même un ange.

➢ ***Au milieu d'eux*** : c'est l'expression qui nous intéresse. Il est le centre du rassemblement vers qui tous les regards se dirigent et se fixent. Au milieu d'eux, il se tient à ***égale*** *distance* de chacun (il n'est pas plus proche de quelqu'un par rapport à d'autres, plus proche du pasteur par rapport au fidèle, ou plus proche du modérateur par rapport à l'adorateur dans l'assemblée) ; tous sont sur le même pied devant lui : pas de différence entre pauvres et riches, puissants ou infirmes, instruits et ignorants, jeunes ou vieux. Laisser Christ au centre, c'est le considérer comme la seule référence ; admettre que tout doit se passer en fonction de lui et que c'est son plaisir et sa volonté qui doivent primer sur ceux de tous les hommes. Dieu est glorifié lorsque toute pensée de l'assemblée reste captive et focalisée sur Christ seul.

3. Rendre gloire à Dieu ou le glorifier (Ep 1 :5-6)

Rendre gloire à Dieu, ou donner gloire à Dieu, c'est le louer, lui rendre honneur, exalter et célébrer sa perfection : « *Car je proclamerai le nom de l'Éternel. Rendez gloire à notre Dieu !* » :(Deutéronome 32:3) ; (lire aussi Psaumes 29:1-2; Psaumes 115:1; Luc 17:18; Romains 14:11). De là vient le terme de doxologie du grec « *doxa* » (renommée, honneur), formule de prière rendant gloire à Dieu: « *Béni soit l'Éternel, le Dieu d'Israël, d'éternité en éternité ! Amen ! Amen!* » (Psaumes 41:13); « *... Car c'est à toi qu'appartiennent, dans tous les siècles, le règne, la puissance et la gloire. Amen !* » (Mathieu 6:13b) ;(dans le même sens Psaumes 72:18-19 ; Romains 11:36 ; Jude 1:24-25 ; Apocalypse 1:5-6, etc.).

Glorifier Dieu, c'est aussi lui rendre hommage, le reconnaître comme le seul souverain, et la source de tout bien : « *Et, à l'instant, il se leva en leur présence, prit le lit sur lequel il était couché, et s'en alla dans sa maison, glorifiant Dieu.* » (Luc 5:25); « *L'un d'eux, se voyant guéri, revint sur ses pas, glorifiant Dieu à haute voix.* » (17:15) ; (lire aussi Daniel 5:23).

Étant donné que c'est Jésus qui est au centre, alors l'ultime but vers lequel doivent être orientés nos cultes, c'est la gloire de Dieu par l'action du Saint Esprit : « *Soit donc que vous mangiez, soit que vous buviez, soit que vous fassiez quelque autre chose, faites tout pour la gloire de Dieu* » (1Corinthien 10 :31). Nous nous réunissons d'abord pour lui rendre hommage par nos actions de grâce nos louanges, ainsi que notre adoration. Tous nos chants, nos actions et gestes, les belles voix des chantres, les talents des instrumentistes, nos danses, notre attitude, nos offrandes, et même notre accoutrement, tout est d'abord, et avant tout, pour la gloire de Dieu. Que l'orateur prêche jusqu'à éblouir l'assemblée, que le musicien chante jusqu'à faire larmoyer les fidèles, que les miracles se manifestent avec ultra puissance, ainsi de suite… tout est pour la gloire de Dieu et non pour épater les hommes. Que rien ne soit fait pour détourner l'attention et la fixer sur quelqu'un d'autre que Dieu seul : « *C'est de lui, par lui, et pour lui que sont toutes choses. A lui la gloire dans tous les siècles ! Amen !* » (Romains 11 :36).

Rendre gloire à Dieu est *« l'Expression de notre amour pour Lui en réponse de son Amour pour nous »*. Ainsi, tout adorateur doit savoir que le motif principal qui l'emmène dans la présence de Dieu ne devrait pas être la suite de ses propres besoins, mais plutôt son amour pour Dieu. En effet, à cause de l'œuvre de la croix, Christ reste et demeure le seul centre de notre culte, comme déjà dit plus haut. Il est la manifestation de l'immense amour que Dieu a témoigné pour l'humanité toute entière : « *Car Dieu a tant aimé le monde qu'il a **donné** son Fils unique...*» (Jean 3 :16). Ainsi donc, de la même façon que l'amour de Dieu pour nous est basé sur le *« don »* de son fils, notre amour pour lui doit, en réponse, s'exprimer par le « *don* » du culte que nous lui offrons. En d'autres mots, on ne se rend pas au culte avec, en première intention, l'envie de *recevoir* de Dieu, mais plutôt avec la soif de lui *donner* toute la gloire, par nos actions de grâce, nos offrandes, nos louanges ainsi que notre adoration, afin que son nom soit à jamais glorifié.

« Aimer rendre Culte à Dieu, simplement parce qu'un moment d'exaltation nous fait plaisir, c'est de l'égoïsme. Louer, adorer ou rendre grâce à Dieu pour espérer en avoir plus que ce que l'on a, c'est du calcul. »

Le premier objectif qui nous emmène à rendre culte à Dieu, ce n'est pas la recherche des solutions à nos problèmes mais plutôt sa gloire. Beaucoup des gens se lassent d'aller à l'Église, voire même, abandonnent leurs assemblées respectives simplement parce que leur ultime objectif était de voir Dieu subvenir à leurs besoins. Il est clair que dans ce cas, une persistance de la situation décriée (chômage, célibataire, maladie, absence de progéniture, etc.) finit par atténuer le zèle, au point d'aboutir, dans les cas les plus extrêmes, à un véritable refroidissement de la foi et de la persévérance.

Interrogeons-nous donc, dès lors ! Est-ce mauvais d'entrer dans la présence de Dieu pour demander ? N'est-il pas notre Père et ne nous a-t-il pas dit : « *Demandez, et l'on vous donnera ; cherchez, et vous trouverez ; frappez, et l'on vous ouvrira. (...) »* ?

Certes, nous pouvons et même devons le faire ! Mais comment ? Christ ajoute en disant : « *Voici donc comment vous devez prier: Notre Père qui es aux cieux ! Que ton nom soit sanctifié ; que ton règne vienne ; que ta volonté soit faite sur la terre comme au ciel ; donne-nous aujourd'hui notre pain quotidien ;... »* (Mathieu 6 :9-11).

Par cette façon de prier, Jésus nous montre que la première préoccupation de toute prière doit être la gloire de Dieu et l'avancement de ses desseins. Le nom de Dieu représente tout ce qu'il Est (Exode 34:5-7). Le sanctifier, c'est lui donner sa juste place, au-dessus de tout autre, c'est le glorifier. Implorer son règne et sa volonté revient à le reconnaitre comme le seul et unique Roi ayant toute autorité et tout pouvoir entre ses mains, reconnaissant de facto qu'à ses yeux nous ne sommes que de simples sujets prêts à subir son bon vouloir. Une fois que cette magnificence est reconnue à Dieu de notre part, nous pouvons demander notre pain quotidien. Autrement dit, lorsque cette gloire est manifeste, l'édification de l'adorateur n'en sera que corollaire. Quand Christ est élevé, en retour son peuple est édifié (Nombres 21 :9; Jean 3 :14).

4. L'édification dans la présence de Dieu

Pour rappel, les assemblées chrétiennes constituaient des moments d'édification et d'adoration. Elles comportaient une dimension horizontale: l'encouragement mutuel, ainsi qu'une dimension verticale: la louange adressée à Dieu. On ne peut souligner l'une de ces dimensions au mépris de l'autre. Dans ses lettres à l'Église de Corinthe, l'apôtre Paul parle du comportement qu'il faut adopter dans l'assemblée et souligne l'importance des deux dimensions du culte chrétien. L'apôtre évoque l'importance de l'action de grâce à Dieu, d'un culte et d'une louange rendus à Dieu par le chant et la prière. Il exhorte les chrétiens de Corinthe afin que « Tout se fasse pour l'édification commune ». Mais dans tous les cas c'est Dieu qui édifie. ***Que veut dire l'édification ?***

Le mot vient du grec « *Oikodome* » (édification, édifice, édifier, s'édifier, construction), et couvre plusieurs sens parmi lesquels:

➢ L'action de construction, de bâtir un édifice (Marc 13 :2 ; Mathieu 24 : 1)

➢ C'est aussi l'action de façonner, de modeler, de donner une forme

➢ Au sens métaphorique, édification renvoie à l'action de celui qui console, qui encourage à la croissance dans la sagesse chrétienne, la piété, le bonheur, la sainteté. (Romain 14 :19)

Que veut dire être édifié par Dieu dans sa présence?

C'est bénéficier de tous les acquis de la présence de Dieu : « *Vous tous qui avez soif, venez aux eaux, Même celui qui n'a pas d'argent ! Venez, achetez et mangez, venez, achetez du vin et du lait, sans argent, sans rien payer !*» Es 55 :1 (lireMathieu 11 :28).

Tout adorateur qui a accédé à la salle du trône, qui a rencontré le Roi des rois dans sa divine gloire à travers le Culte, ne reste plus jamais la même personne. Le Saint Esprit prend toujours le soin de l'impacter par sa présence. Il le décharge du fardeau de tous ses besoins et le comble de toutes les merveilles de sa présence pour qu'il soit totalement édifié. Cette édification n'est pas seulement sur le plan **matériel**, mais bien plus, elle touche **l'âme** et **l'esprit** de l'adorateur.

> ### *L'édification au niveau matériel* (corps)

Notre Dieu est le Seigneur de tous les trésors et richesses de l'univers. Il est la source de toutes les bénédictions matérielles qui se puissent imaginer : « *L'argent est à moi, et l'or est à moi, Dit l'Éternel des armées.* » (Aggée 2 :8). Lorsque l'adorateur s'approche du trône de grâce avec foi et rend un Culte authentique à Dieu, en retour Seigneur a le pouvoir de lui faire bénéficier pleinement de tous les trésors matériels inhérents à sa présence : « *Approchons-nous donc avec assurance du trône de la grâce, afin d'obtenir miséricorde et de trouver grâce, **pour être secourus dans nos besoins**.* » (Hébreux 4 :16) ; (lire aussi Jean 14 :16-14).

Le Dieu que nous adorons est infiniment riche. Il sait bénir abondamment, couvrir un pauvre d'énormes richesses, combler n'importe quel besoin en ressources matérielles ou autres. Il a enrichi Salomon comme nul autre roi sur terre. C'est lui qui a rétabli Job en lui accordant plus de bénédictions qu'il n'en avait eues initialement (Job 42 : 10s.). Dans sa présence la stérile enfante, l'affamé trouve du pain, le chômeur trouve du travail, un mariage s'affermit et s'épanouit, des finances prospèrent, etc. En bref, Dieu bénit comme jamais homme ne l'a fait et ne saurait le faire : « *C'est la bénédiction de l'Éternel qui enrichit, et il ne la fait suivre d'aucun chagrin.* » (Proverbes 10:22).

> ### L'édification qui touche l'Âme : (l'être intérieur)

L'âme est la partie immatérielle de l'homme qui comprend le principe du sentiment, de la pensée, de la volonté, la conscience, etc. Bien souvent, l'âme de l'homme est exposée à des chocs rencontrés dans le parcours et susceptibles de briser le cœur, provoquer des blessures intérieures, priver de joie…

Dans son ineffable amour et son immense compassion, l'Éternel Dieu, Père de notre Seigneur Jésus Christ, ne peut laisser un adorateur qui demeure dans sa présence croupir encore sous un joug quelconque. Plus que de simplement le consoler ou l'encourager, le Saint Esprit « *Consolateur*» (Jean 14 :16.26 ; 15 :26 ; 16 :7.13) édifie l'adorateur, le décharge de toute amertume et lui fait goûter à la joie de sa présence. « … ; *Il y a d'abondantes joies devant ta face, Des délices éternelles à ta droite.*» (Psaumes 16 :11) ; « *Mais je te guérirai, je panserai tes plaies, dit l'Éternel…* » (Jérémie 30 :17) ; « *Venez, retournons à l'Éternel ! Car il a déchiré, mais il nous guérira ; Il a frappé, mais il bandera nos plaies.* » (Osée 6 :1) ;(Luc 4 :18).

> **L'édification qui touche l'esprit**

De même qu'un édifice en chantier s'érige, pierre après pierre, par les soins de l'architecte, l'homme s'élève et prend forme dans la présence de Dieu. En effet, le culte met l'adorateur au contact de Dieu, et l'introduit dans un processus de purification et de sanctification à travers lequel les flammes du Saint-Esprit dans son cœur ne le laissent pas sans effet, elles le font évoluer, le façonnent, le modèlent, l'aiguisent, édifient son être intérieur en posant petit à petit les caractères du Christ telle une personne qui bâtit une maison en posant pierre sur pierre. Il doit indubitablement subir un profond et total changement d'attitude à l'égard de son ancienne vie.

C'est dans ce processus où la gloire de Dieu touche, change et transforme le caractère de l'adorateur en la nature de son Adoré, afin de faire de lui le reflet de sa présence en tout temps et en tout lieu. Désormais il n'est plus la même personne, tout change dans sa vie : ses actes, sa conduite, sa façon de vivre, ses manières. Il est une nouvelle personne! De plus, il est impossible d'adorer Dieu et de se fâcher avec quelqu'un, d'être arrogant, orgueilleux, de parler mal des gens, de mentir, de tenir des propos légers, voire outrageux, et d'exhiber son corps pour susciter des désirs charnels chez autrui. La conscience de la sainteté de Dieu maintient l'adorateur dans l'humilité et lui rappelle chaque fois qui il est.

Quand nous restons longtemps dans la salle du trône, près de Dieu, il nous affecte, affermit notre caractère et discipline même davantage notre chair. C'est tout notre être qui obéit totalement à la parole de Dieu. En d'autres termes, notre communion (union) avec Jésus doit nous emmener à accoucher du fruit de l'Esprit qui manifeste les qualités divines telles que : l'humilité, l'obéissance, l'amour, la tempérance, la douceur, etc. comme le dit si bien l'apôtre Paul: « *Nous tous qui, le visage découvert, contemplons comme dans un miroir la gloire du Seigneur, nous sommes transformés en la même image, de gloire en gloire, comme par le Seigneur, l'Esprit.* » (2 Cor 3:18 ; Galates 5 :22)

Nous sommes donc, édifiés dans la présence de Dieu, lorsque nous rendons un Culte authentique par l'Esprit à la gloire du Père, et qu'en retour nous sommes, non seulement matériellement bénis, mais bien plus, nous somme transformés en l'image de Christ, de gloire en gloire. Nous devenons désormais porteurs de la présence de Dieu, afin que par nous, Jésus soit manifesté et glorifié au monde entier. « *Aussi la création attend-elle avec un ardent désir la révélation des fils de Dieu.* » (Romains 8:19)

CHAPITRE 2

Actions de grâce, Louange et
Adoration dans le Culte

Le déroulement du culte est semblable en un voyage allant d'un point à un autre. Durant ce trajet il y a des moments d'accélération (des temps forts) et d'autres où on ralentit (temps faibles). En principe, il n'y a pas de moment qui soit à privilégier au grand dam des autres. Chaque étape est d'autant importante que l'on reste dans la présence du Roi, qui, à tout moment peut décider de visiter un adorateur individuellement.

Chaque instant compte et aucune seconde n'est à négliger, au risque de passer à côté de quelque chose d'important. Cependant, s'il existe dans cette randonnée, des moments où l'assemblée est sensée rester passive à l'écoute d'une seule personne (pendant la prédication, un témoignage, les communiqués, etc.), il y a aussi des moments qui nécessitent une participation active de toute l'assemblée. Parmi ces derniers, nous allons en relever trois, qui nous intéressent particulièrement : Le moment **d'action de grâce** ; le moment de **louange**, et le moment **d'adoration**

La question qui se pose souvent c'est existe-t-il une différence entre l'action de grâce, la louange et l'adoration ? Avant de toucher la sève de ces trois notions en les examinant l'une après l'autre, jetons de prime abord un regard sur leur terminologie.

I.   La connexité

Rendre grâce, louer et adorer sont avant tout des verbes d'action (comme marcher, manger, sauter, etc.), c'est-à-dire des verbes dont la plénitude réside dans l'accomplissement. De la même façon qu'on ne peut pas prétendre marcher tant qu'en réalité on reste assis, de même adorer Dieu, en vérité, ne peut se limiter à dire : « je t'adore Seigneur » sans pour autant le faire. En principe, la terminologie de ces trois grands thèmes n'aboutit pas à une différence antithétique les opposant l'un à l'autre. Bien au contraire, Dieu étant le sujet central, l'action de grâce, la louange et l'adoration peuvent lui être offertes conjointement. Ce qui est, d'ailleurs, souvent le cas.

Le livre d'apocalypse, par exemple, expose le décor d'un culte céleste où les quatre êtres vivants et les vingt-quatre vieillards chantent à l'Agneau un cantique qui est à la fois une louange, une action de grâce et une adoration : « *Les quatre êtres vivants ont chacun six ailes, et ils sont remplis d'yeux tout autour et au dedans. Ils ne cessent de dire jour et nuit : **Saint, saint, saint est le Seigneur Dieu, le Tout-Puissant, qui était, qui est, et qui vient** ! Quand les êtres vivants **rendent gloire et honneur et actions de grâces** à celui qui est assis sur le trône, à celui qui vit aux siècles des siècles, les vingt-quatre vieillards se prosternent devant celui qui est assis sur le trône, et **ils adorent** celui qui vit aux siècles des siècles, ...* » (Ap 4 : 8-9) ; aussi Apocalypse. 5:9.

Comme le disait l'adorateur **Alain MOLOTO** « *il existe entre la louange et l'adoration une divergence convergente* ». Bien que chacun de ces termes ait une dimension particulière dans son expression, ils restent tout de même liés l'un à l'autre.

Voici une petite illustration pratique :

> ➤ *Un enfant reçoit de la part de son père un cadeau très bien emballé. Surpris par ce geste, automatiquement il réagit*

d'une manière très spontanée et dit: **merci papa** *(action de grâce) ;*

➤ *Ensuite, il déballe le cadeau pour l'apprécier et se rend compte qu'il s'agit d'une jolie montre en or. Émerveillé, il pousse un cri de joie et dit :* **waouh papa ! Qu'est-ce que c'est beau!** *(louange) ;*

➤ *Enfin de compte, touché au plus profond de son cœur par cet acte, il admire son père et, ayant mesuré sa grande gentillesse et sa bonté, il lui dit :* **je t'aime papa, c'est toi le meilleur** *(adoration).*

Cet exemple est l'image de notre expression lorsque nous nous présentons devant Dieu.

➤ L'action de grâce est cette première réaction qui nous pousse à dire merci à Dieu pour tous ses bienfaits dans nos vies : *« Grâces soient rendues à Dieu pour son don ineffable ! »* (2Corinthiens 9:15) ; aussi Actes 27:35 ; 1Thessaloniciens 1:2.

➤ La louange quant à elle, fixe l'attention sur toutes les œuvres que l'Éternel a accomplies et dont nous sommes bénéficiaires directement ou indirectement : *« En ce temps-là, Jésus prit la parole, et dit : Je te loue, Père, Seigneur du ciel et de la terre, de ce que tu as caché ces choses aux sages et aux intelligents, et de ce que tu les as révélées aux enfants. »*(Mathieu 11:25) ; lire aussi : Luc 19:37 ; 1Co. 11:2

➢ L'adoration va bien au-delà de tous les dons pour considérer le cœur ou la nature même du donateur : « *Les quatre êtres vivants ont chacun six ailes, et ils sont remplis d'yeux tout autour et au dedans. Ils ne cessent de dire jour et nuit : Saint, saint, saint est le Seigneur Dieu, le Tout-Puissant, qui était, qui est, et qui vient !* » Apocalypse 4 : 8

Les trois thèmes se résument en une expression de notre reconnaissance envers Dieu (actions de grâce) à cause de ce que Lui seul est digne et capable d'accomplir (louange) dans toute sa grandeur parce qu'il est Parfait (adoration).

II.   Particularité

1. Actions de grâce

1.1   Bref aperçu

L'idée de grâce comprend le pardon, la bonté, la fidélité, la miséricorde, le salut, la régénération, la repentance et l'amour constant de Dieu, de sorte que d'autres mots peuvent également exprimer le thème de la grâce. Dans notre contexte elle est simplement définie comme une faveur totalement imméritée de la part d'un supérieur à un inférieur, de Dieu à l'homme, ou d'homme à homme, mais jamais de l'homme vers Dieu. (Jérémie 31.2 ; 2Samiuel 9 :1-10). Tout ce que nous sommes et avons sur cette terre n'est que pur effet de la grâce de Dieu manifestée envers nous afin qu'en retour nous puissions lui rendre des actions de grâces.(2 corinthiens 4 :15 ; 2 Corinthiens 9 : 10-12). L'action de grâce est l'expression de notre gratitude vis-à-vis de Dieu à cause de cette faveur imméritée dont nous sommes continuellement bénéficiaires de sa part (la vie, la santé, le mouvement, l'énergie, le pain quotidien, etc.).

1.2   Moment d'action de grâce

Pendant le culte ou mieux dès le seuil de la rencontre, il est important qu'avant de dire quoi que ce soit à Dieu (demande ou une prière), l'on commence par réaliser tous les bienfaits que l'Éternel Dieu a déjà accompli dans nos vies et lui exprime notre reconnaissance en disant : «*merci*». Malgré les temps que nous pouvons traverser ou les circonstances qui peuvent nous entourer, aussi longtemps que le souffle de Dieu est encore en action au-dedans de nous, le carquois de notre histoire avec Lui ne pourra jamais être à cours de sujets d'actions de grâce. Le psalmiste dit : « *Mon âme, bénis l'Éternel, Et n'oublie aucun de ses bienfaits! C'est lui qui pardonne toutes tes iniquités, qui guérit toutes tes maladies ; C'est lui qui délivre ta vie de la fosse, Qui te couronne de bonté et de miséricorde ; C'est lui qui rassasie de biens ta vieillesse, Qui te fait rajeunir comme l'aigle.* »Psaumes 103 : 2-5

L'une des raisons pour lesquelles nous aimons tellement les Psaumes est qu'ils expriment si admirablement ce que nous avons nous-mêmes beaucoup de mal à verbaliser. Jamais cette remarque n'est plus vraie que dans le cas du Psaume 103. Dans ses élans majestueux de reconnaissance, nous sommes en présence de sentiments qui reflètent nos propres émotions de gratitude. Nous exhortons, ou mieux, nous ordonnons notre âme à bénir l'Éternel. David donne à sa propre âme l'ordre de se réveiller et de se rappeler de tous les bienfaits de l'Éternel. Certains autres passages vont dans le même sens en donnant les sujets de rendre grâce à Dieu : Ésaïe 51 : 3; Jérémie 30 : 18-19 ; 1corinthien 1 :4 ; Lamentation 3 : 22- 23, Psaumes 26 : 6-7etc. Si chaque matin à notre réveil, nous réalisons qu'il y a une bonté renouvelée par notre Dieu et qui nous attend au seuil de la journée, nous ne pouvons donc pas maquer de raison de lui rendre de multiples actions de grâces.

Lorsque nous remercions quelqu'un pour un bienfait, il se sent encouragé à en faire davantage. De la même manière, l'action de grâce pousse Dieu à agir encore et davantage dans nos vies. (2 corinthiens 4 :15 ; 2 corinthiens 9 :10-12 :15).

2. Louange

2.1   Bref aperçu

La louange est la réaction expressive de la créature face à la grandeur et aux bienfaits de son créateur. Le mot simple qui peut l'expliquer c'est « *waouh* », une réaction d'exclamation qui exprime une émotion positive soudaine, un sentiment à la fois de surprise et de satisfaction, qui plonge dans l'admiration des merveilles de l'Éternel. Ouvrir les yeux sur toute sa création est la source d'une louange intarissable. La louange concerne tout ce que Dieu accomplit, dans le passé, le présent, le futur, et qui peut ou ne pas nous concerner directement (Ps 102 : 26-29). Considérer l'œuvre de Dieu à travers tout ce qui nous entoure et dont nous ne sommes pas les seuls bénéficiaires, est en même temps un éloge justifié et un bon remède contre notre égoïsme personnel…

La Bible est ponctuée de cris de louange exprimant spontanément la joie qui est la caractéristique de la vie du peuple de Dieu. Dieu lui-même se réjouit de sa création : (Genèse 1 *lire tout le chapitre*) ; « *Que la gloire de l'Éternel subsiste à jamais ! Que l'Éternel se réjouisse de ses œuvres!* » (Psaumes 104 :31) ; et toute la création exprime sa joie en louange : « *Alors que les étoiles du matin éclataient en chants d'allégresse, Et que tous les fils de Dieu poussaient des cris de joie ?* » (Job 38 :7) ; l'humanité a été créée pour trouver sa joie dans les œuvres de Dieu « *Rassasie-nous chaque matin de ta bonté, Et nous serons toute notre vie dans la joie et l'allégresse.* » (Ps 90.14) ; et dans le Seigneur lui-même « *Réjouissez-vous toujours dans le Seigneur ; je le répète,* réjouissez-vous. » (Philippiens 4 :4); la venue du royaume de Dieu est marquée par la restauration de la joie et de la louange : « *Et soudain il se joignit à l'ange une multitude de l'armée céleste, louant Dieu et disant: Gloire à Dieu dans les lieux très hauts, Et paix sur la terre parmi les hommes qu'il agrée !* » (Luc 2.13) ; aussi Ps 96 :11.

La louange est la marque des enfants de Dieu (Éphésiens 1, *litre le chapitre dans son ensemble*) alors que le refus de rendre gloire à Dieu est le signe des impies : « *puisque ayant connu Dieu, ils ne l'ont point glorifié comme Dieu, et ne lui ont point rendu grâces ; mais ils se sont égarés dans leurs pensées, et leur cœur sans intelligence a été plongé dans les ténèbres* ». (Romains 1 :21). La louange est un devoir et ne dépend pas de l'humeur, des sentiments ou des circonstances : « *et dit (Job) : Je suis sorti nu du sein de ma mère, et nu je retournerai dans le sein de la terre. L'Éternel a donné, et l'Éternel a ôté ; que le nom de l'Éternel soit béni !* » (Job 1 :21).

Les personnes guéries ou pardonnées par Jésus éclataient en louange spontanée : « *Et, à l'instant, il se leva, prit son lit, et sortit en présence de tout le monde, de sorte qu'ils étaient tous dans l'étonnement et glorifiaient Dieu, disant : Nous n'avons jamais rien vu de pareil.* »(Marc 2 :12).

2.2   *Étendue de la louange*

Quant à son étendue, la louange peut être comprise en trois dimensions : la louange inconsciente (universelle) ; la louange consciente (âme) ; le sacrifice de louange (esprit).

a. La louange inconsciente (universelle)

Elle est l'œuvre de tout ce qui existe (humains, animaux, oiseaux, choses, phone, flore, etc.). Tout a commencé avec Dieu. Tout a été créé par lui. Rien de tout ce qui vit, ne vit sans lui; car, tout ce qui existe l'est sur son ordre. La louange inconsciente consiste en l'obéissance non optionnelle de la part de toute créature face à l'ordre donné par le Créateur. Cet ordre est l'expression de sa parole créatrice qui a appelé à l'existence l'univers entiers et tout ce qu'il renferme. « *Que tout ce qui respire (existe) loue l'Éternel ! Louez l'Éternel ! »* (Ps 150: 6).

Avant tout, on loue Dieu par le simple fait d'exister. En créant l'univers Dieu s'est arrangé pour que tout ce qui existe : les humains (hommes, femmes, païens, chrétiens, athées, etc.), la faune, la flore, les aquatiques, les rochers, les montagnes et les collines, les eaux, etc. puissent lui rendre gloire même sans le vouloir ni le savoir. (Psaumes 148 *lire tout le chapitre*).

Dieu seul est le créateur incréé, la source de provenance de toute existence, dans les cieux, sur la terre, sous la terre, dans les airs, etc. Relevons quelques passages qui en témoignent:

> **Apocalypse 4 : 11** « *Tu es digne, notre Seigneur et notre Dieu, de recevoir la gloire et l'honneur et la puissance ; car tu as créé toutes choses, et c'est par ta volonté qu'elles existent et qu'elles ont été créées.* »

> **2chroniques 16 :31-34** « *Que les cieux se réjouissent, et que la terre soit dans l'allégresse ! Que l'on dise parmi les nations : L'Éternel règne ! Que la mer retentisse avec tout ce qu'elle contient ! Que la campagne s'égaie avec tout ce qu'elle renferme ! Que les arbres des forêts poussent des cris de joie Devant l'Éternel ! Car il vient pour juger la terre. Louez l'Éternel, car il est bon, Car sa miséricorde dure à toujours !* »

> Autres références : Né 9 : 6 Ps 24 : 1. 89 :12 ; 1Co10 : 26 ; De 10:14

Notre Dieu est tellement grand que toute l'œuvre de sa création peut écouter sa voix et obéir à son ordre : comme un corbeau pour nourrir Elie (1Rois 17 :4-6) ; ou une baleine pour faire voyager Jonas (Jonas 2 : 1-11) ; aux branches d'arbres de s'occuper d'Absalom pendant qu'il poursuivait David son père pour le mettre à mort (2 Samuel 18 :9) ; comme à la tempête de se calmer (Mathieu 8 : 26-27) ; etc. et c'est l'obéissance à cet ordre divin qui constitue le premier niveau de la louange.

Bref, rien n'échappe au contrôle de l'Éternel Dieu. À ce niveau il n'est même pas encore question d'élever la voix en chant, de danser, ou de battre les mains pour commencer à louer; le simple fait d'exister suffit.

NB : ***Même ceux qui ne croient pas en Dieu le louent dans leur inconscience et ignorance du simple fait de leur existence sur son ordre.***

b. La louange fruit de la conscience (l'âme)

Après avoir tout créé, Dieu a formé l'homme à son image et l'a doté d'une conscience permanente capable d'écouter la voix de son créateur et de réaliser toutes les merveilles qu'il a placées à ses côtés pour réjouir son cœur. En d'autres termes, l'humain réalise qu'il n'est le produit ni du hasard, ni d'une quelconque évolution, mais bien le fruit d'une source de provenance divine; une créature à l'image du Dieu vivant.

Cela le pousse à le louer premièrement, pour ce qu'il a fait de lui et pour lui: « *Je te loue de ce que je suis une créature si merveilleuse. Tes œuvres sont admirables, Et mon âme le reconnaît bien. Mon corps n'était point caché devant toi, Lorsque j'ai été fait dans un lieu secret, Tissé dans les profondeurs de la terre.* » (Ps 139 :14-15) ; « Mon âme, bénis l'Éternel, et n'oublie aucun de ses bienfaits ! » (Ps 103 :2). C'est ici que la notion de la louange devient étroitement liée à celle de l'action de grâce.

Ensuite, louer pour ce que Dieu a créé et placé tout autour de lui pour assurer son bien être comme le dit bien ce merveilleux refrain: « *Dieu tout puissant, quand mon cœur considère tout l'Univers créé par ton pouvoir, les cieux d'azur, les éclaires les tonnerres, le claire matin ou les ombres du soir, alors de tout mon être s'élève un chant pour le Dieu grand et tout puissant* » (…), (cf. les Psaumes 103). C'est à ce moment que la louange cesse d'être tacite pour s'exprimer vivement au travers de cris de joie, danses, cantiques, acclamations, etc.

c. **Le sacrifice de louange** (Psaumes 63)

« *Par lui, offrons sans cesse à Dieu un sacrifice de louange, c'est-à-dire le fruit de lèvres qui confessent son nom.* » (Hé 13 :15)

Quand on est conscient de l'amour de Dieu, on ne conditionne plus la louange à notre état de confort. Ce n'est pas notre bonne condition de vie, ou ses bienfaits en nous qui confèrent à Dieu ses attributs divins, Il est Dieu et demeure Dieu en tout temps. « *L'Éternel était sur son trône lors du déluge…* » (Ps 29 :10)

Ainsi tout enfant de Dieu qui réalise cela, n'attendra pas que tout aille au mieux dans sa vie pour commencer à louer. Mais, rempli de l'amour de Dieu et conscient de son infini grandeur, il aura un esprit toujours bien disposé à la louange, quels que soient les temps et les circonstances.

L'apôtre Paul s'interroge en ces termes : « *Qui nous séparera de l'amour de Christ ? Sera-ce la tribulation, ou l'angoisse, ou la persécution, ou la faim, ou la nudité, ou le péril, ou l'épée ?* »

(Romains 8 :35). Puis il en arrive à conclure : *« Car j'ai l'assurance que ni la mort ni la vie, ni les anges ni les dominations, ni les choses présentes ni les choses à venir, ni les puissances ni la hauteur, ni la profondeur, ni aucune autre créature ne pourra nous séparer de l'amour de Dieu manifesté en Jésus-Christ notre Seigneur. »* (Romains 8 :35. 38-39)

Il en est de même pour Job. Alors même qu'une succession de malheurs vient de s'abattre sur sa maison, l'anéantissant complètement physiquement et balayant tous ses biens, il élève pourtant sa voix et dit : *« Je suis sorti nu du sein de ma mère, et nu je retournerai dans le sein de la terre. L'Éternel a donné, et l'Éternel a ôté ; que le nom de l'Éternel soit béni ! »* (Job 1 :21) ; *« Je reconnais que tu peux tout (tu peux me faire rire tout comme me faire pleurer, me donner ou me priver), Et que rien ne s'oppose à tes pensées»* (Job 42: 2)

D'autres passages abondent dans le même sens :

➤ *« Je bénirai l'Éternel en tout temps ; Sa louange sera toujours dans ma bouche. »*(Psaumes 34 :2)

➤ *« Je t'exalterai, ô mon Dieu, mon roi ! Et je bénirai ton nom à toujours et à perpétuité. Chaque jour je te bénirai, Et je célébrerai ton nom à toujours et à perpétuité. L'Éternel est grand et très **digne** de louange, Et sa grandeur est insondable. »*(Psaumes 145 : 1-3)

➢ *« Elle devint encore enceinte, et enfanta un fils, et elle dit : Cette fois, je louerai l'Éternel. C'est pourquoi elle lui donna le nom de Juda. Et elle cessa d'enfanter. »* (Genèse 29 :35)

La lecture de ce dernier passage renseigne que les noms des trois premiers garçons de Léa reflètent toute sa fierté de mère mais qu'avec le quatrième, un changement intervient dans son attitude. Jusque-là, elle invoquait uniquement l'Éternel en vue d'obtenir l'amour de son mari. Ne l'ayant pas reçu, à la naissance de son quantième enfant, elle apprit à trouver satisfaction en Dieu puisqu'elle dit : « Je louerai l'Éternel », ce qui se reflète dans le nom de **Juda** qu'elle lui donne et qui veut dire : « *il loue* ». (Juda deviendra la plus puissante des 12 tribus d'Israël. C'est d'elle que seront issus le grand roi David, le puissant Salomon et Jésus-Christ, le Messie et Sauveur du monde.)

Un autre exemple : David n'avait quasiment rien à se reprocher. Son cœur était plein d'allégresse et d'adoration, dans les moments de joie comme dans les moments d'abattement. Il aurait pu se laisser aller à la tristesse lors du rejet de son projet grandiose de bâtir une maison à Dieu (2 Samuel 7.1-13), mais son cœur était guidé par le Seigneur. Il s'inclina donc quand ce dernier décida d'assigner à son fils (Salomon) la mission de lui bâtir une maison, répondant même à ce choix par cette prière de fidélité et d'obéissance : *«Maintenant, Éternel Dieu, fais subsister jusque dans l'éternité la parole que tu as prononcée sur ton serviteur et sur sa maison, et agis selon ta parole. **Que ton nom soit à jamais***

glorifié, *et que l'on dise : L'Éternel des armées est le Dieu d'Israël !...»* (2 Samuel 7.25-26a)

Plutôt que de se plaindre ou de désapprouver le choix de Dieu, David y avait trouvé un sujet de louange. Nous pouvons à présent comprendre pourquoi Dieu a qualifié David de « *homme selon mon cœur* ». En effet, il voulait construire un temple où Dieu serait adoré par son peuple. Pour lui, cette idée était la meilleure. Imaginons tous les plans que nous faisons pour notre vie à la place de Dieu. Ils nous paraissent corrects, mais pour Dieu ils ne le sont pas, car il a un plan très spécial pour chacun de nous.

Dans Actes 16 :25-26, le texte ne dit pas que la louange de Paul et Sillas avait pour but de déclencher une intervention de Dieu. Elle était plus probablement le fruit de leur état d'esprit, qui traduisait leur ferme assurance d'être dans sa présence. Leur délivrance miraculeuse n'en fut qu'une manifestation supplémentaire, une gratification divine.

Bref, il sied bon de retenir que pour nous, enfants de Dieu, la louange n'est pas le fruit d'une satisfaction interne due aux bienfaits du Seigneur. Elle n'est pas non plus conditionnée par notre confort. Nous le louons non pas parce qu'il nous a fait du bien ou à causes de nos problèmes résolus par ses bons soins, mais plutôt parce qu'il est digne de notre louange.

Le moment où nous avons l'impression que l'oppression de l'adversité nous réduit à néant, c'est le temps idéal pour exprimer notre foi en élevant avec joie un cantique de louange qui proclame la victoire de Dieu sur elle, comme l'a dit le Prophète **Emmanuel Chen Kazadi** : « *Celui qui dit merci à Dieu sans raison, Dieu finira par lui donner des raisons de lui dire merci* **avec raison**». Comprenons donc, qu'il y a toujours une raison pour louer Dieu. (*Lire aussi « la louange malgré tout » du Pasteur Henry Papa MULAJA*)

2.3   *Différents termes employés dans la Bible pour désigner la louange :*

Ces expressions vont nous aider à comprendre comment notre louange doit être exprimée à Dieu.

2.3.1   Dans l'ancien testament

a. **Yadah :** mot composé de « **Yad** » qui veut dire « **mains ouvertes** » et de « **ah** », qui fait référence à Yaveh, c'est à dire Dieu. Littéralement, cela signifie la main de Dieu. Il est employé pour décrire l'action d'élever les mains avec joie.

> 2Chroniques 20:21b « *Louez l'Éternel, (yadah), car sa Miséricorde dure à toujours.* » ; Autres références: Psaume 107:15 ; Genèse 29:35, 49:8 ; 2 Chroniques 7:3,6 ; Psaume 67:3, 108:3 ; Ésaïe 12:1,4 ; Jérémie 33:

b. Hallal (dont dérive le mot Alléluia) : Exclamation liturgique de réjouissance formée de deux mots : « *hallelou* », qui signifie **Louer**, *Yâh* abréviation de **YHVH,** qui revient souvent comme une brève doxologie dans la dernière partie du psautier juif et qui signifie littéralement « louer l'Éternel ». Le mot halal signifie célébrer avec émotion, extravagance et délire.

> Psaume 113:1-**3** « Louez (hallal) l'Éternel! Serviteurs de l'Éternel, louez, (hallal), louez (hallal) le nom de l'Éternel » ; Psaume 150:1 « Louez (hallal) l'Éternel! Louez (hallal) Dieu dans son sanctuaire; louez-le (hallal) dans l'étendue ou éclate sa puissance ». ; Autres références: Ps 149:3 ; Juges 16:24 ; 2 Sa 14:25 ; 2 Ch 7:6 ; Esd 3:10-11 ; Né 5:13 ; Ps 18:3, 56:4, 63:5, 150:2-4 ; És 62:9 ; Jér 20:13 ; Joël 2:26

Force est de constater que dans la plupart de nos cultes, le mot « alléluia » est quasiment vidé de toute sa substance, dans le sens où il est utilisé juste pour motiver l'assemblée, réveiller ceux qui sont en somnolence, attirer l'attention de ceux qui sont distraits, etc. Il arrive assez souvent que le modérateur demande à l'assemblée de pousser des cris de joie. Les cris qui en résultent ne sont quelques fois que du bruit vide de toute émotion de joie et d'enthousiasme. Pourtant ce sont des expressions très significatives devant notre Dieu.

c. **Tehillah** : Il est dérivé du mot « *halal* » et signifie « **chantez les** *halals (avec alléluia)* », perçu comme comprenant de la musique, en particulier le chant, les hymnes de l'Esprit ou de louange."

Tehillah fait référence directement au cœur. On ne peut louer Dieu avec un cœur partagé. Imaginons qu'un homme fidèle et aimant profondément sa femme connaisse un accident de voiture alors qu'il voyage en voiture en sa compagnie et que celle-ci en sorte défigurée ! Cette situation peut-elle changer l'amour qu'il éprouve pour elle ? Bien sûr que non, car dans un amour profond et véritable, c'est l'intérieur qui compte essentiellement. Il en va de même pour la louange. En effet, nous, les fidèles de Dieu, chantons ses louanges non par reconnaissance pour quelque privilège reçu, mais juste parce qu'Il en est digne.

> ➢ Psaume 22:4 « *Pourtant Tu es le saint, Tu sièges au milieu des louanges (tehillah) d'Israël.* » ; Autres références:Isa 61:3 ; Exode 15:11 ; Deutéronome 10:21 ; Néhémie 9:5 ; Psaume 9:14, 22:25 ; Jérémie 48:2

Le mot « *Tehillah* » fait aussi référence aux « cantiques nouveaux » chantés à l'Éternel. (Ps 40:4; 144:9).

d. **Shabach** : C'est un hommage public qu'un serviteur rend de vive voix à son maître.

Un bon texte pour décrire le mot **shabach** est dans Esdras 3:10-11 *« Lorsque les ouvriers posèrent les fondements du temple de l'Éternel, on fit assister les sacrificateurs en costume, avec les trompettes, et les Lévites, fils d'Asaph, avec les cymbales, afin qu'ils célébrassent l'Éternel, d'après les ordonnances de David, roi d'Israël. Ils chantaient, célébrant et louant l'Éternel par ces paroles : car il est bon, car sa miséricorde pour Israël dure à toujours ! Et tout le peuple poussait de grands cris de joie en célébrant l'Éternel, parce qu'on posait les fondements de la maison de l'Éternel. »* ; Psaumes 47:1*« Vous tous, peuples, battez des mains, Poussez (shabach) vers Dieu des cris de joie! »* ; Autres références : Ésaïe 12; Psaumes 145:4; Psaumes 63 :3 ; 117 :1 ; Ecclésiaste 4 :2

e. **Zamar :** Ce mot veut dire : « pincer les cordes d'un instrument, chanter, louer ». Un mot musical qui a beaucoup à voir avec l'expression joyeuse de la musique avec les instruments. Il est la traduction littérale de louange (chanter avec des instruments d'accompagnement.)

➢ Psaume 21:13-14 *« Lève-toi Éternel avec ta force, nous voulons chanter, célébrer (zamar) Ta puissance. »* ; 1Chr 16:9 *« Chantez, chantez (zamar) en son honneur; parlez de toutes ses merveilles.* » ; Autres références: Juges 5:3 ; 2 Samuel 22:50 ; Ps 57:8-10 ; Ps 61:8, 147:1,7

f. **Towdah** *:* Il vient de la même racine de principe que le mot « *yadah* », mais est utilisé de manière plus spécifique. Towdah veut dire littéralement, « *une extension de la main d'adoration, un vœu ou acceptation.* » Il s'agit d'une déclaration ouverte, libre et sans réserve, telle une prestation de serment d'un président nouvellement investi qui, levant solennellement la main déclare (towdah) pouvoir respecter les prescrits de la constitution, ou encore une personne citée à comparaitre comme témoin dans un procès, et qui, une fois appelée à la barre, lève la main devant le juge et jure de dire « confesser (towdah) »la vérité et rien que la vérité.

➤ Psaumes 100:4 « *Entrez dans ses portes avec des louanges (towdah), dans ses parvis avec des cantiques (tehillah) !* » Par application, on en déduit que dans les Psaumes et ailleurs, ce mot est utilisé pour remercier Dieu "*pour les choses pas encore reçues*" ainsi que pour les choses déjà palpables. (Sacrifice d'actions de grâce ou de louange) ; Psaume 50:23« *Celui qui offre pour sacrifice des actions de grâce (towdah) me glorifie et à celui qui veille sur sa voie, je ferai voir le salut de Dieu.* » ; Autres références: Psaume 42:4, 56:12 ; Jérémie 17:26; 33:11 ; Psaume 50:14

g. Barak : Il est utilisé pour décrire l'attitude de soumission et de confiance, c'est à dire se prosterner avec adoration (se mettre à genoux, bénir Dieu comme un acte d'adoration, saluer). Barak décrit l'adoration à genoux comme un acte régulier de tout enfant de Dieu. Si nous ne pouvons pas passer toute notre vie à genoux, néanmoins comme Daniel (Da 6:10), nous devons le faire régulièrement.

> Psaume 95:6 *« venez, prosternons-nous et humilions-nous, fléchissons (barak) le genou devant l'Éternel, notre créateur! »* ; 1 Chroniques 29:20 *« David dit à toute l'Assemblée, "bénissez (barak) l'Éternel votre Dieu." Et toute l'assemblée bénit (barak) l'Éternel, le Dieu de leurs pères. Ils s'inclinèrent et se prosternèrent devant leur Dieu et le roi. »* ; Ps 34:1 *« Je bénirai (barak) l'Éternel en tout temps; Sa louange sera toujours dans ma bouche »*

2.3.2 Dans le nouveau testament

Plusieurs mots grecs ont été utilisés pour décrire la louange dans le Nouveau Testament. Une étude de ces mots nous libérera pour être plus actifs et expressifs dans notre louange à Dieu.

a. Aineo

- ***Offrande ou Célébration*** : Romains 15:11 : « *Et encore : Louez le Seigneur, vous toutes les nations, Célébrez-le, vous tous les peuples !* » ; ***Louer à Voix Haute :*** Luc 19:37 « *Et lorsque déjà il approchait de Jérusalem, vers la descente de la montagne des oliviers, toute la multitude des disciples, saisie de joie, se mit à louer Dieu à haute voix pour tous les miracles qu'ils avaient vus.* »

b. Epaineo :

- ***Applaudir :*** 1 Pierre 1:7 « *afin que l'épreuve de votre foi, plus précieuse que l'or périssable qui cependant est éprouvé par le feu, ait pour résultat la louange, la gloire et l'honneur, lorsque Jésus-Christ apparaîtra,* » ;

- ***D'Appeler*** : Éphésiens 1:6 « *à la louange de la gloire de sa grâce qu'il nous a accordée en son bien-aimé.* »

c. Eulogeo : - *Parler en Bien de :* Luc 1:64 « *Au même instant, sa bouche s'ouvrit, sa langue se délia, et il parlait, bénissant Dieu.* ».

d. Doxa : - *Glorieux :* Doxa signifie plus l'atmosphère créée par l'adoration que les expressions physiques. Jean 9:24a« *Les* *pharisiens appelèrent une seconde fois l'homme qui avaitété aveugle, et ils lui dirent: Donne gloire à Dieu. »*

2.4   Moment de louange (siège de Dieu)

Ps 22 :4 : « *Pourtant tu es le Saint, Tu sièges au milieu des louanges d'Israël.* » De l'hébreux « **kissé** », le mot siège est employé plusieurs fois dans l'ancien testament pour désigner les chaises d'honneur pour Juges, prêtres, personnages royaux (Juges 3 : 20 ; 1 Samuel 1 : 9 ; Job 29 :7), d'où la traduction la plus fréquente : « **trône** ». Ici le verbe siéger veut dire s'asseoir en tant qu'autorité reconnue pour régner (donner les ordres, prendre les décisions sur ses sujets, etc.). Ainsi le sens de ce passage (psaumes 22 :4) est celui-ci : époustouflés par les merveilles et prodiges que Dieu accomplissait en leur faveur, les enfants d'Israël construisaient pour Dieu, en retour, un trône de royauté à l'aide des louanges. En d'autre termes, lorsque nous louons Dieu, en signe de reconnaissance, le cœur sincère et les mains purifiées de toute souillure, nos louanges érigent un trône pour Dieu sur lequel il vient s'asseoir entant que Roi ; un Roi honoré et disposé à prendre les décisions favorables à son peuple.

De la sorte, l'Éternel Dieu, comme notre Roi, continuera à agir en notre faveur, en nous délivrant de nos oppresseurs, en résolvant nos problèmes et en réjouissant nos cœurs de ses merveilles afin que ces louanges montent vers Lui continuellement. La louange n'est tributaire ni du temps ni de l'espace. Néanmoins dans chaque culte communautaire il doit être prévu un moment particulier qui lui est consacré. (Ps 149 :3 ; Col 3.16). Pendant un Culte, la louange est toujours accompagnée d'autres types expressions, dont :

a. Physiques

La louange est une expression physique d'attitudes spirituelles; une réponse intérieure du cœur à une révélation de Dieu et de Sa grandeur. L'on peut dire qu'il existe une dimension physique attachée à la louange ; c'est quelque chose que nous faisons. Elle comporte une démonstration, une célébration, une exaltation, une glorification : jouer des instruments, élever les mains, fléchir les genoux, danser, etc. Pour que la louange devienne véritable, elle doit être manifestée.

b. Vocales

Une bonne part de la louange implique l'expression vocale. Les mots hébreux décrivent les faits : de chanter des louanges claires, de produire un son clair, de glorifier, chanter, crier fort, lancer un cri de triomphe et confesser des actions de grâces à Dieu.

c. Une Libération émotionnelle

La louange peut être une libération émotionnelle. Louer Dieu n'est pas un exercice émotionnel, c'est une activité spirituelle. La vraie louange apportera une libération émotionnelle. Les émotions ne sont pas nécessairement charnelles. Dieu nous a donné des émotions, et elles doivent être utilisées pour le glorifier. Les émotions incluent la célébration, l'exaltation et l'expression de cris très forts. La louange peut être émotionnelle, mais nous devons nous garder de nous en servir simplement comme un moyen charnel pour se divertir sans qu'elle soit exercée dans l'esprit.

d. Révérence

La louange doit être faite dans une attitude de révérence. La révérence signifie honorer et estimer correctement quelqu'un. On ne doit jamais laisser dégénérer les activités de louange en dehors des frontières de l'onction et du mouvement du Saint-Esprit dans une réunion spirituelle. La louange à Dieu n'est pas simplement un moyen de nous divertir comme on le ferait lors d'un concert mondain; elle doit être offerte comme une expression de révérence envers Dieu.

3. L'Adoration

3.1   Bref aperçu

C'est l'essence même du Culte. L'adoration est la plus haute forme de louange. Allant au-delà de la pensée de toutes ses merveilleuses bénédictions à notre égard, nous exprimons notre admiration et faisons l'éloge de Dieu lui-même pour sa personne, son caractère, ses attributs et sa perfection. Il existe donc, deux conditions sine qua non et fondamentales sans lesquelles l'adoration n'en est pas une : **le monothéisme** et la **qualité d'adorateur.** En effet, il est bon et convenable de remercier une personne pour une action accomplie en notre faveur, voire de féliciter les humains pour les exploits ou bonnes œuvres dont ils font montre, à l'exemple de Paul aux corinthiens « *Je vous loue de ce que vous vous souvenez de moi à tous égards, et de ce que vous retenez mes instructions telles que je vous les ai données.* » *(*1Corinthieen 11 :2), cependant l'adoration, quant à elle, prend une dimension très élevée dans le sens où elle est rendue exclusivement à Dieu seul, en tant que Dieu (et non pour ce qu'il a réalisé), et à personne d'autre. « *Jésus lui dit : Retire-toi, Satan ! Car il est écrit : Tu adoreras le Seigneur, ton Dieu, et tu le serviras lui seul.* » (Mathieu 4 : 10). L'adoration est l'action d'élever au rang de Dieu. On ne peut donc pas l'offrir à un semblable, à un être inanimé ou à une quelconque autre représentation (statuettes, images, etc.) car l'Éternel notre Dieu est un Dieu jaloux. (Exode 20 :3-5).

En outre, comme nous allons le voir, la qualité de l'adorateur est mise en exergue. Si David a lancé un appel à toute la création de venir louer Dieu « *Que tout ce qui respire loue l'Éternel ! Louez l'Éternel !* », Dans l'adoration, le Père qui voit tout, a tout de même lancé un avis de recherche pour trouver l'échantillon rare des vrais qui peuvent lui offrir une adoration authentique en Esprit et en vérité. « *Mais l'heure vient, et elle est déjà venue, où les vrais adorateurs adoreront le Père en esprit et en vérité ; car ce sont là les adorateurs que le Père demande.* » (Jean 4 :23)

Avant de parler du moment qui lui est consacré dans le déroulement du culte, commençons par un bref aperçu sur sa notion. L'ancien testament a mis en évidence deux mots hébreux fondamentaux : « **Shachah** », qui signifie se courber, se mettre dans un état de prostration, et « **Abodah** », qui signifie servir un supérieur.

Pour sa part, le nouveau testament fait ressortir deux mots grecs : « **Proskuneo** », qui signifie s'avancer et baiser la main; et « **Leitourgian** », qui signifie servir. Tout comme le culte lui-même, l'adoration et le sacrifice sont étroitement liés dans l'ancien testament : « *Maintenant voici, j'apporte les prémices des fruits du sol que tu m'as donné, ô Éternel ! Tu les déposeras devant l'Éternel, ton Dieu, et tu te prosterneras devant l'Éternel, ton Dieu.* » (Deutéronome 26 : 10s.) ; Dans le nouveau testament, *l'offrande de soi-même*, du chrétien à Dieu est la plus haute expression de l'adoration (Romains 12.1; Hé 13.15).

Pour mieux expliquer cela, nous allons nous servir de deux passages incontournables qui touchent la sève même de la notion d'adoration (Genèse 22 : 5 et Jean 4 : 23)

1ᵉʳpassage : « Genèse 22 : 2-5 *«Dieu dit : Prends ton **fils**, ton **unique**, celui que tu **aimes**, Isaac ; va-t'en au pays de Morija, et là **offre-le** en holocauste sur l'une des montagnes que je te dirai (...) Et Abraham dit à ses serviteurs : **Restez ici** avec l'âne ; moi et*

> *le jeune homme, nous irons jusque-là pour **adorer**, et **nous reviendrons** auprès de vous ».*

L'adoration, en soi, est aussi ancienne que Dieu, car elle a existé bien avant le début de tout. Cependant, c'est avec Abraham, dans le passage susmentionné, que le mot « ***adoration*** », ou mieux le verbe « **adorer** » est mentionné pour la première fois dans la bible.

En effet, l'expérience spirituelle d'Abraham fut marquée par quatre crises principales, chacune d'elles l'appelant à renoncer à ce qui lui était très cher. Tout ***d'abord***, ce furent son pays, sa ville et sa famille d'origine. ***Ensuite***, il dut se séparer de son neveu Lot, son compagnon dans la foi à qui il était très attaché et qu'il considérait comme son héritier éventuel. ***En troisième*** lieu, il dut renoncer à Ismaël fils de ses entrailles et à tous les projets formés à son égard. Finalement, Dieu lui demande d'offrir Isaac en sacrifice et comme pour retourner le poignard dans la plaie il ajoute ton fils **unique**, celui que tu **aimes**.

Or en ce moment-là Isaac n'est plus un enfant, mais un adulte, Abraham ne devait pas seulement accepter sa mort, mais il devait lui-même l'immoler, Ce qui implique, suivre les différentes instructions afférentes aux holocaustes telles que : le sacrifice devait être tué et son sang aspergé, il était ensuite coupé en morceaux, finalement, il était lavé et brûlé.

Ce passage révèle quelques éléments sacrosaints liés à l'adoration dont, entre autres :

> **L'Amour pour Dieu (sacrifice et obéissance)**: La première mention d'un mot dans la Bible crée souvent un précédent pour son usage ultérieur dans les Écritures. Les verbes « *aimer* » (v.2) et « *adorer* » (v.5) apparaissent ici pour la première fois. Un spécialiste de la psychologie des sentiments a défini l'amour comme « *une valorisation extrême de l'être aimé et une subordination de toutes choses à son bien* » (E. de Greff). Et dans le cas échéant, Abraham entend une voix bien connue qui prononce son nom, et, sans savoir encore ce que le Seigneur lui veut, il répond : « *Me voici* ». Me voici, ô Dieu, pour faire ta volonté. Où veux-tu que j'aille ? Que veux-tu que je fasse ? Je suis prêt à tout, moyennant ta grâce : tel doit être le langage d'un adorateur fidèle. En effet, la mort d'Isaac aurait complètement anéantit la raison même de vivre d'Abraham, chaque promesse de l'Alliance étant basée sur la naissance d'un fils. Il s'était déjà séparé de son père, sa mère, sa patrie, de son neveu Lot, et même du fils de ses entrailles Ismaël. Toutes ses attentes étaient liées à Isaac car c'est le seul qui lui restait. Être prêt à donner le fils en sacrifice était un acte d'abandon total à Dieu, une véritable expression d'amour et attachement à Dieu qu'à nul autre.

L'amour d'un vrai adorateur, doit l'emmener à être totalement à la disposition de son Dieu, prêt à lui obéir jusqu'à l'in extrémis quel que soit le prix du sacrifice à consentir. En d'autres termes, Abraham comprit que ce n'est pas Isaac qui lui a donné Dieu, mais c'est plutôt Dieu qui lui a donné Isaac. Le vrai adorateur est toujours prêt à accepter de tout perdre pour rester avec Dieu, chercher à tout prix à vivre pour le plaisir de Dieu. C'est déplorable de voir un adorateur qui ne peux pas s'agenouiller ni danser dans la présence de Dieu par crainte de salir ses habits. Que des chrétiens qui ne sont pas à mesure de sacrifier pour Dieu une émission télévisée ou un rendez-vous quelconque … ! Y a-t-il quelqu'un qui soit encore prêt à sacrifier son emploi, ou ses avoirs pour Dieu ? ***Adorer c'est aimer plus que tout, et le véritable amour s'exprime dans l'attachement vis-à-vis du donateur plutôt qu'à ses dons.***

> ➤ **La foi :** Sachant qu'il allait sacrifier son fils, le vieux patriarche promet quand même de revenir avec lui. Un acte d'obéissance devenu un acte de foi quand il prononça les paroles suivantes: ***« Moi et le jeune homme, nous reviendrons auprès de vous »***. C'est ainsi que plus loin aux versets 7 et 8 il va répondre à la question de son fils avec beaucoup de confiance en ces termes : ***«(…) Nous avons le feu et le bois, dit Isaac, mais où est l'agneau pour le sacrifice ?(…) Mon fils, Dieu se pourvoira lui-même de***

l'agneau pour l'holocauste (...)». Cette réponse dégage deux sens suivant :

- Dieu cherchera lui-même l'agneau ; dans ce cas, l'agneau vient de Dieu.

- Dieu s'offrira lui-même comme agneau du sacrifice ; dans ce cas, Dieu est l'agneau. Les deux interprétations sont justes et sont soutenues par l'enseignement du Nouveau Testament.

Ceci dit, l'adoration doit être aussi l'expression de notre foi avec toute confiance en Dieu en croyant fermement qu'il a tout, et il Est tout pour nous. S'il nous fait priver de quelque chose, donc il sait comment la remplacer par une autre bien meilleure !

➢ **L'intimité** (un acte personnel): L'adoration est un acte personnel. Conscient de ce qu'il allait faire, Abraham choisit certainement ses plus fidèles serviteurs. Pourtant, une fois arrivé sur le lieu d'adoration, il leur demanda d'y rester avec l'âne, le temps pour lui d'aller ***adorer seul,*** en compagnie de son fils comme sacrifice. Parfois il nous arrive même en plein culte, que notre attention soit toujours captivée par ce qui se passe tout autour de nous (on cherche à savoir qui est là, comment est-il habillé,...), nous passons plus de temps en parlant aux voisins ou aux amis avec qui on a fait route ensemble sans avoir pris la décision de s'en détacher pour s'approcher personnellement de Dieu. Nos journées sont toujours pleines d'occupations qui aboutissent à des fatigues nous permettant même plus à avoir un temps de face à face avec le Seigneur, on peut être en sa présence mais pleins des pensées complètement ailleurs. Dans l'intimité avec son amoureux, on ne se fait pas accompagner. L'adoration est une dévotion personnelle de seul à seul avec Dieu. Un vrai adorateur doit apprendre à se détacher de tout ce qui l'entoure, afin de s'approcher personnellement de Dieu pour lui rendre son culte.

Par ailleurs, la lecture de ce passage nous montre que la démarche d'Abraham et son fils, est étroitement similaire à celle de Dieu et Christ : Genèse 22 :2 « ...*Prends ton **fils** Isaac, ton fils **unique** que tu **aimes tant**, (...), et là **offre-le-moi en sacrifice**.* » et Jean 3 :16 « Car Dieu a **tant aimé** le monde qu'il a **donné** son **Fils unique**, ... » En effet, Dieu a tant aimé le monde qu'il a accepté de donner son unique fils en sacrifice… Abraham aussi a tellement aimé Dieu qu'il a accepté de lui offrir son unique fils en holocauste.

La durée de la marche d'Abraham et Isaac jusqu'au lieu du sacrifice fut de trois jours, et celle de Dieu et son fils jusqu'au bois du calvaire prit trois ans. Arrivé au lieu du supplice, l'amour d'Abraham le conduisit jusqu'à lever le couteau au-dessus de son fils lié sur le bois jusqu'au moment où, in extremis, l'Éternel arrêta son bras. Finalement, Isaac est remplacé par un bélier qui justement se tenait là.

Cependant, si sur l'autel d'Abraham il y a eu un bélier en substitution de son fils, sur la croixen revanche, pas de bélier pour remplacer notre Seigneur Jésus ; personne pour le délivrer du supplice ; lui seul doit subir à notre place le jugement que nous avions mérité. Il endure tout pour notre salut éternel. Gloire au Père pour son don inexprimable ! Gloire au Fils pour son amour plus fort que la mort !

Cet ultime sacrifice de la croix va racheter l'humanité toute entière, de tel sorte que tout celui qui aura manifesté sa foi en acceptant ce don de Dieu pour le lui, devient désormais aussi enfant de Dieu tel que Christ l'est. « *Mais à tous ceux qui l'ont reçue, à ceux qui croient en son nom, elle a donné le pouvoir de devenir enfants de Dieu* » Jean 1 :12. En d'autres termes, De la même façon que le bélier a remplacé Isaac sur le bûcher, ainsi Christ a aussi pris notre place en mourant pour nous afin que nous vivions pour lui. « *…Cependant, ce sont nos souffrances qu'il a portées, C'est de nos douleurs qu'il s'est chargé ; (...) Mais il était blessé pour nos péchés, Brisé pour nos iniquités ; Le châtiment qui nous donne la paix est tombé sur lui,...*» Es 53 :4-5. En conséquence, gloire soit rendue à Dieu car, grâce à ce sacrifice, Jésus-Christ a tout accompli en annulant toutes les barrières rituelles, les institutions et pratiques en place dans l'ancienne alliance en rapport avec le Culte. L'adoration va donc prendre une nouvelle dimension telle que notre deuxième passage va nous l'enseigner.

> **2em passage : Jean 4 : 22-24** *«Nos pères ont adoré sur cette montagne ; et vous dites, vous, que le lieu où il faut adorer est à Jérusalem. Femme, lui dit Jésus, crois-moi, l'heure vient où ce ne sera ni sur cette **montagne** ni à **Jérusalem** que vous adorerez le Père. Vous adorez ce que vous ne connaissez pas ; nous, nous adorons ce que nous **connaissons**, car le salut vient des Juifs. Mais **l'heure vient**, et elle est déjà venue, où les vrais adorateurs **adoreront lePère** en **esprit** et en **vérité** ; car ce sont là les adorateurs que le Père demande. »*

Les Juifs comme les Samaritains reconnaissaient que Dieu avait ordonné à leurs ancêtres de consacrer un lieu particulier à son culte (Deutéronome 12:5). Cependant, cette quête du lieu fixe était devenue un véritable sujet de controverse entre ces deux peuples.

Les samaritains avaient bâti au 4e siècle av. J.-C. un sanctuaire sur une montagne (Garizim) qu'on pouvait voir depuis l'endroit où se trouvait Jésus. Mais il avait été détruit par les Juifs en l'an 129 av. J.-C. La question se posait toujours : Qui a raison et dans quel temple devons-nous donc aller adorer Dieu ? Sur cette montagne ou à Jérusalem ? (*Commentaire biblique de chemin de V ie.info - J.losti et TWR*).

Voilà donc pourquoi, au fil de la discussion entre Jésus et la Samaritaine, cette dernière se rendant compte que Jésus n'était pas simplement un quelconque rabbin juif qui s'était trompé de route et avait atterri là vers ce puits, mais bien plus, comme il avait une connaissance surnaturelle, il devait être un prophète de Dieu. Mais au lieu de confesser ses fautes, elle profita pour créer une diversion d'ordre intellectuel afin de voir si Christ pouvait résoudre cette énigme du lieu de culte.

L'expression « *L'heure vient* » (v.22) dans la réponse de Jésus fait allusion à sa mort imminente, laquelle allait inaugurer une nouvelle ère, celle de l'Église et du Culte. Durant ce temps, qui s'appelle aussi celui de la grâce, et à cause de l'action du Saint-Esprit, l'adoration n'est plus centralisée ici ou là. Si l'atmosphère d'une église ou d'une cathédrale vous convient, c'est très bien. Si vous préférez le sommet d'une montagne, le pied de votre lit, le fauteuil de salon ou les bords d'un lac, c'est tout aussi bien. Ce n'est pas l'endroit qui compte, mais la façon d'adorer qui est importante. D'où la question : comment devons-nous adorer Dieu ?

Pour mieux expliquer, nous allons nous servir de quatre éléments tirés de ce passage : Connaitre Dieu ; Adorer le Père, Adorer en Esprit et, Adorer en Vérité.

1. La connaissance de Dieu

La connaissance de Dieu fait partie des bases de l'adoration même. La femme samaritaine croyait que son peuple adorait Dieu chaque fois qu'il se rendait au mont Garizim pour son culte religieux. Cependant, Christ lui dit : « *vous adorer ce que vous ne connaissez pas* ». En d'autres termes, il lui dit qu'en réalité elle et sa tribu n'avaient jamais adoré, n'ayant aucune histoire avec le Dieu à qui ils prétendaient rendre culte, contrairement au peuple juif. Aujourd'hui encore, nombreux sont ceux qui pensent adorer Dieu chaque fois qu'ils se rendent au culte. Mais en vérité, il n'en est rien parce qu'ils ne le connaissent pas et n'ont aucune expérience personnelle avec Lui.

NB : avant d'aller loin, il sied de noter que, *connaitre* Dieu n'est pas synonyme de vouloir le *comprendre*. En effet, Certains chrétiens cherchent à comprendre Dieu plutôt qu'à le connaitre. Comprendre quelqu'un revient à le contenir en soi, c'est-à-dire le saisir par l'intelligence, le concevoir clairement ou se faire une idée précise sur lui. Chercher à comprendre Dieu, c'est donc vouloir le maitriser en vue de pouvoir anticiper sur sa manière de fonctionner. Ce qui est pratiquement impossible! Connaitre Dieu, par contre, revient à avoir une expérience personnelle basée sur une relation d'intimité avec Lui. Le Connaitre c'est accepter de passer par les expériences qui nous mènent à Lui.

Notre Dieu a tellement de facettes cachées en Lui qu'il nous surprendra toujours. Celui qui croit l'avoir déjà compris n'aura plus besoin de continuer à le chercher, mais celui qui veut connaitre Dieu a toujours soif d'apprendre à le découvrir, car le connaitre nous renvoi toujours à une prochaine expérience. *« Abraham par exemple, est surpris de voir Dieu lui donner un fils dans sa vieillesse. Pourtant, au bout d'un temps il sera encore surpris de voir Dieu lui redemander ce même fils. Prêt à le lui rendre en sacrifice, il est encore surpris de voir Dieu l'épargner et fournir un bélier à la place...»*

Pour être un vrai adorateur il faut commencer par connaitre le Dieu pour l'adorer et non chercher à le comprendre. On peut comprendre ce qu'il dit, ce qu'il fait, mais on ne peut pas comprendre ce qu'il Est. *« Un dieu qu'on comprend est une idole »* dit le Pasteur Raoul MATADI, *« La seule façon de comprendre Dieu c'est comprendre qu'on ne le comprendra jamais »* ajoute le Prophète Grace MWAMBA.

Comment donc connaitre Dieu ?

D'emblée, notons personne ne peut connaitre Dieu dans sa totalité (le comprendre). Etant Esprit (invisible), Dieu se fait connaitre à ses enfants au moyen de la révélation et à la limite de la portion (facette) de sa nature qu'il décide de dévoiler. En d'autres mots, Dieu seul a le monopole de la connaissance totale de Lui-même. Nous ne pouvons le connaitre qu'en partie et selon que lui-même décide de se faire connaitre. *« Une connaissance authentique de Dieu nous emmène à être comme Lui »* Pasteur Baron MBALA. Et pour y arriver nous devons faire partie de lui, c'est-à-dire en passant par son fils Jésus Christ *« ...celui-ci est mon fils bien aimé, en qui j'ai mis toute mon affection : écoutez-le »* Mt 17 :15. (Jean 14 :19)

Il existe différentes dimensions dans la connaissance (*enseignement de Rhema Worship School sur le langage d'adoration avec le Pasteur Henry Papa MULAJA*) :

a. La connaissance par information

Il s'agit d'une simple connaissance acquise sur base d'un renseignement ou d'une étude faite. Elle est très superficielle dans le sens où elle se limite à savoir l'existence de quelqu'un ou de quelque chose sans avoir personnellement expérimenté sa nature, ou son fonctionnement. Connaitre Dieu par information revient à admettre qu'il existe, soit après avoir entendu parler de lui, soit après avoir fait une étude qui prouve son existence, sans jamais avoir eu à tisser une relation personnelle avec Lui pour en savoir plus. C'est une connaissance acquise à travers ses propre efforts (l'homme vers Dieu).

Ainsi il y a des gens dont la connaissance de Dieu se limite à une simple information de son existence. Nombre de païens (philosophes, magiciens, scientifiques etc.) savent également que Dieu existe, cependant dans le fond ils n'ont aucune relation personnelle avec lui (Actes 10).

C'était pareil pour les samaritains : leur connaissance de Dieu ne portait pas sur sa personne ou sa nature mais sur sa simple existence. S'ils montaient au mont Garizim pour adorer c'est parce qu'ils savaient que Dieu existe. Cependant, le Christ démontre qu'une telle connaissance reste très superficielle et insuffisante pour être un de ces adorateurs que le père recherche.

b. *Connaissance par fréquentation*

Comme le mot l'indique, Il s'agit d'une connaissance de Dieu que l'on acquière au fur et à mesure que l'on fréquente sa présence (aller à l'Église, participer à des réunions de prière, etc.). Souvent dans les cultes communautaires nous faisons face à certains enfants de Dieu communément appelés « simples fidèles de l'Église ». Ils sont réellement nés de nouveau, fréquentent l'assemblée, ils donnent même les offrandes, ont parfois des moments de prière, mais ne veulent pas se consacrer totalement à Dieu et avoir un engagement personnel vis-à-vis de son service. (N'est-on pas sauvé pour servir ?)

La connaissance par fréquentation est bonne mais reste aussi superficielle, dans le sens où on a la conscience de la présence de Dieu que lorsqu'on est dans sa présence, plus vite on finit le culte et plus vite on oublie sa présence : *« Car, si quelqu'un écoute la parole et ne la met pas en pratique, il est semblable à un homme qui regarde dans un miroir son visage naturel, et qui, après s'être regardé, s'en va, et oublie aussitôt quel il était. »* (Jacques 1: 23-24). Le risque est donc de n'avoir conscience de la présence de Dieu que lorsqu'on est au culte, une fois dehors on oublie que l'on est porteur de son Esprit Saint en soi.

➤ *Connaissance par intimité*

L'intimité va au-delà d'une simple information ou fréquentation dans le sens où, ici on s'approche de Dieu avec un ardent désir non seulement de le rencontrer, mais bien plus, de demeurer avec lui dans sa présence. L'intimité est une histoire d'amour de *seul à seul* et ne pouvant inclure de tierce personne (entre un père et son fils bien aimé) ; *de face à face* (entre deux amis intimes), de *cœur à cœur* (entre épouse et époux). Elle apprend à l'adorateur de s'approcher personnellement de Dieu et à s'adonner complètement à Lui.

Dans ce fort et bel élan d'amour, non seulement l'homme brûle d'un désir ardent de rencontrer et de connaitre Dieu, mais de son côté aussi, Dieu, par l'action du saint Esprit, décide de se révéler à lui à cause de sa soif. Si la connaissance par information est fruit de l'effort de l'homme vers Dieu, Dans l'intimité c'est Dieu lui-même qui décide de se faire connître à l'adorateur.

Comme nous allons le voir, c'est lorsque le saint Esprit révèle le Père à son fils que celui-ci peut commencer à **l'adorer en esprit**. Et toute connaissance par intimité fini inéluctablement par donner au fils la nature du Père afin qu'il **l'adore en vérité.**

L'intimité implique ces trois facteurs important relevés par Christ dans ce passage : « *...les vrais adorateurs adoreront **le Père** en esprit et en vérité...* »

2. Adorer Le père :

Il n'est pas dit qu'ils adoreront Dieu, mais « le Père », parce que les vrais adorateurs sont d'abord fils. En effet, la condition sine qua non pour être un vrai adorateur c'est d'être né de nouveau (avoir reçu personnellement Christ comme Seigneur Sauveur et Maitre de sa vie) : « *Mais à tous ceux qui l'ont reçue, à ceux qui croient en son nom, elle a donné le pouvoir de devenir enfants de Dieu...* » (Jean 1 :12) ; « *Et vous n'avez point reçu un esprit de servitude, pour être encore dans la crainte ; mais vous avez reçu un Esprit d'adoption, par lequel nous crions: Abba ! Père !* » (Romains 8 :15) C'est l'un des points majeurs qui démarquent la louange universelle de l'adoration car, si le Psaume 150:6 lance un appel à toute la création de louer « *Que tout ce qui respire loue l'Éternel !...* », Il existe, pour l'adoration, un spécimen rare des « *vrais* » adorateurs, que le Père céleste lui-même (qui voit tout) apprécie et recherche tout particulièrement. Un païen peut donc louer Dieu, comme toute créature, mais il ne peut pas adorer le Père parce qu'il ne le connait pas entant que tel. Trouverait-on naturel qu'un chiot appelle un lion « papa » ? Le lionceau n'en a-t-il pas seul le privilège ?

Le fils de Dieu s'est donné en sacrifice en mourant sur la croix afin que tous ceux qui croient en lui, puissent retrouver la nature de fils (vrais adorateurs). Voilà donc la raison du reproche de Jésus à l'égard de la femme samaritaine, quand il dit : « *Vous adorez ce que vous ne connaissez pas...* ». En d'autres mots, si vous voulez adorer, commencez par connaitre le ***don*** de Dieu «...*Si tu connaissais le **don de Dieu** et qui est celui qui te dit : Donne-moi à boire !...*» (Jean 4 : 10), qui est son fils bien aimé, envoyé pour vous sauver « *Car Dieu a tant aimé le monde qu'il a **donné** son Fils unique,...* » (Jean 3 : 16).

3. Adorer en Esprit

Adorer en esprit implique trois éléments saillants à retenir : un Acte de foi ; la révélation ; le moment et le lieu

Primo : l'adoration en esprit est avant tout un **acte de foi** : « *Dieu est **Esprit**, et il faut que ceux qui l'adorent l'adorent en **esprit** et en vérité.* » (Jean 4 : 24) ; « *Or sans la foi il est impossible de lui être agréable ; car il faut que celui qui s'approche de Dieu croie que Dieu existe, et qu'il est le rémunérateur de ceux qui le cherchent.* » (Hébreux 11 :6). La foi est le point de départ même de notre engagement à Dieu. En réalité, quand un homme refuse de croire Dieu, il le traite de menteur : « *Celui qui ne croit pas Dieu le fait menteur* » (1Jn 5.10). Comment des personnes qui le qualifient de menteur peuvent-elles adorer Dieu ? La foi est l'attitude même qui donne à Dieu sa véritable place, et qui remet aussi l'homme à sa place. « *La foi glorifie Dieu infiniment, écrit* **C.H. Mackintosh**, *car elle montre que nous avons davantage confiance en sa façon de voir qu'en la nôtre.* »

Secundo : l'adoration en esprit est basée sur **la révélation** qu'on a de Lui. En effet, l'une des définitions les plus courantes de l'adoration c'est « *dire à Dieu ce qu'il est* ». Sans être fausse, cette définition reste néanmoins très insuffisante dans le sens où on ne décrit pas Dieu sur base d'une simple imagination, mais bien en fonction de la révélation qu'on a de lui. N'est-il pas plus facile de décrire une personne connue et manifeste qui est face de soi qu'une personne imaginaire qu'on ne connait que vaguement ? Ainsi, l'une des actions du Saint Esprit en nous, une fois né de nouveau, est de nous révéler le Dieu en qui nous avons cru, comme le dit si bien l'apôtre Paul dans son premier Épitre à l'Église de Corinthe: «…*Dieu nous les a révélées par l'Esprit. Car l'Esprit sonde tout, même les profondeurs de Dieu. Lequel des hommes, en effet, connaît les choses de l'homme, si ce n'est l'esprit de l'homme qui est en lui ? De même, personne ne connaît les choses de Dieu, si ce n'est l'Esprit de Dieu.* » (1Corinthiens 2 :10-11)

Il peut se révéler soit comme un amour fort et profond pour celui qui en a besoin, soit comme le bon berger d'une âme égarée, ou encore comme le sourire de l'attristé, l'avocat du condamné, la force d'un faible, la joie de l'abattu, etc. Il s'appelle *Je Suis*, l'existence même, qui devient celui qu'il veut devenir, qui reste le même tout en se manifestant de diverses manières : à Abraham comme Jéhova-Jiré, à David comme le bon Berger, et à toi comme tu le souhaiteras. Bref, Il se révèle à qui il veut comme il le veut.

Tercio : l'adoration n'est plus liée ni au **moment** ni au **lieu** : « l'heure vient où ce ne sera ni sur *cette* **montagne** ni à **Jérusalem** que vous adorerez le Père. » (Jean 4 :22).

Comme nous venons de le mentionné dans les lignes précédentes, les samaritains, tout comme les juifs, avaient un moment et un lieu précis consacrés à l'adoration. Les samaritains allaient au mont Garizim, alors que les juifs se rendaient au temple à Jérusalem. Dans un premier temps, Jésus commence par briser le principe d'heure quand il dit : « Mais l'heure *vient*, et elle est **déjà venue**,…», c'est-à-dire le moment précis que vous attendez, il est déjà arrivé ! N'attendez plus un dimanche matin ou un jeudi soir pour adorer, mais faites-le maintenant et en tout temps. En second lieu, Jésus brise le principe attaché au lieu d'adoration en disant : « … ce ne sera ni sur *cette* **montagne** ni à **Jérusalem** que vous adorerez le Père. » En effet, si avant il fallait uniquement se rendre au temple pour adorer, Dieu s'est trouvé une nouvelle forme de temple bien meilleur que celui fait des mains d'hommes : le *Corps du Chrétie*n, dans lequel il a placé son Esprit Saint afin qu'il y demeure en permanence, et que l'adoration soit à jamais liée à l'adorateur, quel que soit l'endroit où il se trouve. « *Ne savez-vous pas que votre corps est le temple du Saint-Esprit qui est en vous, que vous avez reçu de Dieu, et que vous ne vous appartenez point à vous-mêmes ?* » (1Corinthien 6 :19). Succinctement, retenons qu'**adorer le Père en Esprit** est un acte de foi qui consiste à prendre conscience de la présence permanente de Dieu en nous, et à l'adorer en fonction de la manière dont le Saint Esprit le révèle en (à) nous, quels qu'en soient le lieu et le moment.

4. Adorer en Vérité

L'adoration doit aussi avoir lieu « en vérité ». Dieu ne se contente pas de formes extérieures, de belles phrases, ou de beaux cantiques. Il désire que nous lui exprimions ce que nous ressentons vraiment. Il écoute ce que nous lui disons, mais il discerne parfaitement la réalité et la profondeur de nos sentiments. Il se réjouit lorsque nos paroles sont vraiment l'expression de notre amour pour lui. Quand nous jouissons véritablement de notre relation d'enfants de Dieu, nous pouvons adorer le Père en vérité. Mais bien au-delà de tout, adorer en vérité c'est le paroxysme et l'authenticité même de notre vie d'adorateur. De manière brève, adorer en vérité c'est « être comme Dieu ou vivre comme Lui ». Tel était le but, depuis le commencement, lorsque Dieu a créé l'homme à son image et selon sa ressemblance afin qu'il soit le reflet de sa gloire et sa présence sur terre comme lui l'est dans les cieux : « *Puis Dieu dit : Faisons l'homme à notre **image**, selon notre **ressemblance**,...*» (Genèse 1 :26)

Après sa chute, l'homme a perdu cette position en Dieu. Ainsi, il fallut à Dieu d'élaborer un plan de rachat pour le restaurer dans sa position primitive devant sa face. Ce plan a été couronné par la venue de Jésus Christ, l'image visible de Dieu, selon Colossiens 1 :15 « *Il est l'image du Dieu invisible, le premier-né de toute la création.*». En d'autre termes, c'est l'histoire du Dieu vivant qui a pris la forme humaine afin de restaurer l'homme en lui redonnant la forme de Dieu (Philippiens 2 : 5-8).

Par conséquent, nous qui l'avons reçu, avons désormais le Saint Esprit, qui travaille en nous afin de nous transformer en son image, selon sa ressemblance, jusqu'à ce que nous allons le manifester par le « fruit de l'Esprit » (Galates 5 :22) ; Lire aussi : 2Corinthiens 3 :18 ; Romains 8 :19: Comme nous l'avions susdit dans le point précédent, le fils doit s'identifier au père tel le lionceau ressemble lion. Plus que de belles phrases bien agencées au fil de mots, au-delà même de l'environnement que crée une douce musique harmonieuse, l'adoration en vérité c'est un véritable mode de vie quotidien s'exprimant même dans le silence. On peut être endormi ou éveillé, au service ou à la maison, son parfum ne cessera de monter continuellement vers le Père.

Adorer Dieu en vérité c'est lui présenter sa vie d'adorateur dévoué tel un miroir à travers lequel il se regarde lui-même et voit le reflet de sa propre grandeur, sa sainteté, son amour…Retenons donc que l'expression « l'heure vient, et elle est déjà venue, où les vrais adorateurs adoreront le Père en esprit et en vérité » signifie : *« Nous n'avons plus à attendre car, il est déjà temps où le Saint Esprit révèle le père à ceux qui ont le fils en eux, afin qu'ils l'adorent tel qu'il Est en le manifestant dans leur vie de chaque jour en tout temps et sans distinction de lieu ».*

Il nous faudra toute une éternité pour contempler et célébrer tous les aspects de sa gloire. Toutefois, le plus nous apprendrons à connaître Jésus, à connaître le Père, le plus nous serons conduits par le Saint Esprit à nous émerveiller, et plus nos cultes seront enrichis. Le Père cherche des adorateurs, c'est-à-dire des hommes et des femmes qui le connaissent comme Père et qui reconnaissent de tout lui devoir.

3.2 *Moment d'adoration pendant le Culte*

Pour un petit rappel, le mot culte veut dans un sens dire « adorer ». Les deux mots (culte et adoration) ne peuvent être dissociés. L'adoration n'est pas qu'une simple étape du culte ; c'est le culte même. Cependant, Comme nous l'avons relevé dans la partie introductive, la plupart des églises modernes préfèrent donner plus d'importance à la prédication au grand dam de la louange et de l'adoration. Pourtant, si la prédication aussi importante qu'elle est, s'adresse aux hommes, l'adoration quant à elle, monte exclusivement vers Dieu. Il est le moment de notre dévotion où chacun rend personnellement son culte à Dieu.

A cet effet, même le modérateur cesse peu à peu de signer sa présence et laisse le Saint Esprit prendre de plus en plus sa place dans la conduite. Le Saint Esprit introduit l'adorateur dans une profonde dimension telle qu'il ne peut plus que contempler la gloire de Dieu. Les mots deviennent dès lors faibles pour exprimer cette splendeur.

3.3   Les expressions d'adoration

Comprenons avant tout que, le culte rendu à Dieu ne consiste pas uniquement en actes extérieurs. Les intentions et les attitudes font aussi partie du culte. Si les gestes d'adoration ne sont qu'extérieurs ou accomplis par obligation, ils ne peuvent être agréés par Dieu. Par contre, les mêmes expressions d'adoration sont agréables à Dieu dès lors qu'ils vont de pair avec un cœur reconnaissant et qui désire être obéissant aux commandements de Jésus. Ces expressions d'adoration ne sont pas un signe pour encourager le modérateur, ou pour impressionner les autres. En revanche, elles doivent être en accord avec ce que Dieu demande et approuve, de manière à refléter l'homme spirituel et les intentions de Dieu. Plusieurs attitudes et expressions corporelles accompagnent généralement l'adoration. Nous allons en relever trois dans le cadre de cet ouvrage : les mains levées, la génuflexion et la prosternation.

a.   Les mains levées (ou élever les mains)

Lever ou élever les mains dans la présence de Dieu n'est pas une gymnastique. C'est un geste très significatif comme expression d'adoration. Il est dès lors très déplorable de voir certains adorateurs le prendre juste pour une sorte de corvée. En effet, l'un des signes universels qui expriment l'abandon total d'une personne face à quelqu'un qui a de l'ascendant et de l'emprise sur elle, c'est le fait de lever les mains. C'est ce que fait généralement le passant anonyme qui se retrouve soudain avec l'arme d'un malfaiteur pointée sur lui : lever les mains en signe de reconnaissance de sa faiblesse (anéantir toute résistance, accepter que l'autre est en position de force), de même, adorer le Seigneur en levant les mains vers Lui avec joie décrit notre soumission totale envers le Roi, autant que le geste demeure authentique. Moïse pouvait vaincre Amalek par le simple fait d'élever les mains vers le ciel « *Lorsque Moïse élevait sa main, Israël était le plus fort ; et lorsqu'il baissait sa main, Amalek était le plus fort.* » (Exode 17 :11). Imaginons ce que Dieu peut faire pour nous dans le visible comme l'invisible quand nous levons les mains vers Lui! (lire Psaumes63 :5 ; Psaumes77 :3Psaumes 141 :2Psaumes 143 :6)

b. La génuflexion (s'agenouiller)

La position debout et la marche de l'homme dépendent en grande partie des genoux. S'ils refusent leur service, s'ils « chancellent », c'est le signe d'une faiblesse (Psaumes 109:24), interprétée symboliquement comme une défaillance (Esa 35:3 ; Hébreux 12:12) ou la marque de la peur (Nahum 2:11 ; Ézéchiel 7:17; 21:12). S'agenouiller devant quelqu'un c'est marquer par là sa soumission (Marc 1:40; 10:17) et sa vénération avec une nuance religieuse (2Rois 1:13). Refuser de s'agenouiller devant des hommes (Esther 3:2) ou des idoles (1Rois 19:18 ; Romains 11:4), c'est refuser de les honorer. Adorer Dieu à genoux, c'est signifier sa faiblesse devant lui et son humble soumission. C'est aussi l'attitude du suppliant qui implore la faveur de son supérieur, qui reconnaît son néant et attend tout de celui devant lequel il s'abaisse ainsi. C'est pourquoi tel sera le signe de la soumission finale de tout l'univers devant la seigneurie de Christ selon que l'apôtre Paul le dit aux Phillipiens : «... *C'est pourquoi aussi Dieu l'a souverainement élevé, et lui a donné le nom qui est au-dessus de tout nom, afin qu'au nom de Jésus tout genou fléchisse dans les cieux, sur la terre et sous la terre, et que toute langue confesse que Jésus-Christ est Seigneur, à la gloire de Dieu le Père...* » (Phil 2: 9-11)

c. La prosternation

C'est l'une des sublimes expressions d'adoration. La **prosternation** « ***Proskuneo (adorer)*** » est le terme le plus employé dans les psaumes pour parler de l'adoration entant que moment: Psaumes 99 :5 : « *Exaltez l'Éternel, notre Dieu, et* **prosternez-vous** *devant son marchepied ! Il est saint !* » **;** Psaumes 99 :9 : « *Exaltez l'Éternel, notre Dieu, Et* **prosternez-vous** *sur sa montagne sainte ! Car il est saint, l'Éternel, notre Dieu !* » ; Psaumes 132 :7 : « *Allons à sa demeure,* **Prosternons-nous** *devant son marchepied ! ...* » ;(Lire Psaumes 95: 1-6 ; Psaumes 96 :1-9)

Le sens premier du verbe se prosterner est le fait de tomber à genoux en signe d'abandon face à plus fort que soi. Cependant, entant que langage d'adoration, la prosternation va bien au-delà d'un simple fait de s'agenouiller. Il s'agit de s'incliner en signe d'humilité, de se courber jusqu'à ce que la face touche le sol, à l'image d'un chien qui lèche les orteils de son maitre. C'est prendre conscience de sa minable mesure, de sa petitesse face à celui devant qui on se prosterne. La version biblique de Darby utilise l'expression encore plus forte ***tomber sur sa face*** :

> *«...les vingt-quatre anciens **tomberont sur leurs faces** devant celui qui est assis sur le trône, et se prosterneront devant celui qui vit aux siècles des siècles ; et ils jetteront leurs couronnes devant le trône, disant,... »* (Apocalypse 4 : 10-11) ; « *Et lorsqu'il eut pris le livre, les quatre animaux et les vingt-quatre anciens **tombèrent sur leurs faces** devant l'Agneau, ayant chacun une harpe et des coupes d'or pleines de parfums, qui sont les prières des saints. »* (Apocalypse 5 :8)

Se prosterner va au-delà du simple geste physique de s'agenouiller. C'est une expression qui touche l'esprit, l'âme et le corps ; un élan global qui implique tout l'être de l'adorateur, partant de l'intérieure et se manifestant à l'extérieure.

> ***« Il y a des gens qui, physiquement sont à genoux, mais restent bien debout intérieurement »***

> ***« On s'agenouille par position, mais se prosterne par révélation »***

> ➢ **« *On s'agenouille pour que Dieu nous voit, mais on se prosterne parce qu'on a vu Dieu et qu'on ne peut pas résister* »**

Lorsque les flammes du Saint-Esprit dans le cœur de l'adorateur le laissent radiant, plein d'amour divin au-dedans de lui, elles le brisent de l'intérieure jusqu'à l'effondrer, le mettre à genoux et le conduire à la prosternation. On peut s'agenouiller parce que le modérateur le demande, mais la prosternation est un acte qui vient de l'intérieur. Lorsque le poids de la gloire qui pèse au-dedans de nous devient de plus en plus fort, on n'a plus la force de le supporter. Chaque fois que l'on essaye de se relever, on se rend compte qu'il y aune force qui nous tire toujours vers le bas. Comme le dit la Sœur Myka MUKEBA, dans l'un de ses chants: *« le silence de ta demeure m'attire, la douceur de ton langage me tient prosterné »*. Voici, c'est à des moments comme ceux-ci que Dieu nous attend dans nos cultes. Les moments où l'adorateur oublie ses voisins, ignore les aiguilles de la montre qui tournent, ne dépend plus du modérateur pour trouver les mots, s'abandonne totalement à la direction du Saint Esprit, qui lui révèle Dieu dans toute sa gloire. Le Père recherche des adorateurs « à la loupe », pour trouver ceux qui l'adorent en esprit et en vérité. Engageons-nous dans l'armée des adorateurs de Dieu ! Il a dit : *« Mais l'heure vient, et elle est déjà venue… »*. Cette heure-là, c'est maintenant…

Au demeurant, retenons donc que ; toutes les louanges et actions de grâce profondément exprimées pendant le culte mènent à l'adoration. Si louer et rendre grâce à Dieu est bon, l'adorer est encore bien meilleur ! Par la louange, nous élevons Dieu pour tout ce qu'il fait. Dans l'adoration, nous le magnifions pour ce qu'il Est.

Bien souvent les louanges et actions de grâce naissent de l'âme et, l'adoration naît de l'esprit. La louange est un acte d'émotion qui nous pousse dans l'agitation, alors que l'adoration est une dévotion qui nous plonge dans la contemplation !

Pendant que l'énergie des louanges se délecte de ce que Dieu fait, celle de l'adoration révèle ce que Dieu Est. La louange est un acte; elle est une expression de notre vie. L'adoration est un style de vie; une façon de vivre !

Quand nous louons Dieu, nous nous engageons dans une admiration de ses hauts faits. Dans l'adoration, nous devenons un « amant » de Dieu.

III.   Les bénéfices qui en découlent

La louange et l'adoration et même l'action de grâce constituent le niveau le plus élevé du combat spirituel. Ouvrons davantage les yeux pour constater toutes les « petites » victoires que Dieu nous accorde au quotidien. Éclatante ou non, une victoire remportée avec Dieu n'en demeure pas moins une victoire.

Rendre culte en exprimant sincèrement ces choses, c'est comme larguer une bombe atomique. Les murailles explosent et tombent en ruine, les chaînes se rompent. Les forces invisibles des ténèbres ne supportent pas l'explosion de cette bombe atomique qu'est la louange et l'adoration. Comme le dit l'adoratrice Maria Emilia BATISTA De OLIVEIRA.

Quand nous rendons un culte authentique au Père comme des vrais adorateurs, il y a comme un feu invisible qui nous environne et nous met hors de portée de l'ennemi, à cause de notre engagement complet dans l'adoration du Roi des rois, le Seigneur de tout l'univers. Et Dieu dit : « Mon Fils est très occupé ! », et il ordonne à ses anges de travailler pour nous en dirigeant nos affaires.

L'ennemi ne peut nous atteindre dans la salle du trône, d'où nous élevons une adoration constante pour le plaisir de notre Dieu. C'est là le moment où Dieu nous édifie manifestement par des guérisons du corps et de l'âme, ainsi que la destruction des forteresses. Ne négligeons jamais ces instants. Apprenons plutôt à lever opportunément nos mains et à nous prosterner promptement, car ce que Dieu opère alors en retour, dans le monde spirituel, dépasse notre entendement.

CHAPITRE 3
Comment rendre à Dieu un culte à l'image du ciel ?

L'adoration authentique ou le culte édifiant de Dieu repose sur une vérité fondamentale: Dieu connaît le meilleur moyen de l'adorer ou de lui rendre culte bien mieux que l'homme. Ce dernier n'a donc pas à choisir comment adorer son Seigneur car lui-même l'a déjà révélé.

Le sacrifice offert par Caïn ne fut pas agréable à Dieu, faute de conformité à ses désirs tels que révélés. Il n'était pas offert dans l'intention de privilégier la volonté de Dieu. Le sacrifice de Caïn manifestait sa volonté et non celle de Dieu (Genèse 4 :1-5). Il en fut de même des fils d'Aaron: Nadab et Abihu. Ils présentèrent à Dieu « un feu profane » que Dieu « ne leur avait pas ordonné ». Ils ne voulurent pas soumettre leur volonté à celle de Dieu; leur offrande était l'expression de leur volonté et non de celle de Dieu (Lévitique 10 :1-2). Rendre à Dieu un Culte authentique c'est le lui offrir à son modèle et selon sa volonté comme nous allons le voir dès à présent.

I.   Le rôle du Saint Esprit

Le premier acteur d'un culte, c'est le Seigneur lui-même, à travers son Esprit Saint ! Ce n'est ni le lieu ni le moment qui compte mais la présence et l'action du Saint-Esprit. Dans ce cas, on pourrait comprendre l'expression avec deux majuscules : « en Esprit et en Vérité » (Jean 4 :23). L'Esprit fait référence au Saint-Esprit, et la Vérité au Christ ! Dieu est présent, et en tant que Roi digne de ce nom, il ne vient pas seul, mais emmène avec Lui des anges et toutes les entités spirituelles afin que le culte Lui soit rendu ici sur terre comme là dans les cieux. Dieu n'est pas que spectateur de notre adoration ! Il s'y implique, il la suscite et l'anime par son Esprit, il y répond par sa présence et sa bénédiction. Rien n'est automatique ou de magique dans tout cela. Il s'agit simplement d'une expression de la relation que le Seigneur entretient avec son Église, le Père avec ses enfants.

L'apôtre Paul relève un élément important dans son Épitre aux Philippiens quand il dit : « *Car les circoncis, c'est nous, qui rendons à Dieu notre **culte par l'Esprit de Dieu**, qui nous glorifions en Jésus-Christ, et qui ne mettons point notre confiance en la chair* » (Ph 3 :3). En effet, le culte est semblable à un plat qu'une épouse présente à son époux. Pour qu'il soit appétissant, l'épouse devra sonder le cœur de son époux pour savoir que ce qu'il voudrait manger, et la manière dont ce plat devra lui être préparé. Aussi, rendre à Dieu notre culte par l'Esprit, revient à laisser au Saint Esprit la tâche de nous révéler les besoins qui sont dans le cœur de Dieu afin que le contenu de notre louange et adoration soit exactement ce qu'Il veut recevoir de nous.

Il va donc de soi, pour le souligner, que le véritable conducteur du culte c'est le Saint Esprit lui-même. Comme un vent, Il nous transporte et nous emmène jusque dans le lieu très Saint afin de nous révéler le Dieu à qui nous rendons culte. Il connait à quel moment nous devons sauter, quand est-ce que nous devons élever les mains, quel est le Nom de Dieu pour le culte du jour, comment il veut être adoré, etc.

NB : dans son action, le Saint Esprit ne doit pas se sentir limité ou aidé quand il travaille en (avec) nous. Voici deux exemples types dans la bible, où la colère de Dieu s'est manifestée violemment parce que l'homme voulait lui apporter son aide :

Premièrement c'est dans le livre de Lévitique 10, où est relaté le récit tragique du sort de Nadab et Abihu (fils d'Aaron). Ces deux jeunes gens apportèrent dans le lieu saint un feu profane quelconque, en lieu et place de celui qui brûlait en permanence sur l'autel des holocaustes et qui était consacré, réservé à l'Éternel. Ils avaient l'habitude de voir le parfum être consumé continuellement par des vives flammes, or ce jour-là quand ils ont vu que le feu de l'Éternel n'était pas vif, ils ont décidé d'apporter leur propre brasier de feu. Or le feu sur l'autel était l'image de l'Esprit de Dieu qui consumait le sacrifice afin que la fumée monte vers Dieu en symbole du parfum de bonne odeur. Vouloir apporter son propre feu était synonyme de vouloir aider Dieu dans sa façon d'agir. Comment Dieu a-t-il réagi ? « ... *ils apportèrent devant l'Éternel du feu étranger, ce qu'il ne leur avait point ordonné. Alors le feu sortit de devant l'Éternel, et les consuma : ils moururent devant l'Éternel.* » (Lévitique 10 :1-2)

Bien souvent, l'on tend à croire qu'un calme profond lors d'un culte est synonyme de l'absence de l'Esprit de Dieu. D'habitude on aime vivre son action dans un climat d'agitation. Il sied de savoir que Dieu peut manifester sa présence d'une façon inhabituelle et complètement inattendue. Là où l'on s'attendait à des cris, on peut se trouver en face d'un silence profond. Malheureusement, c'est à ce moment que beaucoup d'adorateurs commettent des erreurs. En effet, de même que les fils d'Aaron ont eu recours à un feu étranger, nombre de conducteurs se font leurs propres feux et veulent l'imposer (entonner alors un cantique qui emballe généralement l'assemblée juste pour mouvementer la salle, improviser des requêtes de prières ou faire des déclarations susceptibles de pousser les gens à acclamer, à crier, etc.).

Le deuxième cas c'est celui d'Uzza. Dieu a ordonné que l'arche soit transportée à l'aide de barres posées sur les épaules des fils de Kéhath (Nombres 7 : 9). Cependant David fabrique un char neuf et, avec une grande joie, transporte l'arche à l'aire de Nacon (appelé Kidon dans 1Chroniques 13 :9). Là, les bœufs la font pencher de sorte que l'arche menace de tomber du char. Aussi Uzza, fils d'Abinadab, avance la main et la saisit pour la retenir. Visiblement, cet homme a voulu intentionnellement poser une bonne action aux yeux des gens, mais devant Dieu cet acte était abominable. L'arche représentait la présence de Dieu au milieu de son peuple, en plus, il était interdit même aux sacrificateurs de la toucher (Nombre 4 :15), chercher à la redresser était semblable à vouloir apporter de l'aide à Dieu. Qu'est-ce que Dieu a-t-il fait ?

« ... *Uzza étendit la main vers l'arche de Dieu et la saisit, parce que les bœufs la faisaient pencher. La colère de l'Éternel s'enflamma contre Uzza, et Dieu le frappa sur place à cause de sa faute. Uzza mourut là, près de l'arche de Dieu.* » (2Samuel 6 :6-7)

Il nous arrive bien souvent de vouloir aider la présence de Dieu dans sa façon de d'agir au cours d'un culte. Pendant qu'il veut prendre une direction, comme Uzza, nous voulons le « redresser » et lui imposer une autre, qui nous convient le mieux. Par exemple, chercher à tout prix à faire sauter les gens par une forte louange alors que Dieu les attend à genoux, dans une contemplation. Le culte authentique n'est pas le fruit de notre imagination, mais celui qui est rendu à Dieu par révélation, non selon notre propre volonté, mais selon le modèle du ciel. ***Chercher à reproduire le modèle de son imagination, c'est tenter d'aider le Saint Esprit dans sa révélation. Or vouloir apporter une aide à Dieu, n'est-ce pas une façon de croire en son incapacité d'agir ?***

Sans la présence active du Saint Esprit, un culte n'est qu'une réunion comme une autre, où des gens chantent et parlent et où rien ne se produit au-delà de cette dimension physique.

II.   Rôle de L'assemblée

On pourrait aussi parler de l'église. Utilisons le mot « assemblée », qui a exactement la même signification mais qui souligne la dimension humaine. On ne parle pas de l'institution mais des gens, des croyants rassemblés. Et c'est bien une assemblée, pas seulement une audience, encore moins un public ! Elle est constituée de personnes merveilleuses, créées à l'image et à la ressemblance de Dieu, rachetées et sauvées pour Lui en Jésus Christ. Elle est hétérogène, composée d'hommes et de femmes, de jeunes et de vieux, de riches et de pauvres, d'intellectuels et de moins lettrés, etc., tous assoiffés, ils viennent répondre à l'invitation de Dieu (Mat 11 : 28 ; És 55 :1). En fait, l'enjeu, ce n'est pas de faire plaisir au prédicateur pour qu'il se sente écouté mais bien d'être réceptif à l'action de Dieu par son Esprit !

On est dans l'assemblée non seulement pour offrir à Dieu un culte agréable : « *Louez l'Éternel ! Chantez à l'Éternel un cantique nouveau ! Chantez ses louanges dans l'assemblée des fidèles !* » (Psaumes 145 :1) ; mais aussi pour être des témoins les uns pour les autres : « *Je publierai ton nom parmi mes frères, Je te célébrerai au milieu de l'assemblée.* » (Psaumes 22 :23.) On peut aussi devenir conducteur tout en restant dans l'assemblée; louant donc aussi pour que les autres sachent que Dieu est digne d'être loué.

Bref, un culte authentique (en Esprit et en Vérité) requiert une l'assemblée qui ne se présente pas comme consommatrice, mais comme actrice. Il nécessite une assemblée active et non passive. Active dans l'écoute, active dans la prière et le chant, active dans la communion.

III.   Le cheminement d'un culte à l'image Céleste

Dans son manuel de cours « ***L'introduction générale à la conduite du culte*** », le pasteur Henry Papa MULAJA explique le déroulement du culte à l'aide d'un excellent schéma suivant le modèle du tabernacle appelé aussi « lieu de rencontre avec Dieu », en partant des parvis jusqu'au lieu très saint, en passant par le lieu saint. Nous allons essayez de nous y référer en touchant quelques détails pour mieux expliquer le cheminement du culte authentique.

Pour un bref aperçu, le tabernacle était un Temple portatif provisoire, où le Seigneur rencontrait son peuple, une tente glorieuse dans laquelle habitait la Schekinah de Dieu, l'endroit où Dieu a manifesté sa présence palpable. Plusieurs termes sont utilisés pour le désigner dont, entre autres : le sanctuaire (endroit sacré Exode 25 :8) ; le tabernacle (demeure Exode 25 :9) ; la tente d'assignation (lieu de rendez-vous fixé, où le peuple venait à la rencontre de Dieu Exode 29 :42).

Ce n'était pas comme le temple de Jérusalem ou une synagogue, construit sur initiative de l'homme. Moïse le construisit d'après le modèle communiqué par Dieu sur la montagne (Exode 25:9,40; 26:30; 27:8). Son exécution se conforma en tout aux ordres du Seigneur lui-même. Ceci est affirmé 18 fois dans la bible (Exode 39:32,42-43, etc.). Rien ne fut laissé à la fantaisie humaine, c'est-à-dire que chaque détail avait une importance et un sens spirituel spécifiques. Ce n'était pas l'amour de l'homme manifesté pour Dieu, mais l'amour de Dieu pour atteindre l'homme, avec pour but de permettre à l'Éternel d'habiter au milieu de son peuple (Exode 25:8) et de procurer aux hommes pécheurs un moyen de communion constante avec Lui, dans sa sainteté (Exode 25:22; 29:42-46).

Cette référence nous permet de comprendre qu'un culte authentique et édifiant n'est pas celui qui se déroule selon le modèle des hommes, mais bien celui qui reproduit sur terre ce que Dieu a établi au ciel. Il doit établir la demeure de la présence de Dieu, mettre ensemble l'humain et le Divin, exposer le peuple au contact de la majesté divine, où il contemple continuellement sa gloire. Il n'est pas un simple moment de rassemblement, ni une imagination de l'homme pour Dieu. C'est le besoin de Dieu dans son désir d'établir un point de rencontre avec ses enfants.

1. Les parvis (*étape préliminaire* Ex 27 :9 ; 40 :33)

C'est la partie extérieure du tabernacle. Elle contenait des ustensiles tels que l'autel des sacrifices, la cuve d'airain, où les sacrificateurs devaient obligatoirement laver les mains et les pieds avant le début des tâches sacerdotales. Cette nécessité de se purifier était attachée à une menace de mort en cas de négligence. Rien n'était laissé au hasard dans le sanctuaire, comme dans le parvis! Exode 30 :18-19

Parler de parvis dans le déroulement d'un culte, c'est faire allusion à sa première étape ; cette sorte de « ***brise-glace*** » qui exprime notre volonté de nous approcher de Dieu. En effet, lors de nos cultes personnels ou communautaires, les toutes premières minutes sont souvent caractérisées par une lutte interne. Avant d'atteindre un niveau de concentration suffisant (surtout dans les cultes du soir), chacun passe généralement par un moment de combat face à certaines pensées liées aux activités de la journée (son travail, l'endroit d'où l'on vient, le bruit, etc.) et qui peuvent entraver son intimité avec le Seigneur. Pour plusieurs, à ce moment tout est mécanique, le cœur n'étant pas encore bien disposé à louer, danser, acclamer voir même à sourire au voisin.

La première des choses, c'est commencer par se détacher de toute pensée extérieure qui nous suit, et aspirer à la présence de Dieu. D'où le rôle très important du modérateur qui, à l'aide du Saint Esprit, doit d'emblée essayer de captiver l'attention de toute l'assemblée dès les premiers instants, à travers une prière, un chant, un petit témoignage ou une petite et courte exhortation (plus ou moins 3minutes) afin de dissiper cette vague de déconcentration et ainsi laisser place à la mouvance du Saint Esprit, qui va embarquer toute l'assemblée et décoller.

Parfois, il faut commencer avec les choses les plus naturelles avant de toucher le spirituel, dans le but d'aiguiser la soif de la présence de Dieu dans l'assemblée, pour que chacun réalise qu'il est au bon endroit. Il est important pour le modérateur de se rassurer que tout le monde est à bord avant de d'entamer le décollage. Le cœur du chrétien doit avant tout être vidé de tout stress ou pensée étrangère et être suffisamment rempli de l'amour de Dieu, c'est à ce moment que l'adorateur va commencer à s'exprimer sincèrement « *...Car c'est de l'abondance du cœur que la bouche parle* » Mt. 12 :34.

2. **Le lieu saint** (*comme étape suivante* Ex 26 :33 ; 29 :31)

C'est la deuxième partie du tabernacle. Ses ustensiles sont, entre autres : la table des pains de proposition, le chandelier, l'autel d'or ou des parfums, d'où la fumée montait et où l'on offrait l'encens (Exode 30 :1).

C'est image de la deuxième étape dans le déroulement d'un culte édifiant. Il s'agit du moment où l'adorateur arrive à se détacher de toute pensée extérieure, de toute résistance et reste entièrement focalisé sur Dieu. Tout son être (corps, âme et esprit) est totalement concentré sur la présence de Dieu : il loue et adore par des chants, des danses, des cris de joie, des acclamations, voir même des larmes etc.

C'est dans le lieu saint que le parfum est brulé. L'adorateur se sert de tout son potentiel pour rendre un culte agréable à Dieu. Il lui ouvre son cœur et fait monter le parfum des louanges et adoration. C'est là que même les dons spirituels, les talents de l'adorateur, son intelligence et sa force s'expriment davantage afin de rendre un culte agréable à Dieu.

A cet instant, le modérateur doit laisser à l'adorateur le temps de s'exprimer avec ses propres mots par ce qu'on appelle un « *cantique nouveau* ». (Ps 40 :4 ; 98 :1 ; 149 :1). (cf. tehilla,) Au-delà du refrain d'ensemble, il y a un moment géré par le modérateur où chacun doit faire monter le parfum vers son Dieu, laisser s'exprimer son cœur, s'adresser intimement et librement à Dieu avec ses mots propres, la mélodie personnelle de son cœur, par un cantique spontané (chants ou paroles), qui ne provient d'aucun album, qui n'a pas été préparé d'avance, qui ne résulte d'aucune imitation, mais qui monte spontanément de son cœur pour exprimer ce qu'il ressent vis-à-vis de son Dieu (AP 5 :9 ; 14 :3). Et lorsque le parfum monte de plus en plus, Dieu nous agrée et nous attire dans les profondeurs de sa gloire.

3. Le lieu très saint (Hé 9 :2-4)

C'est ici que l'adorateur rencontre son Dieu et s'effondre dans la contemplation. Dans le tabernacle, c'est le lieu où se trouvait l'arche de l'alliance, symbole de la présence de Dieu. Elle était munie d'une couverture appelée « propitiatoire » ou en d'autre termes « le trône de grâce ». C'est pourquoi, lorsque l'auteur de l'épitre aux hébreux dit: « *Approchons-nous donc avec assurance du trône de la grâce, afin d'obtenir miséricorde et de trouver grâce, pour être secourus dans nos besoins.* » (Hé 4 :16), il nous exhorte à dépasser le voile afin de rencontrer Dieu dans le lieu très saint.

A cette étape Dieu seul prend le contrôle du Culte. L'intelligence de l'homme et tous ses talents se taisent. Ses mots deviennent faibles et inappropriés pour décrire ce qu'il voit ou ressent. Le plus souvent, les mots font carrément place à des balbutiements et des sanglots. L'on est alors totalement absorbé par le rayonnement de la splendeur de Dieu.

C'est là, dans le lieu très saint, que le Saint Esprit prend plaisir à introduire l'adorateur dans l'atmosphère de la gloire de Dieu; qu'Il ouvre ses yeux spirituels et lui permet de contempler la gloire de Dieu (2Co 3 :18); qu'Il remplit son cœur de joie pour qu'il jouisse aux maximum de tous les bienfaits de la présence de Dieu.

Là, dans le lieu très saint, l'adorateur n'a plus besoin que le modérateur le motive avec des paroles témoignant de la grandeur de Dieu, parce que dans cette dimension, on devient le modérateur de soi-même, témoin de la gloire qui révèle la grandeur du Tout Puissant. Dans l'évangile de Mathieu, Pierre vécut la gloire de Dieu, et cela le poussa à faire une proposition étonnante à Jésus : « *… Pierre, prenant la parole, dit à Jésus : Seigneur, il est bon que nous soyons ici ; si tu le veux, je dresserai ici trois tentes, une pour toi, une pour Moïse, et une pour Elie.* » (Mat 17 :1-4). Ce disciple ne voulait plus quitter cet endroit, il s'était même complètement oublié en proposant la construction juste des trois tentes. Et en plus, de qui avait-il eu la révélation que tel était Moïse et tel autre Elie ? C'est le miracle de cette gloire, car « ***Dans la révélation de Dieu, la connaissance est pleine*** ». Plus besoin que quelqu'un nous apprenne ou nous rappelle ce qu'Il Est.

C'est là dans les lieux très saints qu'on ne voit plus tourner les aiguilles de la montre, que les secondes se transformant en minutes, les minutes en heures, les heures en jours, en mois, en années n'entament pas d'un iota le désir d'y perdurer et d'en faire sa demeure quotidienne. « *Oui, le bonheur et la grâce m'accompagneront Tous les jours de ma vie, Et **j'habiterai** (ça sera ma nouvelle adresse) dans la maison de l'Éternel Jusqu'à la fin de mes jours.* » (Psaumes 23 :6)

Le Saint Esprit veut nous aider à accroitre notre sensibilité spirituelle pour vivre totalement dans le sein de Dieu et faire de nos cultes des véritables moments d'intimité avec Lui. Il est donc de la responsabilité du conducteur du culte de cultiver son intimité avec Dieu, de prier, de travailler aussi sa sensibilité spirituelle afin d'être capable de sensibiliser toute l'assemblée et de l'influencer pour l'amener à atteindre ce paroxysme de la gloire divine. Voilà donc le sommet ultime que nous devons atteindre dans nos cultes communautaires habituels. « Il ne faut pas sortir du culte tel qu'on y est entré, il faut plutôt aspirer à un véritable contact avec Dieu qui transforme pour ne jamais rester le même » et c'est possible. (2 Co. 18:3)

Nous devons, désormais, préparer chaque culte comme une grande action si nous désirons vraiment vivre les merveilles du lieu très Saint. Remarquons que, lorsqu'il s'agit d'organiser de grandes actions, nous déployons de grands moyens et consentons des efforts considérables dans l'organisation afin de maximiser les chances de réussite, alors que quand il s'agit de cultes « ordinaires », nous demeurons enfermés dans une certaine routine et faisons les choses comme par habitude, avec beaucoup de nonchalance, voire de négligence.

Et pourtant, quelle que soit la nature du culte (intercession, répétition, enseignement, etc.), le Dieu à qui nous le rendons reste le même. En effet, Dieu n'est pas plus grand quand il s'agit d'un culte dominical ou d'une convention que lors d'un « simple » culte de semaine. Nous devons dès lors aspirer à atteindre sa gloire avec la même intensité (le rencontrer et communier avec Lui), que nous ayons cinq heures du temps ou dix minutes du culte.

CHAPITRE 4
Les choses qui tuent le culte et comment le restaurer

Ce sont les obstacles à la manifestation de la gloire de Dieu ; qui empêchent de vivre un Culte authentique avec Dieu. Il en existe plusieurs. Nous allons en relever cinq, qui constituent les grands points de ce chapitre suivis des quelques conseils pratique : l'égo, l'impréparation, les motivations et objectifs, l'habitude et l'insensibilité, les sentiments et sensations, Chaque point sera abordé tout en proposant un moyen palliatif pouvant permettre de restaurer le Culte de Dieu.

I.   L'égo

Ce mot tire sa racine du latin « *ego* (le moi) » : qui consiste en la représentation et la conscience que l'on a de soi-même

Dans le cas échéant, parler de notre égo comme obstacle à la manifestation de la gloire de Dieu, c'est faire allusion à nos couronnes, notre apparence extérieure, notre dignité, tout ce qui constitue notre réputation et notre fierté. Pour certains c'est leur personnalité aux yeux du monde, pour d'autres c'est les titres ou postes qu'ils occupent dans la société, pour d'autres encore, la parure extérieure (habits, bijoux, etc.).

Un jour un officier militaire se rendit dans une église, accompagné de son fils et des gardes du corps. En plein culte, au cœur de l'adoration, s'étant prosterné, tout en larmoyant, il ne cessa d'adresser cette phrase à Dieu : « Seigneur ! Tu es le véritable chef de ma vie ». A la fin de la rencontre, surpris par la déférence manifestée par son père devant Dieu, le fils s'étonna en ces termes : « Père ! J'ai toujours cru que c'était toi le chef ! » Mon fils, répliqua le père, certes, je suis chef devant tous ceux que Dieu a placé sous mon commandement, mais en sa présence, moi aussi je ne suis qu'un simple serviteur ! C'est bien lui qui est au-dessus de tout et de tous ! ».

Dans les Cultes chrétiens modernes, il est regrettable de constater que les enfants de Dieu ont, de plus en plus, du mal à s'agenouiller, se prosterner, se coucher par terre, voir danser dans la présence de Dieu. Des hommes qui s'abstiennent de salir le beau costume, des femmes qui ne peuvent élever les mains à cause de l'accoutrement (habits sur mesures), des sœurs qui ne peuvent plus verser les larmes dans la présence de Dieu au risque de déranger le maquillage, des frères qui ne veulent plus transpirer pour Dieu à cause de la honte qu'ils éprouvent à être vus dans cet état, etc. Chacun tient à préserver sa propre réputation (lire 1 Timothée 2 :7-9). La louange et l'adoration se font donc désormais dans le respect des rangs sociaux qu'occupent les gens. On craint d'être traité de « vulgaire » et de perdre sa considération aux yeux des autres.

Et pourtant, nous devons garder à l'esprit que si Dieu nous élève, c'est pour que les autres arrivent à le louer par analogie, ayant compris que celui qui nous a élevé est encore plus haut et plus grand que nous. S'il nous élève à la place du roi, c'est pour que les autres comprennent que c'est lui le Roi des rois, devant qui on cesse d'être berger, pour devenir une simple brebis ayant besoin du bon berger qu'il est. Devant sa paternité même des pères ayant de nombreux enfants redeviennent eux-mêmes des enfants, quel que soit leur rang social.

Dieu ne nous couronne pas pour nous enfler d'orgueil, mais plutôt pour que nous apprenions à jeter ces mêmes couronnes à ses pieds, devant son divin et majestueux trône ; que nous apprenions à les lui rendre, nous sentant indignes de les porter devant sa face, Lui seul méritant toute la gloire (Ap. 4 :10-11).

Dans l'Évangile selon Jean, l'apôtre dit : « *Mais à tous ceux qui l'ont reçue, à ceux qui croient en son nom, elle a donné le pouvoir de devenir **enfants** de Dieu,...* » (Jean 1 : 12). Avant toute chose, le pouvoir que nous avons reçu du père, ce n'est pas d'abord d'être pasteur, apôtre, ministre, président, etc. mais plutôt, d'être d'abord des enfants. Il y a des moments où Dieu nous veut ainsi dans sa présence afin que nous bénéficiions de ses merveilles en tant que notre Père qui est aux cieux. (Mathieu 18 :3 ; Marc 10 :14)

Observez un enfant de 10 ans devant un aquarium des poissons : il peut y passer des heures, tout émerveillé, oubliant le cours du temps. Mais dans les mêmes conditions, un adulte de 30 ans y jetterait certes un coup d'œil, mais très vite s'en détournerait pour passer son chemin. Il en est de même devant Dieu : quand on reste un enfant, on a envie de demeurer dans sa présence afin de contempler ses merveilles.

Apprenons donc à nous approcher de Dieu en toute humilité afin que notre égo ne soit pas un obstacle à la manifestation de sa divine gloire. Que nos qualités, avoirs et savoir ne constituent pas un voile entre Lui et nous car c'est Lui qui nous donne tout.

II.   L'impréparation

Une autre chose qui nous empêche de vivre un culte authentique, c'est l'attitude dans laquelle nous nous présentons devant notre

Seigneur. Peu d'enfants de Dieu prennent le temps de préparer leurs cœurs avant de se rendre au culte.

Certains vont se préparer au culte pour le culte. Ils attendent le dimanche matin, notamment le moment où le modérateur va demander de prier pour le pardon des péchés, pour prendre le temps de confesser leurs mauvais actes accumulés tout au long de la semaine. Pis encore, des officiants eux-mêmes se présentent devant l'assemblée en improvisation, sans aucune préparation préalable.

Parfois, c'est en plein culte que l'on se met à fouiller ses poches, dans l'espoir d'y trouver un petit reste d'argent afin de le donner en guise d'offrande. Avec une telle attitude pouvons-nous attendre à ce que Dieu déverse sur nous ses bénédictions ? Que représente véritablement Christ à nos yeux ? Quelle est sa véritable place dans nos cœurs ? Sa véritable valeur dans nos vies ?

Imaginez un instant que Son Excellence Monsieur le Président de la République vous invite à un festin qu'il organise dans son palais. Dans quel état d'esprit serez-vous la veille de ce grand jour ? Et à quelques heures du rendez-vous ? Même si vous devenez un habitué du palais présidentiel, vous ne banaliserez jamais ce lieu au point de vous y rendre en retard, en tenue négligée, de faire fi des instructions des agents du protocole, etc.

C'est étonnant de voir le temps que nous prenons souvent à préparer une rencontre avec un semblable, et la nonchalance routinière dont nous faisons montre dès qu'il est question d'aller à la rencontre de notre créateur. Dans quel état devons-nous nous présenter devant le Seigneur ?

David montre l'exemple : Psaumes 26: 6 « *Je lave mes mains dans l'innocence, Et je vais autour de ton autel, ô Éternel !* » ;. Autre passage : « *Approchez-vous de Dieu, et il s'approchera de vous. Nettoyez vos mains, pécheurs ; purifiez vos cœurs, hommes irrésolus.* » (Jacques 4 :8)

La purification personnelle est un préalable indispensable à un culte qui soit agréable à Dieu. Ce n'est pas au culte qu'il faut aller demander le pardon des péchés, du reste pour un enfant de Dieu, la sanctification doit être un état de vie, afin qu'il soit toujours prêt pour communier avec le Seigneur.

Si nous voulons vivre la manifestation de sa gloire dans nos cultes, apprenons à être constamment prêt pour le rencontrer. Que le modérateur du culte se prépare tant spirituellement que techniquement avant de se présenter devant le peuple de Dieu. Qu'il en soit ainsi pour tous les autres conducteurs et officiants du culte.

III.   Motivation et objectif

Il s'agit de raisons profondes qui nous poussent à aller au culte et ce que nous visons en nous y rendant.

Le mobile profond qui anime le vrai adorateur chaque fois qu'il se rend à l'église c'est l'amour qu'il a pour Dieu. Nous l'avons bien souligné dans les points précédents : le sacrifice de la croix est l'ultime preuve de l'incommensurable amour que Dieu a manifesté pour l'humanité toute entière. En revanche, nous tous qui avons dit oui à cet amour, devons aussi le manifester en rendant régulièrement un Culte agréable à notre Dieu. En d'autres termes, en tant qu'adorateurs, nous devons exprimer notre amour à Dieu, notamment en honorant l'œuvre salvatrice de la croix avec nos louanges, nos actions de grâce, nos offrandes, notre adoration…

Animé par la foi en lui, notre objectif doit être de rencontrer notre Sauveur, de vivre la manifestation de sa gloire, de communier avec Lui. Parmi les éléments qui tuent le culte de nos jours, l'on peut citer les mauvaises motivations, voire l'absence de toute motivation qui caractérise le peuple de Dieu. En effet, le besoin et le désir de rencontrer Dieu simplement en tant que Dieu sont souvent remplacés par des mobiles personnels, très souvent d'ordre matériel. Nombre de chrétiens se rendent donc de plus en plus à l'église pour rechercher les miracles de Dieu au lieu d'avoir soif de rencontrer le Dieu des miracles. Pour d'autres, l'objectif c'est de rencontrer juste l'homme de Dieu et non Dieu lui-même.

La conséquence en est que les gens reviennent de l'église tels qu'ils s'y étaient rendus. Il n'y a aucun changement manifeste dans leur quotidien, aucune édification n'est vécue simplement parce qu'ils n'ont pas été en contact avec la gloire du Père.

Apprenons donc à nous rendre au culte avec avant tout la soif de nous approcher de notre Seigneur et Sauveur Christ Jésus. Ce n'est qu'après l'avoir rencontré que nous pouvons lui exprimer tout ce qui abonde dans nos cœurs. En retour, il est fidèle et juste pour exprimer son immense amour et sa gloire au travers de nos besoins.

La bible le montre à travers le parfait exemple de la femme atteinte d'une perte de sang depuis douze ans : « (…) *Car elle disait en elle-même : Si je puis seulement toucher son vêtement, je serai guérie.* » (Mathieu 9 :21). Son objectif était d'abord de **toucher Jésus**, et sa guérison n'en était qu'une conséquence. La vraie foi ne passant jamais inaperçue devant Jésus, il se retourna et déclara à la femme qu'elle était guérie. Instantanément, et pour la première fois en 12 ans, elle le fut.

IV.   Habitude et insensibilité

Nous devons savoir que Dieu reste le même. Toutefois nous ne devons jamais l'approcher de manière habituelle, routinière, quasi rituelle ! Notre Seigneur n'est pas figé dans la manière de se manifester : il agit tantôt d'une façon, tantôt d'une autre. Ce qui tue parfois le culte c'est aussi croire que si ça marche une fois, ça marchera encore, toujours et de la même manière. L'habitude tue une relation, elle nous place dans une telle zone de confort que nous ne voulons plus en sortir pour aller nous risquer encore plus loin, dans les profondeurs pour expérimenter autrement la gloire de Dieu.

Nous pensons que, si par tel chant, la gloire de Dieu était descendue une fois, c'est qu'il en sera ainsi chaque fois qu'il sera entonné. Il est d'une grande importance de savoir que dans la présence de Dieu, les mêmes causes ne produisent pas nécessairement les mêmes effets. La manifestation de la gloire de Dieu ne vient toujours pas par le chemin de notre attente, ou selon la manière dont nous l'imaginons (Jean 5 :1-9). Combien de fois, n'avons-nous pas limité l'action de Dieu dans nos vies par nos habitudes, voulant le voir agir tel que nous l'avons vu au paravent ou nous attendant à le voir intervenir tel que nous l'imaginons ?

Le culte authentique est rendu à Dieu avec révélation et non sur base de l'imagination. L'esprit de l'adorateur doit donc demeurer constamment éveillé et sensible au mouvement du Saint Esprit. Notre Dieu est si illimité qu'il nous surprendra toujours, et est capable d'agir infiniment au-delà de notre imaginaire. Si dans le culte passé, il a guéri les malades à travers une imposition des mains, dans celui d'aujourd'hui il peut le faire au travers des acclamations, une autre fois ça sera peut-être par le simple fait d'élever les mains vers Lui, soit par un cantique de louange, ou par une exhortation. Il peut changer un simple culte d'enseignement en un moment prophétique ; un temps de prédication en un moment d'adoration, une simple réunion de prière en un moment de miracles ; une courte répétition en un culte de délivrance etc.

Chaque fois que nous posons certains actes tels que acclamer, élever les mans, se prosterner, se lever, etc. ne le faisons pas par habitude, mais plutôt par révélation et chaque fois différemment des autres fois parce que ce sont des actes spirituels. Israël n'a-t-il pas vaincu Amalek juste parce que Moïse avait élevé les mains vers les cieux ? N'a-t-il pas pris possession de Jéricho par de grands cris poussés selon les instructions de l'Éternel (Josué 6 :20).

Quittons les zone de confort habituelles, suivons le mouvement du Saint Esprit, laissons-nous aller corps âme et esprit sous sa mouvance, désirons chaque fois de le voir différemment, allons de plus en plus loin dans l'expression du culte, de plus en plus haut dans la célébration, de profondeur en profondeur dans l'adoration.

V.   Les sentiments et les sensations

Les émotions passagères qui nous animent ne doivent pas affecter notre relation avec Dieu. Bien souvent, des gens abandonnent leurs activités spirituelles à la merci de leurs états d'âme (se réveiller un matin et n'avoir pas envie de louer Dieu à cause d'une colère, une déception, un sentiment de manquement, un découragement, etc.).

Conditionner la louange et l'adoration au son de la musique peut aussi constituer une barrière dans notre relation avec Dieu. Certains déclarent ne pas pouvoir adorer quand la chorale ne chante pas agréablement, d'autres, à cause de quelques désagréments de la technique ou du fait de ne pas porter à cœur le conducteur de louange du jour. Il y a également des gens qui n'arrivent pas à se détacher des stress quotidiens, des choses ne marchent pas, des problèmes qui s'accumulent sans qu'ils n'en voient d'issu possible et qui, dès lors, se rendent au culte sans éprouver la moindre envie de louer et d'adorer Dieu.

Pour les enfants de Dieu, le culte n'est pas conditionné aux émotions ou aux sensations du moment. Il faut même, parfois, apprendre à louer quand on ne le sent pas, en apportant la musique de son propre cœur et devenant son propre modérateur: « *La louange dépend de ce que je sais et non de ce que je sens, je sais que Tu ES...*» (Extrait du chant « Adonaï », tiré de l'album **le Culte** de Athom's et Nadège Mbuma) ; Le fait que Dieu soit Dieu est déjà une raison amplement suffisante pour qu'il soit loué et adoré.

Avant de conclure, qu'il me soit permis de formuler une recommandation auprès du pasteur resoponsable, laquelle (recommandation) sera suivie d'un petit test d'envie permettant à chacun d'aboutir à une déduction personnelle.

a. Pasteur responsable

C'est l'oint qui a reçu la vision spécifique et un message particulier de la part de Celui qui l'a appelé pour son œuvre. Chaque pasteur a toujours une orientation propre qu'il veut donner aux cultes. Par conséquent, il serait de bon aloi pour lui de s'entretenir régulièrement avec les conducteurs du Culte de peur que ces dernier ne s'éloigne de sa vison du culte.

En outre, pour un bon élan du culte, il est judicieux pour le pasteur de donner à l'assemblée des enseignements qui s'y rapportent (enseignements sur la louange et l'adoration). La plupart de nos séminaires demeurent centrés, dans leurs prédications, sur des thèmes ayant trait au miracle, à la richesse, à la percée, à l'offrande, à la repentance etc., mais peu sont ceux qui parlent du culte, de ses expression voir même de son importance dans la vie des enfants de Dieu.

b. Test d'envie

Ce petit exercice consiste à nous soumettre à quelques petites questions auxquelles chacun de nous pourra répondre personnellement dans son for intérieur :

a. A la fin d'un culte, avez-vous envie de revenir la semaine suivante ?

b. Avez-vous envie d'inviter vos amis et proches ou d'autres personnes intéressées à venir prier avec nous la prochaine fois ?

c.   Et le test peut encore aller plus loin : le dimanche matin, quand le réveil sonne, avez-vous envie de vous lever à la hâte pour aller au culte ?

d.   Bien-sûr, cette envie, elle peut varier selon les circonstances de notre vie. Il y a des hauts et des bas. Mais si cette envie parvient à nous manquer, que faisons-nous ?

Si nous fréquentons l'église, c'est que nous avons envie de vivre un culte édifiant et enthousiaste. Sinon, nous resterions au lit le dimanche matin! Mais, avouons-le, nous n'avons pas forcément ce sentiment tous les dimanches... Mais à qui la faute ? En tout cas, le Seigneur étant acteur, il n'est jamais responsable... Lui, il est toujours prêt à s'impliquer à fond, par son Esprit.

Ce sont les autres acteurs qui peuvent faire obstacle : les acteurs visibles ou les acteurs discrets, ceux qui sont debout sur l'estrade ou ceux qui sont assis sur les chaises. Car nous sommes tous appelés à être actifs pendant nos cultes, Nous sommes tous appelés par Jésus-Christ à adorer le Père « en Esprit et en Vérité ». Il revient donc à chacun de bien accomplir sa part en toute sincérité devant Dieu.

CONCLUSION

Au terme de cet ouvrage, il nous revient de retenir que le sacrifice de la croix demeure l'élément central de tout Culte authentique rendu à Dieu. Expression parfaite de son ineffable amour envers toute l'humanité, ce sacrifice suprême appelle en retour un élan perpétuel d'une chaleureuse reconnaissance et d'un culte continuel de la part de tous ceux qui y ont répondu positivement.

En effet, prendre conscience de la mesure de l'œuvre de la croix ne peut que nous amener, en tant que rachetés, à faire de notre vie une instance d'une reconnaissance, d'une louange et d'une adoration sans cesse élevées vers Dieu, comme un parfum agréable répandu sans relâche (et à son gré) vers celui qui nous a aimés le premier.

Initiateur de toute chose, Dieu a Lui-même prédéfini la nature et le modèle du Culte qu'il attend des vrais adorateurs (en Esprit et en Vérité) : « *Mais l'heure vient, et elle est déjà venue, où les vrais adorateurs adoreront le Père en esprit et en vérité ; car ce sont là les adorateurs que le Père demande.* » (Jean 3 :16) ; « *Car les circoncis, c'est nous, qui rendons à Dieu notre culte par l'Esprit de Dieu, qui nous glorifions en Jésus-Christ, et qui ne mettons point notre confiance en la chair.* » (Philippiens 3:3)

Il est donc clair que Dieu ne prend plaisir qu'à un Culte authentique, c'est-à-dire qui lui est reproduit ici sur terre tel qu'il l'a conçu dans le ciel; autrement dit, selon le modèle qu'il a lui-même défini dans sa souveraineté. Aussi, par son Esprit Saint, nous révèle-t-il les pensées et les attentes de son cœur afin que nous puissions, selon son désir et pour son plaisir, le remercier pour la grâce qu'il a manifestée (sa bonté), le louer pour ce qu'il a fait (son œuvre) et l'adorer pour ce qu'il est (sa nature).

Le culte à l'image céleste est une véritable dévotion, un moment unique qui nous expose au contact de la majesté divine ; une randonnée d'amour et d'exaltation qui nous transporte dans un élan glorieux, nous faisant quitter notre sphère humaine pour nous élever à la dimension divine.

Cette rencontre glorifie Jésus autant qu'elle nous change dans notre fort intérieur : elle nous absorbe dans la nuée de sa majesté, sous la mouvance du Saint Esprit, nous conduit jusqu'au torrent d'une sublime et splendide gloire, où chacun s'abreuve personnellement selon le degré de sa soif. Elle nous fait goûter aux délices de sa présence, nous édifie et nous laisse resplendir de joie, à jamais marqués par les empreintes de Christ, qui nous donnent dorénavant le pouvoir de le manifester au reste du monde : « *Nous tous qui, le visage découvert, contemplons comme dans un miroir la gloire du Seigneur, nous sommes transformés en la même image, de gloire en gloire, comme par le Seigneur, l'Esprit. »* (2Corintiens 3 :18).

Pour ce faire, le culte exige de la part du modérateur (et de ceux qui l'accompagnent dans la conduite), une vie totalement consacrée à Dieu et animée d'une véritable sensibilité spirituelle. Par ailleurs, il nécessite également une assemblée composée de fidèles ayant un cœur suffisamment préparé et animé d'une intense soif de rencontrer Dieu.

Le vrai Culte est donc un unique instant de proximité, de communion, de vérité, de complicité et d'intimité avec Dieu. C'est à ce titre que Jésus a comparé sa relation avec l'Église (ses fidèles) à une relation conjugale épanouie : il est l'époux, elle est l'épouse. Puisqu'aucun conjoint n'aimerait que derrière chaque mot d'amour et chaque élan de tendresse se tienne à l'affût toute une litanie de demandes relatives aux besoins les plus variés, pourquoi donc Jésus (l'époux par excellence) devrait-il agréer une pseudo adoration servant juste d'introduction à une quête illimitée mêlant argent, biens matériels et le sort que nous voudrions qu'il réserve à nos ennemis ? En revanche, lorsque nous adorons Dieu uniquement pour ce qu'il Est, lui qui sait sonder nos cœurs et nos reins saura déclencher des bénédictions qui changeront autant notre avoir que notre être.

Bien aimés, gardons à l'esprit que nul ne peut croiser la gloire de Dieu et rester le même. Tout dépend donc de l'attitude qui nous anime quand nous nous approchons de Lui.

« Au-delà de ce que Dieu a, cherchons d'abord à rencontrer ce qu'Il Est, car c'est dans ce qu'il Est que nous vivrons pleinement ce qu'Il a ».

Que Dieu vous bénisse!

SOURCES

1. Bibles et commentaires

- Bible /versions : Louis SEGOND 1990, Semeur, Français courant, Darby, Parole de vie
- Canevas pour la présidence des cultes / par Egbert Egberts
- Commentaires Bibliques /Chemin de Vie.info-J.losti et TWR
- Commentaires Bibliques /Étude de l'ancien et le nouveau testament- BURNIER
- Commentaires Bibliques / Notes - Bible d'étude Scofield
- Commentaires Bibliques / notes - Bible Français courant
- Commentaires Bibliques/ Plaire au Seigneur–Collection
- Cours Biblique : la louange et l'adoration / par KéDèS

2. Dictionnaires

- CLE_Bost Dictionnaire encyclopédique de BOST-1849-CLE
- LL_DBT Dictionnaire biblique pour tous-LLB
- Nouveau dictionnaire Biblique illustré – Emmaüs
- SEM Lexique de la Bible du Semeur

3. Etudes, conférences et séminaires

- ➢ Introductions générale à la conduite du Culte/ Henry Papa MULAJA/ RhemaWorship School / 2em promotion/2013
- ➢ Langages d'adoration/ atelier / Henry Papa MULAJA
- ➢ Le Culte édifiant / conférence / Athom's MBUMA / RhemaWorship School/2em promotion/2013
- ➢ Le profil d'un adorateur/ Alain MOLOTO/ formation d'adorateurs - Centre Missionnaire Philadelphie

4. Ouvrages

- ➢ Adorez et vivez victorieux / Maria Emilia Baptista De Oliveira (traduit du portugais par Christian Francis BARNIER)
- ➢ Adorer Dieu sur terre comme au ciel /Henry Papa MULAJA
- ➢ La louange malgré tout / Henry Papa MULAJA
- ➢ Devenir adorateur (Traduit de l'anglais) /A.L. et Joyce Gill
- ➢ Redéfinir le Culte, louange et adoration /Athom's

A PROPOS DE L'AUTEUR

Odon Michée est:

- Licencié en Droit économique et Social à l'université protestante au Congo ;

- Diplômé en conduite du Culte et leadership à Rhema worship School sous la direction des Pasteurs : Athom's MBUMA et Henry papa MULAJA

- Théologien de l'école « PRAXIS » qui est une institution de formation en théologie pratique sous la houlette du pasteur Barron MBALA

- Membre de l'Eglise « Centre Missionnaire Philadelphie » et plus récemment de l'extension « Faveur de Dieu » où il a assumé la responsabilité de directeur artistique du département de musique

- Berger Adjoint de l'une des cellules du centre missionnaire Philadelphie

- Conférencier, Chantre de l'éternel, auteur compositeur, conducteur du Culte, et Formateur en Conduite du Culte,

- Membre du Ministère « Bethanie Ministry », du label « SkyProd », ainsi que des groupes d'adoration : « Intime avec Christ » et « Aksanti Adore »

CONTACTS DE L'AUTEUR

ODON-DONEL MICHEE MITEO

Whatsapp: +243 81 62 46 041

Mail: odonmiche@gmail.com

Facebook: Shepherd Odon Michée

Page Facebook : A l'image du Culte Céleste – Donel M.

Instagram :   Donel_Michée

Mis en page, Imprimé et Mis en ligne par les services de

KINGDOM EDITIONS

Une branche de

E-mail: **contact.kingdomdna@gmail.com**

Facebook: **KINGDOM DNA SARL**

These *shared* design elements are the non-negotiables, apart from which a church is unable to function properly and achieve its greatest heights.

Nearly every Christian would agree that among these core design features are things like teaching the Bible, gathering every week, using our gifts to serve one another, etc. In this book, I will by no means attempt to address all of these, for many of them are already broadly established in the Body of Christ. I will, however, in each chapter, make a case for an essential design feature that I believe is still missing from most churches today. If these are adopted, I argue that they will radically reshape and amplify nearly every Christian's experience of God, one another, and his kingdom on this side of heaven, which is another way of saying that we will bear more fruit and hasten the coming of Jesus Christ (2 Peter 3:11-12).

Be prepared, though, that some of these concepts may seriously challenge the way you or your church has functioned. They may lead you to feel overwhelmed and unsure how to proceed in the face of many obstacles. I will do my best to provide you with practical applications when I can, but a lot of them pertain specifically to the house-church model. Therefore, if you don't go that route, then in some cases, I may not have a clear application for you. But I know who does!

In the case that you find yourself agreeing with the concepts but not knowing how to apply them in your context, I encourage you not to give up. If these design features are truly necessary, and if God truly wants you to stay in your particular church setting, then he will provide a way for you to help move your church in that direction. Don't abandon God's design just to relieve yourself of consternation, but instead, *cleave* to God's design and *wrestle* with him through the consternation until he gives you the wisdom you need. He is faithful.

Ultimately, whichever way the Spirit ends up leading you—toward house church or otherwise—I remain confident that there is treasure for you and your church within these pages. I pray that the following chapters will lead you, above all things, to entrust God with building his Church, no matter the cost.

Waiting on the Lord

What's Powering this Boat?

In case you haven't noticed, we spend a lot of time, effort, and money on building the Church. You may or may not be involved in much of it, but take a moment to try to conceptualize and appreciate the magnitude of resources devoted to it throughout the course of a week, month, or year.

Think of everything it takes to make it "run"—kids and youth ministry, small groups and discipleship classes, food and childcare, conferences and retreats, outreach and social events, board meetings and leadership trainings, websites and marketing, constructing and maintaining buildings, local charity work and foreign missions, equipping volunteers and managing church staff, choirs and worship bands, sermon-writing and pastoral care, seminary training and denominational oversight, countless books being written (and read), podcasts and videos being recorded (and consumed), and so on. It's a *lot*.

To start, let's not assume that any of this is inherently bad. Instead, let's ask the question: *Is it working*? After all our activity, does the Church look more and more like the Church that God promised to build? Are we, God's people, bearing fruit like the Bible says we ought to? Is every believer being radically transformed into the image of Christ? Are we walking in unity, holiness, and love toward one another? Is Christ and his gospel being powerfully manifested to the world through our lives?

The answer to these questions is, of course, not a simple *yes* or *no*. But if we can at least agree about the goal, then how is all our activity helping us to reach that goal? Is the output worth the input?

Whenever I start poking around like this, someone invariably feels the need to defend the Church, arguing that God *uses* all of these activities, that he is at work in every church, and that it's offensive to suggest anything otherwise. Allow me to clarify, then, that I agree. God does indeed use all of these activities.

However, *God's* use of something doesn't justify *our* use of it. To be sure, God uses *all* things to bring about good for his children (see Romans 8:28), including things like cancer, car accidents, and horrific sins, which he always finds a way to redeem for his purposes. Shall we then reinstate asbestos into our church's ceiling tiles, drive the church van into oncoming traffic, or systematically train our youth to get drunk and have promiscuous sex, all on the sole basis that God uses these things to draw people to himself? Most certainly not. So, please—let us not be childish. The fact that God uses the preacher's Sunday sermon, the talented band, or a million-dollar building to bless people and grow their faith doesn't itself justify the use of those things. We can recognize that God uses something for good, all the while being free to discern whether it deserves a place in our ministry and is a part of his intended design. Therefore, we must ask not "Has God *used* it?" but "Has God *inspired* it?"

This is how I view the Church today. I sincerely give thanks to God for all that he has done and continues to do through the Body of Christ everywhere. I myself have been greatly blessed by the people and ministries of the church that I left before starting a church in my home. However, I have my doubts that the traditional way of doing things is the best way to achieve our common goal. It's not that I don't see any fruit, but that I believe the fruit is often *in spite* of all the hustle and bustle, and is the simple result of the fact that God is good and has poured his love into the hearts of many faithful servants—two things that will remain the same no matter how we proceed. If this is true, I argue that much of our activity and expenditure is actually in vain, or worse, counterproductive to our shared mission.

So then, can we have a family discussion without taking offense? Can we challenge each other's ideas and ways without questioning each other's hearts? We can and we must.

Do We Really Need More of the Same?

This is where a lot of books would recite to you some church statistics—like rates of divorce, addiction, and mental illness among Christians. They would paint a grim picture of the state of Christianity today, highlighting the high percentage of leaders who experience burnout or suffer some moral failure, of missionaries'/pastors' kids who end up resenting God and turning away from the faith, of Christians who feel isolated or hurt by the Church, and so forth. And then they'd say, "Don't you see we have a problem? Something needs to change."

I don't disagree, necessarily, but something I've always found interesting about the data is the fact that I've never needed it. I appreciate that it confirms what I already knew (more or less) to be true. But just as I don't need numbers to prove that the sky is blue, I don't need numbers to tell me that most Christians' experience of Christianity is at least somewhat (if not very much) disappointing compared to the *biblical* vision for Christianity. It's all but an observable fact.

If you know much at all about God's desire for us to walk in love, holiness, power, and unity, then you *know* what I'm talking about at some level. You feel it deep within you, for the Spirit testifies that what we're doing isn't working exactly like it's supposed to. If you're a Christian—looking to the Spirit of God within you, reading your Bible, and humbly observing the Church as we know it—then I believe you will ultimately discover the same discomfort that I felt for years and the same earnestness I feel today for reform.

You may very well like your church and perceive that God is doing many good things through you and the people there. Again, I don't doubt this, but this could just as well be *in spite* of all your activity and not the *result* of it, which is the point I'm trying to convey.

More importantly, this isn't just about *you* being happy with what your church provides to you. It's about *every single person* who becomes a part of your Christian community being radically conformed into the image of Christ. That's the goal, and 2,000 years in, we're nowhere near reaching it.

Then what's the solution? Is it more teaching or more evangelism? Is it better sermons or better music? More employees or volunteers? Better marketing strategies? Better hospitality, better programs, or more outreach? Bigger buildings, renovated buildings, prettier buildings, simpler buildings?

Is it more inspiration, more conferences, more training, more small groups? Do we need to plant more churches, learn new strategies, or start more ministries? Do we just need to get more people to do more of the same things?

I'm not convinced that we do, but most churches continue to operate as if these kinds of things will make the difference, just in greater measure or a slightly better variance. Again, none of these things is inherently wrong, but it's becoming increasingly evident that our *reliance* on them is delusional. If "more" was the solution, I think we'd have seen a visible difference by now—not just in *your* life or *your* church but in *the* Church.

Therefore, however counterintuitive it may seem at first, I'd like to propose an alternative solution: We don't actually need to do *more*; we need to begin by doing *less*.

Kill the Engines and Catch the Wind

Most churches today function like a cruise ship. God gives us a destination, and then we fire up our man-made engines, ripping through the waves without regard for the wind. "We'll get there," we reason, "because God has told us to go there and has given us the means to do so." But days turn into months, months turn into years, and it's questionable whether or not we've arrived. Yet we continue to burn fuel and pay the crew, believing we're accomplishing something.

Don't get me wrong—God has indeed given us a destination and the means for getting there. However, the part we've missed is that the means for getting there are not the *engines* (which we can start at will) but the *wind* (which we cannot control). Thus, his design for the Church is not to be a *cruise ship* but a *sailboat*, which has no other option than to put up its sails and *wait* for the wind to blow.

In this analogy, the "wind," of course, is the Holy Spirit, who blows wherever he wishes (John 3:8), and the "engines" are all the ways and wisdom that we employ *apart from the Spirit* because it feels more productive than waiting on the Lord.

Our propensity to rely on our own ideas and abilities (or "engines") to get somewhere can be seen in nearly every area of the Church. For example, we know we need to learn the Scriptures (a good and godly destination), so we implement a church calendar (engine) that ensures we preach through the whole Bible in a certain order over time. We desire our gatherings to be orderly and productive (another godly goal), so we use a pre-scripted agenda (engine) that we can print out on bulletins and only allow a few people to do the talking/singing. We need a way to minister to the influx of new people coming in (who can deny that this is a good thing?), so we add another Sunday service or build a satellite campus (a man-made engine). We need to raise money for our new expansion project (questionable goal, in my opinion), so it's about time for the semi-annual tithing sermon (another engine). We want to protect our doctrine and maintain unity (hallelujah!), so we create/join a denomination and publish a statement of faith (engine). Hospitality is something to be desired (a biblical ideal), so we form a team of hospitality volunteers (engine) who make people feel welcome. It's important that our kids are raised in the faith (true!), so we start kids and youth ministries (engines). The list goes on.

Perhaps you're thinking: *Is there something wrong with these methods? Aren't they helpful? What are we supposed to do instead?*

Well, let me just say this: There is actually another way of going about achieving these goals, which strikingly few seem to have entertained, yet is more explicitly biblical than anything listed above. That *Way* is the Spirit of God moving powerfully through individuals who rely on him. That *Way* is the long, slow, highly relational, and extremely humbling process of training people how to walk by the Spirit, to build each other up, to be empowered by Christ in all that they do. Try to do this with even one individual (beginning with yourself), using the fruits of the Spirit as your indicator for success, and you'll come to realize how much you truly need God to bring about this growth, and how foolish it is to think that these engines can get us there. Hence, the need for prayer.

You see, the problem with engines is that they're deceivingly "productive." They seem to be the quick and obvious answer to our real-world problems. As such, it may even seem foolish or neglectful *not* to use them. However, what they almost always fail to produce is a people who are driven by the Wind, which is the whole point of this thing called "Christianity."

You could use all the engines listed above, and you *might* end up with some people who are driven by the Wind. But if you focus on teaching people to catch the Wind—i.e., to rely on God in all things—then you are bound for every glorious destination to which he has promised to take us. The Spirit himself, in his perfect wisdom, will use each member as *he* wills to generate more power than a million engines ever could.

On the "sailboat," hospitality isn't the product of a "hospitality ministry" but of people who have matured in Christ and genuinely care about making others feel loved. Sound doctrine doesn't depend on a statement of faith but on a community of believers who have learned to discern the voice of the Lord, who leads them into all truth. Our youth being raised in the Lord doesn't depend on hiring a youth pastor and making sure to have tons of fun youth activities; it depends on *parents* being mature in the Lord and able to teach their children his ways. Taking care of people's spiritual needs isn't the result of more staff, more programs, and bigger buildings; it's the result of more people understanding the power of the gospel, walking by the Spirit, and contending for the sanctification of those around them.

Here, on the "sailboat," the Spirit of God (within each believer) does the heavy lifting. He does not depend on manufactured systems (which, let's be honest, require a lot of maintenance by a small number of people), but on more and more followers of Christ operating not out of their own strength but his.

How God Gets the Glory

Too often, we mistakenly assume that if *we* don't do something, it won't happen (and/or that if *we* do something, it will happen). This is an "engine-building" mindset, which breeds self-reliance and restless action. The truth is, however, that if *God* doesn't do something, it won't happen (and/or if *God* does something, it will happen). This is a "sail-hoisting" mindset, which breeds God-reliance, rest, prayer, and faith. Hence, the following scripture:

Unless the Lord builds the house, those who build it labor in vain. Unless the Lord watches over the city, the watchman stays awake in vain. It is in vain that you rise up early and go late to rest, eating the bread of anxious toil; for he gives to his beloved sleep [or *while they sleep*]. (Psalm 127:1–2)

Let us make up our minds about it—God has promised to build his church, and we can trust him to do it! Jesus said to Peter, "[O]n this rock *I will build my church...*" (Matthew 16:18, my italics). The writer of Hebrews said, "For every house is built by someone, but *the builder of all things is God*" (Hebrews 3:3). The apostle Peter said, "[Y]ou yourselves like living stones *are being built up as a spiritual house*" (1 Peter 2:5). The apostle Paul said, "In [Christ] you also *are being built together* into a dwelling place for God *by the Spirit*" (Ephesians 2:22).

When King David finally found a bit of rest from his enemies, the first thing he thought to do was build a temple for God. He told the prophet Nathan of his ambitions, and Nathan affirmed him (presumptuously). But that night, God said to David, "Would *you* build *me* a house to dwell in?... [T]he LORD declares to you that *the LORD* will make you a house... I will raise up your offspring after you [i.e., Solomon in the natural interpretation, Christ in the spiritual interpretation], who shall come from your body, and I will establish his kingdom. *He shall build a house* for my name..." (2 Samuel 7:5-13, my italics).

The Bible is clear on this fact. We are not the builders of God's house. He is. And while he definitely intends to use us for this task, the only way we become useful to him is by relying on him, by depending solely on his Spirit, his wisdom, his strength. Hence, Jesus says: "Whoever abides in me and I in him, he it is that bears much fruit, for apart from me you can do nothing" (John 15:5). The scary thing is, we can actually do *a lot* apart from him, but it will be of no substance.

We therefore must come to terms with the futility of our self-supplied efforts and our human wisdom, no matter how good our intentions are. In Psalm 20:7, David wrote: "Some trust in chariots and some in horses, but we trust in the name of the LORD our God." In the same way, we need to stop trusting in our "engines"—those things that make us *feel* and *appear* to be productive and powerful—and start trusting in our God. As Moses told the Israelites who had their backs against the Red Sea, "The LORD will fight for you, and you have only to be silent" (Exodus 14:14). Once we see this, we will strive for one thing—"to enter that rest" (Hebrews 4:10). We will finally be still and know that he is God (Psalm 46:10). From there, and there only, we will start to bear lasting, abundant fruit.

It's here—in silence and rest, in abiding and waiting, in prayer and in faith—where God alone gets the glory, where no one can say that they built it, and no one can deny that God built it. We could argue all day about whether or not the Lord is the one who built your ministry or my ministry—whether he's the one inspiring and empowering all the things we do—but there's only one way to be sure: Stop. Rest. Wait. The only way to prove that God himself has been watching over the city is to put it in his hands and get your sleep. If you arise from your rest to find the city destroyed, then you'll know that your labor was in vain, that the only thing keeping it together was your restlessness. But if you arise to find it holding together—and not only that, but flourishing—you'll have greater confidence than ever before that God is truly the one watching over it.

Only by living this way can we look back on our lives, look back at what we've built and claim truly, "God built it", for it is not humanly possible to keep watch over this size of a city or to build a house this spectacular, and to sleep the way we slept.

This is how God gets the glory.

It is not that we do it in our own strength and then dedicate it to God. It is not that we do it ourselves and then simply give credit to God, "humbly" ascribing it to him. It's not even that we ask God to help us, and then go about doing it. It's that, based on what we've witnessed, there is no other sensible conclusion than that God has done it. It's that no human concept of what's possible would describe what we've built. It's that, in sheer appearance, as a matter of fact, an outsider must conclude that something they cannot explain has taken place.

That is how God gets the glory.

Man can build cathedrals, denominations, seminaries, and ministries of all kinds. Man can also write sermons, start podcasts, gain large followings, and organize their followers in various ways. If we're honest, there is nothing about these things that inherently declares the glory of God, for there is nothing about them that necessarily requires the power of God.

But man himself cannot part the sea. Man himself cannot bring water from a rock. Man himself cannot defeat an army a hundred times greater in size. Man himself cannot raise the dead or turn water into wine. Man himself cannot give people new hearts, graft them into Christ, nor make the Body of Christ grow. That power belongs to God alone. Man sows and waters, but God gives the growth (1 Corinthians 3:7).

To desire the glory of God is to long for the impossible. It's to desire to build something that cannot be built without the power of God. It's to refuse to rely on one's own strength—not out of laziness or apathy but out of *zeal*, understanding that there is no other way. There is only one way to become a thriving church, and that is to *wait on the Lord*.

This does not necessitate that we remain still (outwardly) forever—only long enough to see God beginning to move us. It isn't that we should be against doing things, only doing things *in vain*. And the only way to know that our work is not in vain, the only way to be sure that God himself is the one empowering it, is to kill the engines, making *rest and prayer* our constant disposition. Then, if the ship begins moving *while* we're at rest, we will know it's not us but the Spirit of God.

Ishmael and Isaac

There is one Old Testament story that I believe highlights the Church's need to wait on the Lord better than any other. It's the story of Abraham's two sons, Ishmael and Isaac.

Abram (later renamed Abraham) was seventy-five years old with no children when God promised to give him a son (see Genesis 12:1-3; 15:2-6). But ten years later, his wife, Sarai (later renamed Sarah), had still given him no children, and she herself was now seventy-five years old. Concluding that God had prevented her from bearing children, she instructed her husband to "go into" their servant, Hagar. From this action, he received his first son, Ishmael (see Genesis 16:1-16).

Ishmael, however, was not the son that God promised. And thirteen years after he was born, God visited Abraham again to tell him that the son of the promise was still scheduled to come through his wife, Sarah, who was now ninety years old (Genesis 17:16-21) and past menopause (Genesis 18:11).

For obvious reasons, both Abraham and Sarah disbelieved at first (Genesis 17:17-18; 18:12-15). In natural terms, this wasn't possible. But then, that's exactly the point. God would leave no room for doubt that their son was *God's* doing, not man's doing. And so, by the power of God, Isaac was born (Genesis 21:1-7).

As Paul explains, "this may be interpreted allegorically: these women are two covenants" (Galatians 4:24). Hagar represents the old way of life—under the law, according to the flesh, where the fruit and promises of God are dependent on the strength and will of man. This way of life is defined by vain labor, anxious toil, and (as God designed it) is doomed to fail (John 6:63). Whatever it produces is not the real promise, but must be sent away like Ishmael was sent away (Genesis 21:10-14).

Sarah, on the other hand, represents the new way of life under grace, according to the Spirit, where the fruit and promises of God are dependent on the strength and will of God. This way of life is defined by fruitful labor, born out of faith and rest, and (as God designed it) is destined to succeed. Whatever it produces is the real promise and remains forever (Genesis 17:19).

Do you see how this applies to the Church?

Let us view Abraham as the Christ figure, the one who carries the seed that will bless the whole world. As such, let us view Sarah as the Church (i.e., us), for she is his bride. From our union, God promises miraculous fruit, multiplication, and blessing to the whole world. However, as time has gone by, as we have waited on the Lord to fulfill his promise, we have grown weary. We have stopped believing that the Lord will do it. But instead of admitting that we stopped believing, we changed the definition of what it means for God to "do it."

We have acted like Sarah, who said: "Go in to my servant... that I shall obtain children [in Hebrew: *be built up*] by her" (Genesis 16:2). Notice what she desires—that is, to "be built up." These words are prophetic, pointing toward the building up of the Church. Therefore, just as she demands that Abraham build her up by going into her servant, Hagar, so we tell Christ to build up the Church by going into our man-made ideas and self-driven efforts.

When it results in something *merely resembling* what God promised, we conclude that we've received the promise. Just as Sarah could look at Ishmael and say, "See, God gave us a son, just as he promised to do," so we look at our churches and say, "See, God built this, just as he promised to do." But can't we see? Just as Ishmael never was the promise, though God still blessed him (Genesis 21:13), so too, much of what the Church is producing today is not the promise, though God still graciously blesses it.

Just Let Him Cook

The process of waiting on the Lord may be compared to waiting tables at a restaurant. I did this in college, and, while it can definitely be hard work, it isn't rocket science. You *wait* for people to sit down at your tables. Then you *wait* for their order. Then you place the order and *wait* for the kitchen to cook it, always reassuring the customers that their food is on the way. Once it's ready, you serve it! Job well done.

In this analogy, the customers are our God-given assignments, or "appointments" (which we'll talk more about in Chapter 7: *Loving One Another*), which are the people whom we're called to serve for God's purposes, whether they are believers, unbelievers, family, strangers, or whomever. The first thing we ought to notice here is that a waiter is not to panic when some or all of her tables are empty. She is not to run out into the streets and beg people to come in and eat. No, that is not her job. Her job is to *wait* for people to sit down at her tables and to be faithful with the tables in her section that are full. And as long as her tables are empty, she is to be still, happy, and vigilant, trusting that the owners hired her for a reason and there will surely be enough work to do in time.

It is no different with ministry (which everyone is called to, not just the "ministers"). We are not to conjure up ministry out of fear or unrest. Rather, we are to trust that God will provide us with opportunities to serve people as we wait on him and keep our eyes open. Our job is to be vigilant—i.e., asking God to help us discern which tables he's assigned us to—and faithful with the people that God has put in front of us. It is not our job to find more tables to serve, increasing our workload before we've even done a good job at serving the tables we already have.

Some people are very good at getting their tables filled up and busying themselves with ministry that the Lord didn't assign to them. But do you know what they're not very good at? Experiencing joy. Knowing the Lord. Loving their families (i.e., the *first* table they're called to serve). So again, filling up your tables doesn't make you a good waiter/servant. Quite the opposite, it means you haven't learned to wait, which is the way of the Spirit.

So then, what does it look like to faithfully serve, or *wait* on, the people in front of us? First, you identify their needs. (The only difference between the restaurant analogy and ministry is that, in ministry, people don't necessarily order whatever they want; rather, God shows you what they need.) Say they need help with their marriage, faith to endure a trial, or healing from an ailment; say they need a better understanding of Scripture or to learn how to pray. Whatever it is, you must remember *that it is not your job to cook it!* Your job is to put in the order and *wait*. And if it takes longer than expected, you continue waiting, advocating for your table's needs until you get what you've asked for. You don't settle for a lesser version of it. You don't settle for something other than what God put on the menu (i.e., his many promises). You wait for it, full of faith.

This is intercessory prayer in a nutshell. It's going to God with a specific request, with a vision, with an order, for the sake of someone else, and standing in the gap until the order is ready to be served. It's going into the kitchen (i.e., approaching the throne of grace), speaking with the Chef, knowing the Chef, *trusting* the Chef, and refusing to give up or to take over. "Just let him cook," as the kids say nowadays.

This is the part where most people miss the mark. They get the order and think, "I can do that" (like the engines we talked about earlier). Then they go and try to cook up their own version of whatever the table asked for, and it fails. No wonder—they're not the Chef. All their attempts will be frustrated until they learn that only God can provide what they need.

So, I've got good news for you: *You're hired!* God has enlisted you in his staff to become a highly trained waiter, serving up the delicious meal that is Christ, which brings healing and wholeness to everyone who eats it.

Preaching in Vain

I understand that this concept may still seem a bit vague to you. Perhaps you are thinking: *What does it practically look like to wait on the Lord, and how would it change the way we operate in the Church?* This can be easily illustrated with a real-life example.

In the traditional church model, I had regular preaching responsibilities on Sunday mornings. For preparation, I would always start by acknowledging that, despite whatever ideas I may have had for the sermon, if I wanted it to be impactful, the best thing I could do was to seek the Lord in prayer before doing anything else, waiting for him to confirm my direction and inspire my thoughts.

But how did I know if it was him speaking to me versus just my own thoughts? This is an important point of clarity, and it is something that, apart from an objectively supernatural experience (which isn't the norm) can only be discerned *by faith*. For me, it was pretty easy to tell when I was striving to put something together in my own strength, when I was uninspired and grinding my gears to produce something (*anything!*). But what about when I caught a wind of inspiration? I couldn't necessarily *prove* that it was from God and not self-engineered. However, the point isn't to *prove* it or to *know* it as much as it is to *believe* it. When waiting on the Lord, much of what we are waiting for is for God to give us confidence/faith that it's truly him who's speaking and moving within us, at which point it's no longer spiritual to "wait" but to go with it. In the waiting, we're resisting the urge to move in our own strength. We press into prayer, asking for what we need/desire, and trusting that when God moves, we'll be able to sense the difference, not because of our great senses, but because of his ability to get through to us. If you aren't familiar with what I'm talking about, it comes by way of having a relationship with God, talking to him about things, and believing that he speaks back to you (because he does). As such, you don't need to be a spiritual elite for this, but you may step into it any time.

So, despite that I always sought the Lord for help with writing my sermons (usually for many hours), I would often find myself without any inspiration. Sunday wasn't going anywhere, and my pages were blank. But I had to preach anyway, for that was everyone's expectation. It's what I was hired to do, and it was not acceptable for a teaching pastor to come without a message on Sunday, let alone to make that a regular practice.

So, what did I do? If the wind wasn't blowing (i.e., if the Spirit wasn't giving me a message), I turned on my engines, using the abilities of my flesh to get the job done—whether that be through my intellect, my Bible knowledge, my creativity, my work ethic, etc. Sometimes what the Spirit put on my heart was only a 2-minute message, not a 30-minute message. In these instances, I still felt the need to conjure up more content (that the Spirit didn't give me) in order to make the sermon a more acceptable length. Thus, "getting the job done" required conforming to something other than the will of the Spirit.

And the results spoke for themselves. When I considered the people in my congregation, I saw very little long-term life-change as the result of my preaching/teaching.

The scary but obvious truth is that it doesn't take the Holy Spirit to write a sermon. People without the Holy Spirit write speeches all the time, and they can be highly motivating, too. But only the Holy Spirit knows what God's people need to hear on a given day, and only the Holy Spirit can give people lasting growth.

On a very practical level, then, what I wanted was the freedom not to preach when the Lord *wasn't* stirring me, even if that meant the church didn't get a sermon that day. What I needed was a structure that actually *encouraged* the practice of waiting on the Lord, not *discouraged* it. For this reason, I began to deeply question why we structure the Church and its gatherings in such a way as to put pastors in this position.

You may think it is irrelevant that I wasn't always feeling inspired and that I went about writing the sermon, anyway. You may think that it was my job to preach, regardless of how I felt about it on a given day or week. But this is where we must properly understand the role of a spiritual leader and the way God intends to build his church.

A true spiritual leader isn't one who goes through the motions, who musters up his own strength and resorts to using his own knowledge whenever God doesn't provide him with what he thinks his church needs. Even if he is trying to serve the Church, a true spiritual leader knows that this doesn't actually serve the Church. Rather, it teaches the Church a way that is not from God. A true spiritual leader does not eat the bread of anxious toil; he learns the way of bearing fruit while at rest. A true spiritual leader is one who demonstrates the Way, always resisting the ways of man and insisting on the ways of God. Through his own life, he proves to those whom he leads that God is faithful to build his Church even when we, individually, don't feel like we have anything to offer. Therefore, by his lived *example*—not merely through good sermons—the true spiritual leader teaches everyone around him to rest, believe, and depend on God at all costs. In this way, and in no other way, both he and his followers bear fruit.

Now, compare the situation I was previously in to the last five years of my life in the house church. From the outset, this was one of the things I was most excited to change. Never again would I live under the pressure of having to conjure something up that the Spirit wasn't providing to me. I became determined to practice total dependence on God, which meant that if I weren't feeling empowered or inspired to speak, if I didn't believe that God was giving me anything to say, then I would not speak. If God put a scripture on my heart but gave me no teaching, then I was free to read the scripture to the congregation without giving a teaching. If God gave me a two-minute mini-sermon, then I was free to teach for *only* two minutes, thereby always operating in a state of *empowerment*—never experiencing burnout, yet bearing fruit.

I am no longer required to spend hours upon hours putting a sermon together to meet others' expectations. There is no part of my job description that requires me to give a sermon each week. My job description is (unofficially) to rely on God and teach others to do the same. To this end, I seek the Lord on behalf of the church, and if I get something, then I go with it. If not, then I don't. It's that simple.

Just to clarify, the Spirit doesn't only lead through spontaneous expression. I'm obviously not opposed to the hard work of planning and preparing, or of putting together spiritual teaching in a way that is didactic, comprehensive, cohesive, and ultimately helpful to the Body of Christ. Or else I wouldn't be writing this book. The real question is: Should a shepherd spend even one minute of his time preparing a sermon that he does not feel God stirring within his heart? I don't think so. All effort that is not born of the Spirit and sustained in the Spirit is, by definition, anxious toil and vain labor.

At the end of the day, preaching and teaching effectively don't depend on going to seminary and taking an exegesis or hermeneutics class. It doesn't depend on being a naturally charismatic speaker. It doesn't depend on countless hours of preparation, planning, and study. It depends on learning the ways of God to rely on his Spirit, such that you always have exactly what you need. Here, it is safe. Here, you do not speak about something you don't actually know. You do not move beyond where God is moving within you. You do not become a play actor or a hypocrite, speaking on holy things with a seared conscience because you're not living up to the standard. Here, you can only operate in the grace that is being given to you for that day and time. And as you grow faithful in operating this way, the grace you've been given multiplies.

At Odds With the System

So far, I've only provided the one example about preaching, but this principle can be applied to just about everything. One memory that has stuck with me for years is what I experienced on my first day on staff at a church.

I was hired, in part, because I was already doing quite a bit of ministry—leading small groups, discipling men individually, preaching occasionally, and things like that. All of these were things I felt the Lord empowering me to do outside the confines of my nine-to-five job. But during my first day on staff at the church, I remember sitting down in my office, opening my laptop, and feeling the new sensation of having to figure out how to fill my day with "ministry." All of a sudden, my way of approaching ministry had to change. No longer could I do it strictly as the Lord was leading.

Even if/when he wasn't leading, I still felt the pressure to fill my time with whatever type of activity justified my pay.

It's important to note that my superiors at the time (whom I still deeply love) are Spirit-filled believers who always encouraged me to spend time on the clock in prayer, and they regularly did it with me. It wasn't that there was a lack of effort to be a Spirit-led church. In fact, there was considerable effort put toward that end—more than in most churches, as far as I'm aware. However, *in spite* of our desire to be that kind of church, I personally found the unspoken pressure to "do" and "prove" and "move" too powerful to keep me (and all of us) from actually waiting on the Lord as long as was needed. I'm sure others may see it differently, and that's okay. But this is what I sincerely believe.

If we refused to be controlled by the constant demands of ministry, and if we resigned ourselves to prayer until we were confident that the Lord alone (not performance metrics or self-confidence) was initiating our movement, how long would it take before we started seeing results? Could we risk the possibility that it would take much longer than expected? What would people think about how we were spending our time if we didn't have any immediate and visible results? What would they think if no one on staff had a sermon to give for weeks or months, if the worship leaders didn't have any songs to sing, if the kids didn't have a Sunday school lesson? What would people think if we started ceasing the ministries that we realized we'd been doing in our own strength and not coming up with any new ones? What might be the ramifications of all this? People leaving? Losing tithes? Losing the building? Losing our jobs?

You get the idea. This system, within which most Christians operate, has them captured in a way that even the leaders have never fully comprehended. Only when you embrace the practice of waiting on the Lord can you begin to see how the system inherently works against this practice, for it demands that you move even when God isn't moving you. Thus, the structure that's meant to support spiritual growth ends up inhibiting it.

This was, above everything, the main reason that I left the system. My deep sense of urgency to wait on the Lord put me at odds with its expectations and demands. I didn't know how to continue in it without tearing it all down, which I didn't have the heart or the authority to do. But I felt God calling me to go and learn a different way and to see if that way was viable. Thankfully, it is.

When I started the house church, the first thing I set out to do was *wait on the Lord*. This meant that for many weeks, I spent most of my days in prayer and intercession. I spent hours and hours each day sitting in the same light-blue sofa chair, seeking God for some type of movement that I couldn't deny was him. This culminated in the most powerful spiritual experience I've ever had (which I'll describe in Chapter 5: *The Gospel)*, and it dramatically changed the course of my ministry, equipping me in ways I didn't know that I needed to be equipped. If there's any testimony here, it's that God is faithful to reward those who diligently seek him (Hebrews 11:6).

Since the inception of the house church, I've continued to function this way in all things. If there is something that I desire to see, some fruit I desire to bear, I don't immediately start thinking of all the ways I could accomplish it. I am usually somewhat skeptical of our human ways. So instead, I remember that I can do nothing apart from him, and then I seek him in prayer until he answers, remaining at rest in the meantime.

I could go on and on with examples of how waiting on the Lord has changed the way that I go about ministry (or, honestly, the way that I go about anything). But the point is that God has proven to me, time and again, that *he moves* when *we wait*, and the result is always better than if we move ourselves.

What does this mean for you or your church?

First, to be clear, I'm not advocating that anyone immediately dismantles everything their church has put into place. Before you do anything (build *or dismantle)*, wait on the Lord for wisdom.

Second, as I said in the beginning, I'm not the Holy Spirit. I can't tell you *when* God will move you or *in what direction,* but I can tell you for certain that *God will move* if you wait on him. I can't tell you *how* God will lead you to build the Church—it may look different than how he leads me—but I can tell you that *he will build the Church* if you wait on him. And the fruit you bear—which will be far greater—won't be because you toiled and labored and spent yourself for him, but because you rested from your works and trusted in him, ceasing to put any trust in the flesh.

Let's stop trusting in the ways and the wisdom of men. Regarding everything you do, start asking, "Is God empowering this?" because if he isn't, then your labor is in vain. If you don't believe that he's empowering something, then quit it, kill it, cut it off, and trust with your whole heart that he will provide you the supernatural means to do something better.

Today, remember his promise that if you learn from him, you'll find rest for your souls (Matthew 11:39), all the while being exceedingly more fruitful than you ever could be otherwise. Let this promise be your compass to know whether or not you've learned his way. Hold onto it as you hold on to Christ, for God wants us all to know this kind of life—that is, *bearing fruit while at rest*. It won't be without trial, but each trial is simply to teach us to "rely not on ourselves but on God" (2 Corinthians 1:9), who alone can build his church.

Equipping the Saints

Living Out Your True Calling

The people of God have been trained to "consume church." Like eager vacationers, they browse for the cruise line that's just right for them—with the best shows, the right kind of food, activities they'll enjoy, and (most importantly) not too costly—a nice getaway from the usual activities of life.

And can you blame them? We've built this ship. We provide the shows. We serve the food. We've created the ultimate consumer experience, and we advertise it as such: "Come hear an inspiring message and some good music every week—coffee, donut holes, and salvation *on the house*. Sign up for one of our classes or groups, and go deeper in your faith. Let us know if you want to serve, and we'll plug you into one of our volunteer teams. We think it'd be good for you to do all of these things, but if you choose not to, no worries. You're the customer, and we're still here for you."

Of course, some cruise ships attract more vacationers than others. With way more bells and whistles, they garner thousands, not just hundreds. Many of the smaller ships take pride in the fact that they're not so big and fancy, that their guests enjoy a more intimate and down-to-earth experience. But for the most part, regardless of size, flavor, and flare, they're all still using the same model as one another—a crew that creates an (hopefully life-changing) experience for its passengers, and passengers who engage at whatever limited capacity they're comfortable with; a crew that has no real authority over the passengers, and passengers who hold the crew responsible for the experience they desire; a crew that needs to keep the passengers happy in order to keep this thing in business, and passengers without any sense of ownership, who are ready to shop around for a better experience.

You may not agree with my assessment that most churches are operating this way. After all, the idea that immature Christians have a tendency towards passivity and consumerism isn't a new concept but something that most leaders are aware of and are doing their best to counteract. In their preaching and teaching, they express the importance of going beyond mere Sunday attendance. They tell you how important it is that you use your gifts to help serve the Body, to support the church's mission with your tithes, to join some type of small group where you'll form deeper relationships, and so forth. In a sense, their messaging is: "Stop being passengers, and help out the crew! Help us build this thing!"

However, no matter how hard they try, no matter how many passengers eventually help out the crew, it's still *a cruise ship*—a fundamentally flawed system if we're trying to build a church without consumerism.

But unlike a cruise ship—where passengers are served by a professional crew and can opt in or out of whatever they choose—a sailboat *requires* everyone on board to be the crew, actively participating in the journey at hand. On a sailboat, *you don't have an option*. If you are going to be on this ship, you literally cannot avoid being treated like a crew member and trained in the ways of catching the Wind. If you want a more leisurely experience, you must choose a different boat. By design, therefore, the sailboat has zero consumers.

I promise this is the last inch of the "cruise ship v. sailboat" analogy I will use. But it should again help us to see the difference between *our* design for the Church and *God's* design for the Church. What I'm suggesting here is that God designed the Church to function in such a way that its members *cannot avoid* becoming effective servants for the Lord and playing a vital role in the shared mission. As long as they can avoid it, many will. In this chapter, we'll discuss what is necessary to rid the Church of consumerism and create a culture of unavoidable participation in ministry. But first, I feel it's necessary to cast some vision.

Your Purpose on Earth

In the Introduction, I stated that you are on this earth for one primary reason, and that is to build up the Body of Christ, of which you are a vital member.

Notice, I did not say it's the reason you *exist*, but the reason you're *on this earth*. The reason you exist, I would say, is to know and be known by God. But if that's the case, then why not just die and go be with the Lord forever, which is far better (Philippians 1:23; 2 Corinthians 5:8)? The answer, as Paul says, is *love*—i.e., that you might continue with others for their "progress and joy in the faith" (Philippians 1:25).

Maybe you've heard that your purpose is to glorify God and enjoy him forever (a standard Christian answer about the meaning of life). I would say, *yes—and you can only do either of these things by making the Body of Christ your main concern, to lay down your life for your brothers and sisters* (John 15:11-13; Philippians 1:29; 1 John 1:4; 3:16).

Others may have told you that your purpose is to become like Christ, to be conformed to his image (Romans 8:29). I would say, *yes—and to be like Christ is to devote one's life on earth toward building up his Body* (Matthew 20:26-28; Philippians 2:3-8; Ephesians 5:1-2; 5:25-27).

Still others might say that our purpose is to love God and love others, or to know God and make him known. I would say, *yes—and to know God is to love God* (1 John 4:8), *to love God is to love your brother* (1 John 4:20), *and to love your brother is to make God known to your brother, that he might know God, love God, be built up into Christ, and thereby make God known to others just as you did to him.*

So then, have you ever considered that the Body of Christ is *your* chief responsibility? Have you considered that your whole life should be ordered around helping God's people to grow and mature?

Among all the things I hope to impart to you (though only God truly can), there are few with greater significance than this revelation about your purpose on earth, for it is the fuel to the fire that God has put within you. It is the "why" behind everything in this life. It is the joy set before you. It is the mind of Christ, from which comes maximum clarity, all endurance, and every spiritual fruit. It is the vision *you* need to thrive and the vision *we* need to thrive together.

And yet, most Christians—apart from church leaders—don't see it. They may see that they're called to raise a godly family, work hard, go to church, and generally love people. They may see that they're called to turn away from sin and walk in holiness, to shine the light of Christ wherever they are.

They may even see that God has given them a role in their local church—so they tithe, join a small group, serve on a volunteer team, etc. But too few understand the ultimate responsibility (and privilege) they've been given in Christ, which is to contribute to the spiritual growth of God's people directly, the building of God's temple—a.k.a. discipleship.

No, this is not a job for a small percentage of individuals. Despite what you may have learned, building up the Body of Christ is not a unique or special purpose given to the pastors, the priests, the missionaries, and all the others who have "felt the call," as they say. The ministry is not merely for those who are "in" ministry, nor is it a *secondary* purpose for those who are not. Rather, it is the sole reason that you and I are still here, as opposed to being with the Lord in heaven. We have work to do, and it's all toward the same end.

Our Shared Calling

I find that there's no better place to start in our thinking than at the end. If we don't know the goal that we're trying to reach, then our life (whether that be our separate, individual lives or the life of the Church) will be either aimless or misguided. So, take a moment with me to reflect on God's eternal plan for his creation. What did God have in mind when he made everything, including us? And how did he intend to execute that plan?

There are many ways we might describe the end that God is working towards, but my favorite—and probably the most concise—is this: "that he might fill all things" (Ephesians 4:10; cf. Ephesians 1:10; 1 Corinthians 15:28).

But what does this mean, really, that he will fill all things? In simple terms, I think of it this way: God (the Father) fills Christ; Christ fills us; and we "fill the earth and subdue it, and have dominion over [it]" (Genesis 1:28). Therefore, God "fills all things" through Christ through us. He exercises his perfect dominion over creation (think "kingdom/reign of God") literally *through* us (because he dwells in us), and all of creation comes into his proper order through this immutable channel of submission and authority. Then, everything will accurately portray who he is.

This means: no disease, no mental illness, no hatred, no disunity, no natural disasters, no addiction, no rape, no murder, no trauma, no injustice, no fear, no shame, no poverty, no sin, and no death. Instead, there will be only love, joy, peace, health, righteousness, life, and an abundance of every good thing. Of course, "[a]t present, we do not see everything in subjection to him" (Hebrews 2:9), and that is not to be entirely blamed on Christians. Satan is still the ruler of this world, and he still blinds the minds of unbelievers (1 John 5:19; John 12:31; 2 Corinthians 4:4; Ephesians 2:2).

However, notice that the perfect world we await still depends on *us*—or, more accurately, God *in us* (for we can do nothing apart from God). It depends on us being reconciled to God through Christ and being filled with his fullness, so that, by his power and presence within us, we would bring all of creation into order. Hence, the following scripture:

> For the creation waits with eager longing for the revealing of the sons of God. For the creation was subjected to futility . . . in hope that [it] will be set free from its bondage to corruption and obtain the freedom of the glory of the children of God. (Romans 8:19–21)

Therefore, regarding God's eternal plan for his creation, we aren't just *in* it along with a bunch of other stuff; we are *the crux* of it. As Christ's Body, we, joined with Christ and fully grown up into him, are the linchpin of this whole operation. The only way that creation is set free from its bondage to corruption is through *our* transformation, or maturation, into the image and likeness of God (Genesis 1:26-27; Ephesians 4:24). The way that God's reign will be fully established on earth is through our perfection, by which we effectively become extensions of God in Christ, allowing God himself to interact with this realm through our physical presence in it. Again, this will not be perfect until Christ returns, but our lives until then are given to us in order that we might reach for and realize as much of his heavenly kingdom on earth *now*. Therefore, we pray, "On earth as it is in heaven."

It's this end that the Bible refers to as our "calling," as in the following verses:

[F]orgetting what lies behind and straining forward to what lies ahead, I press on toward the goal for the prize of the upward *call* of God in Christ Jesus. (Philippians 3:14)

. . . that you may know what is the hope to which he has *called* you . . . (Ephesians 1:18)

I . . . urge you to walk in a manner worthy of the *calling* to which you have been *called* . . . (Ephesians 4:1)

There is one body and one Spirit—just as you were *called* to the one hope that belongs to your *call*... (Ephesians 4:4)

Therefore do not be ashamed of the testimony about our Lord . . . but share in suffering for the gospel by the power of God, who saved us and *called* us to a holy *calling*, not because of our works but because of his own purpose and grace, which he gave us in Christ Jesus before the ages began . . . (2 Timothy 1:8-9)

To this end we always pray for you, that our God may make you worthy of his *calling* and may fulfill every resolve for good and every work of faith by his power, so that the name of our Lord Jesus may be glorified in you, and you in him . . . (2 Thessalonians 1:11-12)

Therefore, holy brothers, you who share in a heavenly *calling* . . . (Hebrews 3:1)

His divine power has granted to us all things that pertain to life and godliness, through the knowledge of him who *called* us to his own glory and excellence . . . (2 Peter 1:3)

Therefore, brothers, be all the more diligent to confirm your *calling* and election . . . (2 Peter 1:10)

The "calling" that these scriptures talk about is not unique to any one of us but something we all share in Christ. While we certainly have different gifts, vocations, appointments, and/or assignments, God gives us these to contribute to our *shared* calling. You may be on a journey to figure out what your gifts are, and perhaps it's unclear what vocation you ought to pursue. But let there never be a doubt in your mind as to why you are on this earth. It is to build up the Body of Christ.

For example, you are not "called" to be a stay-at-home mom. You are *called* to build up the Body of Christ and *appointed* to work at home as a means to building up the Body of Christ. Or again, you are not "called" to build a business. You are *called* to help make disciples of Jesus Christ, and you're *appointed* to your business as a means of making disciples. Try putting on this mindset with everything you do, and see how it begins to shape the way you relate to your job, your church, your family, etc. If you cannot figure out how to connect the dots from what you're doing to what you're called to do, from your appointment(s) to your calling, then pray for God to reveal this to you. It is profoundly important.

Once you accept this, you may discern that this appointment alone doesn't quite meet the standards of your calling. And you're right! That's not because it's flawed but because it isn't the whole picture; it isn't all that you're appointed to. For, in addition to your vocation and many other things, you are appointed to relationships with other believers—i.e., the local church—whose spiritual (and, yes, material) needs you are partially responsible for. These people cannot reach their full potential in Christ without you and your love towards them. Their maturity depends on your maturity. And your relationship with them, like Christ's relationship with his disciples, has greater eternal potential than anything else you do.

Will it Pass Through the Fire?

Another way to look at it is this: The Scriptures testify that a day will come—known as "the Day"—when Jesus Christ returns to judge the earth. On this Day, everything in heaven and earth will have to pass through the most intense and all-consuming fire that creation has ever known.

After the Flood, which God enacted to put an end to all flesh, God promised he would never again destroy all flesh via *water* (Genesis 9:11-16), but he always knew of a coming Day when he would destroy it by *fire* (2 Peter 3:6-13, Isaiah 66:15-16). When that Day comes, everything that *can* be burned up *will* be burned up. Everything that *can* be shaken *will* be shaken, "in order that the things that cannot be shaken may remain" (Hebrews 12:27; cf. Isaiah 66:22).

Although we Christians will be saved if we hold firm in our faith until the end, there is more for us to think about than merely making it through the fire. I find that the scripture below offers some wonderful insight in this regard:

> For we are God's fellow workers. You are . . . God's building. According to the grace of God given to me, like a skilled master builder I laid a foundation, and someone else is building upon it. For no one can lay a foundation other than that which is laid, which is Jesus Christ. Now if anyone builds on the foundation with gold, silver, previous stones [which the fire will not consume], wood, hay, straw [which the fire will consume]—each one's work will become manifest, for the Day will disclose it, because it will be revealed by fire, and the fire will test what sort of work each one has done. If the work that anyone has built on the foundation survives, he will receive a reward. If anyone's work is burned up, he will suffer loss, though he himself will be saved, but only as through fire. Do you not know that you are God's temple and that God's Spirit dwells in you? If anyone destroys God's temple, God will destroy him. For God's temple is holy, and you are that temple. (1 Corinthians 3:9-17)

Do you see here that only one thing will pass through the fire, and that is the Church, God's temple, Christ's Body? It is only the people of God that will remain, who are the living stones being built up into a spiritual house for God (1 Peter 2:5; cf. Ephesians 2:21-22, Hebrews 3:1-6). And do you see, as a result of this, that anything you work towards, anything you build in this life, that does not directly contribute to the building up of the saints, is in vain and will perish? Though you yourself may be saved, if everything you did on earth is burned up, you will suffer great loss.

But it doesn't have to be this way. As a living stone yourself, as a member of Christ's Body, if you learn to work *properly*, relying on the Spirit within you to love others, you will make the Body grow (Ephesians 4:16), and you will have much to rejoice over on that Day when you get to see with your own eyes what you've been building this whole time.

It's important at this point to clarify what I am *not* talking about—that is, the buildings, the seminaries, the denominations, or the individual organizations that you're a part of, which we commonly associate with the word "Church." Catholic, Lutheran, Eastern Orthodox, Methodist, Baptist, Presbyterian, Pentecostal, Charismatic, and all the rest (sorry if I missed you)—these are not the Church. Schweitzer Church, Fellowship Bible Church, Hill City, High Street, James River, Hope, North Point, and Life 360 (all "churches" from my hometown in Springfield, MO, USA)—these, likewise, are not the Church. The youth ministry, kids ministry, young adult ministry, small-group ministry, grief ministry, outreach ministry, prayer ministry, and all the others—these are not the Church, either.

Do you know how I know this? Because they won't pass through the fire. Therefore, if these are what you're building, if these are what get you excited, if these are what you're serving and hoping to grow and using as a measure for success—as opposed to the sanctification of *people*—then you are flat-out misguided. For all of these things only exist *on earth*. They are not eternal or spiritual realities, but temporal things that will one day cease to exist.

But the Church—i.e., the people—will remain.

In a similar fashion, you need to know that your marriage will not pass through the fire (see Matthew 22:30). Your *spouse* will if they are in Christ, but your *marriage* will not. For you became one *flesh*, and flesh will be no more (for we will be raised in *spiritual* bodies, not fleshly ones). All the saints will be married to one Husband, Christ. So be careful not to lose sight of what your marriage is about, which is to love your spouse as Christ, with the hopeful intention of helping to conform them into Christ's image (Ephesians 5:22-33).

Also, your earthly family will not pass through the fire (Matthew 10:21; 12:48-50). Your family *members* will if they are in Christ, but your *family* (according to the flesh) will not—i.e., there will be no Hotchkiss family in eternity. I tell my kids that they won't actually be my kids in heaven; they'll be my brothers and sisters, and we'll have the same Father! So, just like my marriage, this is what my relationship with my family on earth is all about—making Christ known to them, that they might know him and the Father. (As a brief side note, I acknowledge that there remains some mystery regarding what these relationships will mean to us on the other side of life; therefore, I am only trying to argue here for the *primary* purpose of these relationships that will most definitely never fade.)

You probably know this one, but your career, your business, and your wealth will not pass through the fire, either (Luke 12:16-21). So please don't fall into that trap.

The point of all of this is that only *people* will pass through the fire, and only those in Christ, and only the part of them that is the eternal image and glory of Christ.

Therefore, if you want your life on earth to be aligned with your true purpose, then you must devote yourself in service—i.e., the ministry—to the saints. You must lay down your life for the *transformation of souls* (particularly those God has called you to serve), from one degree of glory to the next (2 Corinthians 3:18).

This doesn't mean that everyone needs to become a pastor or missionary. Those are specific kinds of *appointments* that only some are appointed to and gifted for (1 Timothy 2:7; 2 Timothy 1:11; 1 Corinthians 12:27-30). It also doesn't mean that certain activities are inherently more spiritual than others. Virtually anything in life, if done by the Spirit, holds the potential to build up the Body of Christ (if even just *you*).

It does, however, mean that to walk in a manner worthy of your calling (Ephesians 4:1), you must live your life with hyper-intentionality toward the spiritual growth of God's people. To live out your purpose, you must mature in the ways of God so as to effectively help others mature in the ways of God. This is what it means to be equipped for the work of ministry (Ephesians 4:12), and it is not the unique role of a pastor but of every Christian.

My question to you, then, is this: *Do you think the average Christian is equipped?*

What It Means to be Equipped

The following passage is commonly regarded as one of the most important scriptures about God's design for the Church:

> And he gave the apostles, the prophets, the evangelists, the shepherds and teachers, to equip the saints for the work of ministry, for building up the Body of Christ, until we all attain to the unity of the faith and of the knowledge of the Son of God, to mature manhood, to the measure of the stature of the fullness of Christ, so that we may no longer be children, tossed to and fro by the waves and carried about by every wind of doctrine, by human cunning, by craftiness in deceitful schemes. Rather, speaking the truth in love, we are to grow up in every way into him who is the head, into Christ, from whom the whole body, joined and held together by every joint with which it is equipped, when each part is working properly, makes the body grow so that it builds itself up in love. (Ephesians 4:11–16)

Here, we see that Paul has the same goal in mind that we've already discussed, which is for the Body of Christ to become fully mature. We also see that the "work of the ministry" is not just for the Church's leaders but for all the saints. In fact, the explicit job description of the leaders is not to do the ministry themselves but to equip *the saints* for the ministry, so that each member—working properly—would build up the Body.

But if I've not been clear up to this point about how this contrasts with the common understanding of what it means to *equip* the saints for ministry, then I will try to do so now. Throughout my years as a Christian, almost every idea of "equipping the saints" that I've encountered has revolved around one of two things: evangelism or empowerment, both of which I'll explain below.

Through the lens of evangelism, it's the notion that in order to equip the saints, we need to teach people how to share their faith with unbelievers. Sometimes this is less direct, like shining the light of Christ in the workplace or reaching out to your neighbors. Other times, it's more direct—like sharing your testimony, taking someone through a pithy presentation of the gospel you've memorized, or just straight-up street-evangelism.

Without assuming these evangelistic activities are good or bad, helpful or unhelpful, let's simply recognize what they are *not*. They are not the same thing as loving *one another*. They are not the same thing as serving *the saints*. Therefore, they should not be confused with "being equipped for ministry." I have devoted Chapters 7 and 8 to this concept for later, so I'll just keep it at that for now.

As for "empowerment," the general idea is that it's the church leader's job to foster an environment where anyone can serve in the way they feel led: "Do you like children? We could really use your help in the kids' Sunday school class." "If you're into music, we've got a spot in the praise band with your name on it (assuming you're halfway decent)." "If you're good with money, Joe's getting tired of counting the dollars in the offering plate each week all by himself." "And if there's something we're not thinking about that you'd like to start, let us know, and we can discuss whether it fits our vision."

But after all this, the members we've "empowered" still aren't making disciples of *one another*. They aren't growing in their capacity to effectively conform *each other* into the image of Christ through love, but relying on their pastors to handle the business of spiritual formation.

It stands to reason that people are only capable of equipping others with something that they themselves already have, right? A fisherman is able to equip an accountant *to fish*, not to do his taxes. A father equips his son *to be a man*, not necessarily to be an entrepreneur. A math teacher equips her students *to do algebra*, not to understand history.

I ask you, then, what is it that the "apostles, prophets, evangelists, shepherds, and teachers" (from the scripture above) all have in common that makes them capable of equipping the saints for ministry? It is that they themselves are equipped with *the word of God* that builds up the Church. They are capable ministers of *the gospel*—i.e., *the truth* that sets us free, the power of salvation from beginning to end. They are faithful stewards of *the mystery* by which people are transformed into the image of Christ. They have learned the ways of God and borne the fruit of the Spirit to an extent where they can say to anyone, "Imitate my way of life and thinking (Philippians 3:15-17; 4:9; 1 Corinthians 11:1; Hebrews 13:7), and you, too, will bear fruit."

Ministers of the word equip people *to minister the word*, not to start a non-profit. Disciple-makers equip people *to make disciples*, not to usher people to their seats. Shepherds equip people *to take care of sheep*, not to organize social events. Etc.

With this in mind, I reject the notion that training someone to operate the sound at the Sunday gathering, manage the slideshow, or serve coffee is equipping them for the "work of the ministry." While every act of humble service is beautiful in God's eyes, we must stop conflating these things with *being equipped* for the work of the ministry because they can all be done without a single person growing up into Christ.

Equipping the saints isn't getting people signed up for the hospitality team. It's raising them in the Lord so that, having learned the ways of the Spirit and grown up in love, they are always hospitable to everyone. Equipping the saints isn't plugging them into a prayer ministry; it's teaching them to function *organically* in the ministry of prayer all the time. It isn't just sending them overseas to build houses and pass out medicine. It's making them effective ministers of the truth so that, wherever they are and whatever they're doing, they're prepared to meet *spiritual* needs, as well, to build up the invisible and eternal Body of Christ.

Moreover, equipping the saints isn't training them to facilitate a small-group discussion or lead a Sunday School class, which is often as far as we get. It's training them, as the passage above says, to "speak the truth in love" to one another, by which everyone is built up. They're equipped when they're bearing responsibility for the state of each other's souls, when they correct and admonish one another, and when they exercise church discipline as Jesus taught. They're equipped when they no longer minister the wisdom of man but have learned to effectively minister the wisdom of God into each other's lives. They're equipped when they don't rely on others to build community for them, but they pursue one another of their own accord and fight for one another's transformation. They're equipped when they no longer depend on their human leaders for direction and answers, but instead, they consult with their Chief Shepherd alongside one another. They're equipped when they become a self-sustaining (or, really, a sustained-by-God) church in their own right, making disciples of one another by the power and wisdom of the Holy Spirit that is always uniquely relevant to what God is doing in their midst, where growth is all but inevitable.

If the pastor can be mostly hands-off with a group of Christians and they continue to grow and thrive together, then the pastor has done his job—the saints are equipped.

Optional Relationship, Optional Discipleship

I want for every Christian to understand that we cannot achieve the goal of Christianity apart from *relationship*. Without Christ-centered, Spirit-led relationships, there is no discipleship, no equipping of the saints, and no fulfilling your purpose on earth.

Please hear my heart as a local shepherd: I don't care a whole lot about what you're doing for "Grace Community Church." I care about what you're doing for *specific people* in that church. Do they experience the love of Christ through you—not in passing while you greet them at the door, but in life as you live it with them? I don't care that you're busying yourself with a bunch of Christian activities, nor that you spend much of your time with other Christians. I care that your ministry to the saints (and theirs to you) is mature, Spirit-led, and deeply transformative. I care that when you see one of your brothers and sisters sinning, you call them to repentance. I care that when they're struggling with sin, trauma, or mental illness, you are equipped to lead them into the healing that only God provides. I care that when they don't treat you like Christ, you continue being Christ to them, steadfast and immovable.

The truth is, I've never met a healthy Christian who didn't have these kinds of relationships. In terms of spiritual growth, it is simply not optional, which I think is common knowledge among most pastors. Hence, the effort to drive church members into home groups, life groups, cell groups, mentor-mentee relationships, and things of that nature. (Moving forward, I'll just refer to all of these as "small groups.")

The problem is, no matter how strongly a church exhorts its members to pursue these kinds of relationships, no matter how strong its small-group ministry is, in nearly every case I've seen, it is still *optional*. Which means that discipleship is *optional*. Learning to love God's people is *optional*. Building up the Body of Christ is *optional*. Walking in a manner worthy of your calling is *optional*. Well, friends—please allow me to lovingly remind you that, as far as God is concerned, these are not optional!

I don't know of any church or any spiritual leader who would teach that discipleship is optional. But the *system* that they're a part of, which allows someone's church experience to be devoid of formative relationships, quietly undermines their ministry by teaching that discipleship *is* optional. When I was the Pastor of Adult Discipleship at my former church, I frequently taught from the pulpit on the importance of Christian community. I spoke of it as an absolute necessity in the spiritual life, and I worked really hard to get people into small groups. However, large portions of the congregation apparently had no problem ignoring my admonition, and some of those who received it were still unable to find a group to join.

There was a point when God began to show me that my words lacked some integrity. I taught that these relationships were necessary, but the system that I implicitly endorsed was teaching that they were merely optional. To continue being the leader that I felt God was calling me to be, I would need to align the model with what I believed and require every person in the community to join a small group (which I did not have the authority, nor the slightest clue, how to implement).

This was another strong conviction that led me to the house-church model. Discipleship should neither be optional for those who are inclined to avoid it, nor difficult to find for those inclined to seek it. With the house-church model, relationship is baked into the church experience. Discipleship is not only easily accessible but virtually unavoidable.

At the very least, coming to one of our gatherings requires that you go to someone's house, meet people who *will* talk to you and ask you questions about yourself, and then sit in a circle for a couple of hours where you may be encouraged, prayed over, or asked your thoughts about something. Moreover, whatever you do or don't do, whatever you say or don't say, is seen and heard by everyone. There is no avoiding this reality within our church, so if you want to avoid it, then you must avoid our church.

And that's just the baseline. Beyond what I've just mentioned, we also strive to pursue each other outside of the weekly gathering, speak truth into each other's lives, correct one another when we see sin/immaturity, challenge each other's ideas, and work through our disagreements. This means that we have hard conversations. It can, at times, make life very uncomfortable. But we each share the responsibility (and the privilege) of helping one another be conformed into the image of Christ, which is worth far more to us than comfort and ease.

We still have much room to grow in all of these things, so I'm not implying that we're perfect by any means. I'm simply saying that the process of spiritual growth cannot be avoided in a community that functions like this, and that's exactly how it should be.

Sometimes people leave our house church for a more traditional church setting because they feel they aren't ready for the level of relational intimacy that we have in our church. My heart grieves over this because what I hear them really saying is, "I'm not ready for *discipleship*." Of course, they don't think of it this way. They rationally (though mistakenly) assume they'll be discipled in a traditional church setting, but as long as they continue to avoid the rich experience of Christ-centered, Spirit-led relationships, they will continue to avoid discipleship no matter where they are.

It would be one thing if they were leaving our group to be close with another group of Christians—which I have no problem with—but that isn't the case. They're leaving *people* to go engage with *programs*. And each time this happens, I'm reminded of the painfully unfortunate reality that so many Christians—because they're given the option—are opting out of discipleship, love, and service to the saints.

It's Time to Take Ownership

There are two major implications that I hope you take away from all of this—one for church leaders and one for every Christian.

For my fellow church leaders, your Father knows your love for the sheep. He sees your labor. Without any shame or condemnation, can we admit that our sermons and small-group ministries aren't cutting it? Can we acknowledge that there are still far too many Christians saying "no thanks" to discipleship like it's some questionable seafood on a cheap cruise line? And do you believe that God has appointed and equipped you to do something about it? I do.

As the captain of your ship, you've been given the authority to enlist and train each crew member for service, and to create an environment where that is not only expected but *required*. There will be all sorts of excuses as to why a church can't *really* require this, but they are all poor excuses. You can, and you must. It's the weakest, most immature members who especially need you to stop treating them like customers and start treating them like the crew, apart from which you will be liable for their spiritual stagnancy. Let's just consider the worst-case scenario for a moment: If your crew ends up throwing you overboard for merely insisting that you're on a sailboat and not a cruise line, then so be it. But I believe for better things, for you and your church.

Every person in your care needs regular, close, Spirit-filled interaction with other believers, but the mere availability of it, along with the exhortation from the pulpit, still isn't enough to lead many of them into it. The model itself is teaching them things that you aren't teaching them. But if you seek the Lord in this matter, and earnestly wait on him for guidance, he will give you wisdom about what changes you should make. Whether it's by modifying your current discipleship model or implementing a new one entirely, it will be right for your church because it will be from God.

If someone leaves one church and goes to another, we should all feel confident that they will be immediately immersed in community—again, not that they *can* be if they look for it, but that they *will* be, even if they're inclined to isolate. There should be no concept of Christianity or "church" anywhere without face-to-face discipleship. Would you help me make that a reality?

And for every Christian—whatever kind of church you're a part of, whatever role you have in it—it's time to take ownership of others' spiritual growth. It doesn't matter how new you are to the faith. As a member of the Body, you serve an important function, and you'll only find out what that is as you begin to love people and earnestly strive for their spiritual growth.

Start by praying for God to show you the specific Christians in your city whose spiritual growth you are especially responsible for (not that anyone is *entirely* responsible for someone else, but *partially*). Those people are called *your church*, and growing them up in Christ is *your ministry*. Learn how to serve them as Christ, how to pursue relationships with them as Christ, how to have spiritual conversations with them as Christ, how to pray and intercede for them as Christ, and how to lay down your life for them as Christ, that they may experience his eternal life in full. Make this your aim, rely fully on God to achieve it, and it will be your greatest accomplishment and joy.

The Open Meeting

Why Your Church Isn't Church

The morning of December 1, 2019, I paced my living room floor for a couple of hours, praying: *God, show me what it looks like to build your church. I have no idea what I'm doing, but I believe that you know the way and will teach me.*

I had just left the church I was working for as the Adult Discipleship Pastor, where I spent my final two months answering people's questions about this new "house church" thing I was gearing up to do: how I planned to support myself, how the church would grow, how we'd guard against false teaching, what we'd do with the kids, etc. All these were questions with one straightforward answer: "I don't know, but I'm going to seek the Lord and find out!"

With that chapter of my life now behind me, this was finally Day 1 of seeking the Lord and finding out. As I prayed that morning, God's first move was to interrupt my prayer with a phone call.

On the other end of the line was a man named Jonathan, who had been leading a church in his home for about seven years. Someone had given me his information a few weeks earlier, and I left him a voicemail, which he was just now returning—not coincidentally—on the first day of my new adventure. He invited me over to his house on the spot, and (since I had literally nothing else going on) I went, eager to see what God had planned.

For three hours, we got to know each other—sharing our backgrounds, our hearts for God, our desires for the Church, and our theological convictions. I remember thinking to myself (and commenting to my wife afterward), "I've never met anyone like this before." He seemed so Spirit-filled, despite not having attended a "normal" church in years. Go figure!

Part of Jonathan's story involved a couple of trips to India shortly after he was saved, where he learned about the spiritual life and ministry from a man who he felt was the closest thing to an apostle that he'd ever met. Jonathan spent some months backpacking with him through remote villages and visiting various churches that this man had planted. One thing in particular that Jonathan picked up from him and brought back to the States was the way that he taught the churches to conduct their weekly gatherings. Jonathan had been operating his house church this way ever since, and he shared it with me that day.

I'm paraphrasing what Jonathan told me about their gatherings, but essentially, he said, "We all just sit in a circle, direct our eyes toward Jesus, and let him lead us wherever he wants. Nothing is pre-scripted. There is no official liturgy. There is sometimes a lot of silence. But this isn't a lack of structure or design; it is the *intended* structure and design, meant to train people to depend on Christ as opposed to the next item on the agenda—giving the Spirit of God full control of the gathering."

As you might imagine, this talk with Jonathan seemed like a divine appointment to me. I had never read a book about house churches. I had never been to a house church myself. And I had never met someone who had been to a house church, either. Again, I had little to no idea what I was doing, besides being committed to relying on God for everything. And here—on my first day of this new adventure, while praying for direction—God sent me someone with experience and practical wisdom that I could immediately apply to my first Sunday gathering. (He also sent me a friend in Jonathan, whom I've been doing this alongside ever since.)

Before this conversation, I hadn't decided how to structure our weekly gatherings, but I felt that they would probably look different than any kind of Sunday church service I had seen. I knew that meeting in homes didn't guarantee any improvement if we just did all the same things you would typically do in a church building. While there are certainly benefits to meeting in a smaller setting (like those we talked about in the last chapter), the place of meeting or the number of people in attendance was not going to be the one thing that changed everything. My basic conviction was that the "silver bullet" for the Church always has been, and always will be, the Holy Spirit—a conviction that I hold just as strongly today.

What Jonathan presented to me that day hit a chord in my spirit—a way of meeting that, above all things, emphasizes letting Jesus be the leader. What I didn't know then was that Jonathan's model wasn't a new invention, but a return to an ancient pattern I was about to discover in the Bible, which has become foundational to my understanding of equipping the Church and making disciples. From here on out, I'll refer to this way of gathering as an "open meeting"—due to its emphasis on *open participation* (i.e., being radically open to what the Spirit may do through any member within the gathering), not on being "open" or inviting to everyone. Having practiced it every week for almost six years now, I feel more strongly than ever that the Church must return to some version of this, and I'll make my case for this throughout the rest of the chapter.

What Happens in a House Church Meeting?

One of the first questions I typically get asked about house church is: "What do your Sunday services look like?" In one way, the answer is very simple. But in another way, the concept is so foreign to most people that it requires a lot of explaining.

Each week, our churches gather in someone's home (although any meeting place is fine). It's typically anywhere from five to twenty-five people, including children, but we know that just two or three people gathered in Jesus' name constitute a church (Matthew 18:20). We enjoy some initial chatter as we wait for everyone to arrive, and we seat ourselves in a circle around the room.

At the start of the meeting, we all turn the eyes of our hearts to Jesus in prayer, asking and expecting him to lead the gathering. We allow space for silence throughout our time together—not awkward silence (at least, it doesn't have to be) but intentional. For the most part, we've learned to be comfortable with the silence, though it wasn't easy at first and still isn't always easy for me. But it is important because it leaves room for the Holy Spirit to dictate what happens next.

As each person feels led to share something that God is stirring up in them, we encourage and expect one another to do so. Each of us does our best to share whatever gift from the Holy Spirit is at work in us that day. In the same way, we may perceive that the Spirit is not prompting us to say anything, in which case, we faithfully remain quiet.

So, for example, here's what a normal gathering in my home might look like.

I call everyone's attention to let them know that we're getting started. I open with prayer, welcoming the Lord to lead us, and only praying as I feel prompted by the Holy Spirit. As I sense that it's time for me to finish praying, I fall silent, leaving space for others to discern if the Spirit is prompting them to share.

Perhaps someone feels a desire to pray more. Believing the Spirit of God stirs these desires within them, they pray out loud so that we can all join them in agreement. A couple more people might pray, and then someone's prayer stirs someone else to start singing. If we know the words, we all join in. After the song, there may be another song, or we may sit in silence again, waiting on the Lord to move through someone else.

At this point, someone might share a revelation they received that week or a testimony of something God is doing in their life. That inspires more prayers of thanksgiving and worship. Maybe someone has a scripture on their heart, so they read it, and this causes someone else to share a verse that comes to mind.

As each of these things occurs, we may start to see a theme arise and perceive what the Lord wants to teach us that morning.

Often, I will feel led to teach, but I am always waiting for the Spirit to give me clarity, and I am willing to remain silent if I am not confident that my teaching will build up the church that day. The question is not whether what I have to say is *true*, you see. The question is whether what I have to say is *what God has to say* that morning. If it isn't what God is saying to our church in that moment, then I want nothing to do with it in that moment. We're not in the business of tickling ears and puffing each other up with knowledge, but of ministering Christ, who is alive. Therefore, I'm always trying to discern whether Christ wants to say anything specifically through me, and this is what others are trying to discern for themselves, as well. We'll talk more extensively about this discernment process in the next chapter.

Sometimes I sense that others in the gathering have gone full-on "spectator mode" and are idly waiting for me to speak, since I'm the "leader," and that's what they've been trained to do. Instead, they should be looking to their true Shepherd, Teacher, and Leader (who is Christ). When I sense this, I will try to avoid teaching with my mouth because I am trying to point them away from relying on me and toward Christ. Any God-appointed shepherd should understand that this is ultimately their role. I tell them, "If it doesn't look like I'm leading, that *is* my leading. If it doesn't look like I'm teaching, that *is* my teaching." Again, here, silence is important.

Besides me, others may also teach. It just depends on what we discern God is doing that day. And usually, teachings turn into open conversations that turn into prayer for one another and so forth.

A very important aspect of all of this is that whatever is said is liable to be weighed by the others who are present. If someone has a concern about something that was said, then it's their duty to speak honestly about what they perceive so that everyone in the gathering might weigh the differing perceptions and seek to find unity on the matter. We'll talk about this practice of collective discernment in greater detail later.

Last, but certainly not least, we enjoy the Lord's Supper together every week. This is not out of obligation—we do not believe there is a law around this—but out of a genuine desire for it and faith that it benefits our souls. No matter what else occurs, the Lord's Supper ensures the gospel is always proclaimed.

In the church that I lead, this gathering normally lasts about two hours, but it will often go a little longer. One of the other churches regularly meets for over three hours. (They're the more "charismatic" bunch.) The length isn't particularly relevant except that it's *not predetermined*. If God's still moving, we want to be sensitive enough to realize it and not end the meeting prematurely. But on the flip side, if God has done all he wants to do in that setting, it doesn't make us any less holy to end a little earlier than usual.

What I've shared here is only an example of what a gathering could look like because, again, God is in control, and it's different every time. There's no prescribed structure to our gatherings, except that when we don't know what is next, we always turn our eyes to the Lord and wait on him.

In theory, there's no reason that an entire gathering couldn't be filled with one kind of activity. For example, what if God has one person on his mind who he wants to bless that day? So he stirs them to share their struggles at the beginning of the gathering, and we spend the rest of the time ministering to that person—speaking truth into their life, praying over them, etc. Is that a waste of a Sunday because we didn't have a sermon or a lesson of some kind? Or was the "sermon" actually in the various scriptures that were shared, expounded upon, and applied to this person's unique situation? Was the lesson in how the person was so humble to ask for help, or how someone corrected their thinking with such love and gentleness, or how not to take offense when someone ministers to you poorly? If God was the one leading our time together, then wasn't it actually what we all needed and desired more than anything?

You can apply this principle to any of the various activities that could happen in our gatherings, and it holds true: a meeting with only prayer and worship, a meeting with just Scripture and discussion, etc. I'm not saying this happens often. I'm only making a point that God, at his sole discretion, gets to decide what we do. And if we believe that this is what God is doing in us, then why would we want anything else?

In this, we are learning that we don't have to force things like teaching, singing, Scripture reading, etc. We don't need to create an agenda—in fact, we largely resist it—because if we just learn to be faithful with sharing the grace given to each of us, then all these things will happen naturally, and the church will be built up as God intends. In other words (like we talked about in the first chapter), we'll have fruitful ministry, and it'll be from rest, not striving, all to the glory of God.

The weekly gathering, then, is ground zero for learning the way of the Spirit, for equipping the saints, for discipleship, as it provides a setting where waiting on the Lord and building up the Body of Christ are actually encouraged and practiced in real-time by all members. It benefits the Church far less to spend this time together (the *only* time that many Christians gather) in such a way as to force and train the majority to be mostly docile.

The only thing I might add to this (which many members of my own church still need to learn, as well) is that it is best not to wait for the gathering to pray about what to do/share in the gathering. It is far better for everyone to be praying for the church throughout the week and (with the vision we talked about in the last chapter) asking the Lord what they can offer to help build up their brothers and sisters on Sunday. If members don't spend any time throughout the week preparing themselves for the gathering this way, it's not the end of the world, but you will likely spend a lot of unnecessary time in silence together waiting on the Lord to speak, which could have been done in private. Sometimes, when there is a lot of silence in our gatherings, it exposes that people need to grow in the areas of prayer, stewarding their gifts, and taking responsibility for one another. Having the forethought and intentionality to wait on the Lord *in your own time* for the sake of others is an act of love and maturity that will lead to more fruitful, Spirit-filled gatherings.

The Biblical Precedent for Open Participation

It's important to clarify now that the unique format of the "open meeting," which I just described, isn't *exactly* what I think all churches need to implement. Rather, I think there's room for flexibility in the format as long as the following two elements are present, which I'd place under the banner of "open *participation*":

1. A highly intentional effort to foster organic, Spirit-led engagement by *all members*, training them to steward their gifts *in the gathering*. This requires at least *some* part of the gathering to include a time where anyone can freely share.

2. The practice of *corporately weighing* everything that is said and done in the gathering. This doesn't mean that everything actually gets weighed verbally, but that a culture is created where this *can* happen whenever it needs to happen—again, *within the gathering.*

To this end, while I have found the format my church uses to be highly practical, and I encourage any church to use it, I acknowledge that a church could retain some level of liturgy/agenda while also practicing the two things above. In other words, open participation can theoretically be practiced within a wide range of meeting formats. It's up to each church to lean on the Holy Spirit to decide: (1) how much predetermined structure they'd like to implement and (2) how to ensure that the biblical instruction of open participation is still being followed within each weekly gathering. The format can vary from one body to the next, and from one season to the next, as it does in our churches. The thing that *cannot* vary is the conviction to facilitate healthy, Spirit-led engagement from all members.

Quite honestly, there is not a lot in the Bible that *explicitly* dictates what should occur in Christian gatherings. But if we carefully examine the Scriptures on this topic, it becomes evident that open participation was not merely a good option, but rather was God's design, that Christ might be the functional head of each meeting.

I use the word "functional" because we all agree that Christ is the head *in spirit and in truth.* But the question is: How can we function so as to make Christ the head *in practice?* The role of headship belongs to no other person—not pastor, priest, or pope. For only the Head knows what the Body needs and how to coordinate each member for the greatest common good.

To start, let's take a look at two passages that hint at open participation in the gathering of the saints:

> And do not get drunk with wine, for that is debauchery, but be filled with the Spirit, addressing one another in psalms and hymns and spiritual songs, singing and making melody to the Lord with your heart, giving thanks always and for everything to God the Father in the name of our Lord Jesus Christ, submitting to one another out of reverence for Christ. (Ephesians 5:18-21)

> Let the word of Christ dwell in you richly, teaching and admonishing one another in all wisdom, singing psalms and hymns and spiritual songs, with thankfulness in your hearts to God. (Colossians 3:16)

While Paul may have written these passages with a broader view of the Christian life in mind, it would be a mistake to apply them only *generally* to the Christian life and not also *specifically* to our formal weekly gatherings, for there is evidence that Paul had their weekly meetings in mind.

The first sentence—"do not get drunk with wine... but be filled with the Spirit"—is almost certainly in reference to the Lord's Supper, which was a central feature of their gatherings. Getting drunk off the sacramental wine was, unfortunately, an issue Paul had dealt with before (1 Corinthians 11:21), hence the instruction here.

It becomes even more plain that he was thinking about their gatherings when we look at the activities they were told to do with one another:

- They were to *sing* to one another. Intuitively, this activity doesn't fit quite as naturally into day-to-day life as it does into the gathering.

- They were to *submit* to one another—a likely reference to the practice of weighing/testing what people share in the gathering (1 Corinthians 14:29-32 and 1 Thessalonians 5:19-21).

- And they were to *teach and admonish* one another. Beyond a shadow of a doubt, Paul viewed teaching as something that happened especially (though not exclusively) in the weekly gathering.

With this in mind, let us recognize the disparity between today's typical Sunday gathering and these New Testament instructions. In most churches, the *pastor* teaches, the *worship leader* sings, and the *congregation* submits. But Paul says for *all* to do these things *to one another.*

Perhaps the most blatant deviation from this instruction could be found in today's "teaching and admonishing"—a ministry that, in the weekly gathering, is almost exclusively performed by one person (or a few at best). This practice of leaning only on one person's teaching gift reveals a basic presumption, by the way, which is that Christ *wants* to give a teaching through that same person each week, and he *doesn't* want to give a teaching through any other person. And because of this presumption, we design our meetings in such a way that Christ *cannot* speak through another person, even if he wanted to, even if he gifted them with something edifying, even if it's the very thing the Body needs. The same applies to the ministry of music and so forth.

But the most obvious scripture that points us toward the practice of open participation is this:

> What then, brothers? When you come together, *each one* has a hymn, a lesson, a revelation, a tongue, or an interpretation. Let all things be done for building up. (1 Corinthians 14:26).

I can't remember what I thought of this verse before I experienced an open meeting for myself, but I'm pretty sure that I had no clue what Paul was talking about. I had no operating template for which these verses made any sense. I'd never been a part of a gathering where each person was allowed, let alone *expected*, to share something of ministerial value. And any concept of it that I could imagine—with no plan, no outline, no agenda (or otherwise a loose one)—would have seriously challenged my precious idea of "order." But here, we see that Paul is perfectly comfortable with it. His operating template for Christian gatherings was that *each person* had something for edifying the others, and there was a way to do this "decently and in order" (1 Corinthians 14:40).

In the same chapter, there are two other verses which highlight the same idea:

> But if *all prophesy*, and an unbeliever or outsider enters, he is convicted *by all*, he is called to account *by all*, the secrets of his heart are disclosed, and so, falling on his face, he will worship God and declare that God is really among you [plural].
> (1 Corinthians 14:24-25)

> For *you can all prophesy one by one*, so that all may learn and all be encouraged. (1 Corinthians 14:31)

It's worth noting, briefly, that to *prophesy* in this context may not be exactly what everyone today has in mind. In this section of Scripture, Paul appears to use the term *prophesy* as a catch-all for any *intelligible* Spirit-empowered speaking—whether that be encouragement and consolation (v. 3), prayer or song (vv. 14-15, 26), teaching, revelation, interpretation of tongues, etc. (v. 26). He places all of these activities under the banner of "prophesying" and in juxtaposition to tongues, which are *unintelligible*. The promise that all believers will prophesy (Joel 2:28, Acts 2:17-18, cf. Numbers 11:29) is therefore fulfilled in myriad ways when we function like this.

As for Paul's instruction that women were to remain silent in the churches (1 Corinthians 14:33-35), I'll address that in the next chapter. For now, just note that, a few chapters earlier, he clearly permits women prophesying in the gathering (1 Corinthians 11:5). So we know that this particular instruction to be silent must pertain to something else.

It therefore seems evident that *every member* prophesying in the gathering is not only permissible but *ideal*. In the first verse above, he says it's ideal for the *unbelievers* in attendance, for their potential conversion. This makes sense if you think about it. From an unbeliever's perspective, which experience do you think would be more convincing and impactful: (a) hearing God speak through *one* person or (b) hearing God speak through *every* person in the meeting who claims to believe in him? (As a quick caveat, if God is truly speaking through everyone, this would mean that what everyone is saying is valuable, consistent, and in agreement with God's word. This is a high ideal and isn't about everyone just sharing what they think.)

In 1 Corinthians 14:31 (see above), Paul says that prophecy is for the benefit of the *believers* in attendance, as well, that all may learn and be encouraged. Again, which do you think is more likely to build up *all* of us with our variety of needs and differing levels of maturity: (a) the scriptures, teachings, and songs chosen by the *same small team of people* every week or (b) the scriptures, teachings, songs, and various other giftings that God is stirring in the hearts of *any/every member present?* I assure you, it is the latter, and Paul thought so, too. An honest reading of 1 Corinthians 12-14 should lead anyone to the conclusion that *each person* has spiritual gifts that are relevant specifically *for the gathering of the saints* (not just for the world *outside* the gathering of saints).

If this is true, it necessitates that churches practice open participation to some degree.

Yet still, some people might argue that Paul didn't explicitly *command* open participation in our weekly gatherings; it's just what his churches *practiced*. In other words, you might argue that these scriptures are merely *descriptive*, not *prescriptive*; therefore, it's no issue that most churches today have strayed from that practice.

However, there are a couple of verses that challenge this notion, both of which are framed as a command. Here's one of them:

> Let two or three prophets speak, and let the others weigh what
> is said. (1 Corinthians 14:29)

Let me ask you: If your pastor's sermon is to be considered as a prophet speaking (which it is), have you ever witnessed the public weighing of his sermon during the gathering—people freely sharing their thoughts, questions, concerns, and alternative viewpoints with him and everyone else, then praying for unity? If you are to view your music leader's participation as a form of prophesying (which you are), have you ever disagreed with something they said or some lyrics in the song they chose, then felt the freedom to stand up and offer a correction in front of the whole assembly? Have you ever thought their ministry—the sermon or the songs—felt forced or not Spirit-filled? If so, did you voice it to the congregation and submit your discernment to them?

To be clear, I'm not at all saying that you should do these things if your church has not agreed to function this way. But that's the point. Most Christians can't fathom such a thing occurring in their gathering because they've been taught implicitly that it's not their place. In this case, this biblical instruction to weigh what is said is not being followed.

I'm not saying that this makes your gathering illegitimate, but it does leave room for all sorts of issues, as well as inhibit many opportunities for growth. God has instructed us to corporately weigh the things that are shared in the gathering to ensure that what's being prophesied is both accurate and edifying (as agreed upon by prayerful, Spirit-led consensus). If your church isn't currently practicing this, it behooves you to start. We'll talk more about this in the next chapter.

Here's the second scripture that suggests open participation was more than a mere description of what they did, but (again) framed as a command/instruction:

> If a revelation is made to another sitting there, let the first be silent. (1 Corinthians 14:30)

The idea here is that, while someone is speaking, if God gives someone else a revelation that they feel would be beneficial to share with the church, then the person speaking should be quiet in order for the revelation to be shared. Again, imagine that, while listening to your pastor's sermon, God blows your mind with something you've never seen before, which you think may help others. According to this scripture, it's at that moment the Lord may be revealing his intent to quit speaking through your pastor and start speaking through you. Do you and your church allow for such a thing, let alone expect it and train people in it? If not, what justification can be offered for overlooking this clear biblical instruction?

At the end of the day, shouldn't we take the practices of the early church a little more seriously than this? Surely, it isn't just happenstance that they functioned this way. These were practices that Paul himself implemented. As a church-planter myself, I know very well that one of the first challenges you face is figuring out what your weekly gatherings will look like. There is a considerable amount of thought given (and rightfully so) to how to make the most of your time together on Sunday, as it is most obvious and consistent time to build each other up. It would be foolish to assume that the apostles didn't think it through much. And it would be just as foolish to assume that they came up with it on their own, receiving no instruction from God (in Spirit) or even Christ (in the flesh) on the issue. Paul obviously believed that the instruction came directly from God, hence the following pronouncement at the end of the passage we've been covering:

> Or was it from you that the word of God came? Or are you the
> only ones it has reached? If anyone thinks that he is a prophet,
> or spiritual, he should acknowledge that the things I am writing
> to you *are a command of the Lord.* If anyone does not recognize
> this, he is not recognized. (1 Corinthians 14:38)

I must conclude, then, that open participation is not a matter of mere preference but of necessity, a design given by God to his apostles for our edification. At the very least, by definition, it is more biblical (though far less common throughout history) than today's typical practice.

The Historical Trajectory of Church Meetings

If you can't tell, my argument for open participation does not rest in Church history or tradition; rather, it rests in the Bible *over and against* Church history and tradition. The unfortunate likelihood (based on the little evidence we have) is that the Church appears to have very quickly abandoned the ways of radically open, Spirit-led engagement for a more controlled, liturgical, and leader-centric approach.

For example, shortly after the death of the apostles, the *Didache* (c. 70-100 CE) provides scripted prayers for the Lord's Supper and only encourages the prophets (i.e., certain recognized leaders) to pray freely, implying that others in the gathering were *not* given that freedom—an obvious deviation from Paul's view in 1 Corinthians 11 and 14 that all can pray in the gathering. In Justin Martyr's *Apology* (c. 155-157 CE), Christian gatherings were described as already having a liturgy very similar to what most churches use today, with highly limited participation from anyone other than appointed persons.

There was a movement by a group called the Montanists (c. 170 CE) who pushed hard for spontaneous, Spirit-led services. Their movement highlights the underground swell of Christians at that time who felt strongly about revitalizing the pure Spirit-led movement of the apostolic church. However, they, too, limited much of the Spirit's leading in their gatherings to those persons that they had identified and elevated as "prophets." At any rate, they had many of their own issues and were eventually condemned by the mainstream church.

It wasn't until the Quakers in the mid-17th century that we see a group of Christians formally employ an entirely open (i.e., unprogrammed) meeting format for their weekly gatherings, but they are obviously somewhat of an anomaly in church history. For what it's worth, I myself do not know enough about the Quakers to either endorse or condemn any of their beliefs and practices. However, they seem to be a good example of the reality that if a church begins seriously pursuing the biblical template of open participation as outlined in 1 Corinthians 14, perhaps the most natural conclusion they'll come to is to ditch the agenda.

Regarding church history, the question we all need to ask is: How did we get to the level of dysfunction, disunity, immaturity, and impotence that we see in the Church today? I think the answer to that question is pretty obvious: The church all but lost the way of the Spirit, who alone can give us order, unity, maturity, and power. If we don't see the fruit, it's because we haven't learned the Way.

Other Formats—and Why Open Participation Should Be the Default

As I said before, I don't believe the open meeting format is the only format Christians are free to use when they meet. There may be a host of reasons that you gather in a different format, sometimes with a more "structured" approach—a Bible/book study, prayer meetings, large conferences that focus on teaching or singing, etc. Even in the Bible, we see that the early believers gathered in the temple or the synagogue to hear the apostles' teaching and to pray (Acts 2:46; 3:1; 5:12). Though there was still likely some degree of public discourse and open participation here (which I believe is beneficial in most cases), those temple gatherings had a much different emphasis than the primary weekly gatherings in homes.

In our network of house churches, we see great value in periodically gathering all the churches together for teaching, prayer, and a meal. Every month or so, we meet in one larger building for this purpose (which a non-profit in town allows us to use for free). In these gatherings, there is a predetermined leader who teaches for (typically) a longer period of time, and there is a shared meal afterward. After the teaching, however, we still have an open floor, since it is very important to us that we give space for the Spirit to speak through anyone.

Additionally, we meet in a variety of ways throughout the week. We have men's and women's groups. There are prayer meetings and Bible studies. Etc. Some may be more structured or planned than others. There is no rule to this, except that the Spirit would lead and empower all that we do, which is something we make every effort to discern, and it allows for things to adapt as people and circumstances change and grow.

As you can see, not everything that's of the Spirit has to be spontaneous. The goal isn't to eliminate all structure but to be highly intentional about making space for any/every member to share their gifts with one another and to weigh what is shared, apart from which we may unintentionally deny Christ his role as the head of the Body and the leader of the meeting. I find this goal is *best* accomplished through the radically open meeting style that I shared at the beginning, where the default is prayer and silence, but that doesn't mean it's the only way. Open participation can still exist within a more structured gathering. You simply need to make it a priority, or else it will not happen.

The Spirit uses leaders to facilitate. The Spirit can create an agenda. The Spirit can write a sermon days or weeks before it is given. The Spirit can inspire plans, structure, and direction that all serve to build up the Body of Christ, so please don't hear what I'm *not* saying. The question is not whether the Spirit *can* do these things but whether he *is* the one doing these things. In a nutshell, what I am challenging is the belief that the Spirit is the one who is leading and empowering churches to structure their primary weekly gatherings the way that they do—training their members to sit quietly, spectate, and passively rely on a predetermined structure as opposed to relying on the Holy Spirit to proactively share the grace within them.

Pastors express frustration in their church's consumeristic tendencies, all the while perpetuating a system that forces the saints to consume every Sunday (often the one time during the week that they are available to participate). Unless a person has some unique role in the gathering, their participation in it is more or less limited to singing what they're told to sing, praying what they're told to pray, responding to the sermon with the occasional "Amen!" (if they're so bold), and putting money in the offering plate. While their participation isn't without value, what little they are allowed to do is often severely limiting to what the Holy Spirit has put inside of them for the sake of others—first and foremost, their brothers and sisters in Christ.

Our biggest concern, then, should be that these gatherings may not be *fully* Spirit-led, for in them, Christ is functionally confined to whatever and whoever is on the agenda that day, despite his clear intent to manifest through each person for the common good (1 Corinthians 12:7).

Consider, once again, the story of Abraham and Sarah. Abraham (who represents Christ) listened to the voice of his wife (who represents us) when she told him to go into Hagar (who represents our plans; Genesis 16:2). In pursuit of God's promises for the Church, we ask him to do the thing that will produce more immediate/manageable results, to grant us the outcome in our own human way. I envision all the times when I asked God to use a sermon I was writing or to bless some ministry event I was planning. I have always believed that he heard those prayers and used those things in various ways—for he is good and faithful—but I have come now to believe that they could never yield the promise because they weren't really his ideas to begin with. They, like Hagar and Ishmael, had to be sent away, and I had to resort to waiting, believing, and simply being intimate with my Husband.

Put simply, open participation should be the default in our gatherings because, more than any other way of operating, it makes Christ the functional head, giving him full access to *all* his members and letting him come up with the ideas. Other formats can have value, but they should remain secondary. Since the primary weekly gathering is usually the one time everyone sees as essential, it makes sense for that time to be open for everyone to participate. This gathering is far too important—and its potential for discipleship far too great—not to structure it in a way that fosters full dependence on the Spirit from every member.

I can't give you a one-size-fits-all plan for how to begin. In many cases, moving toward open participation may require drastic change, and that change should be approached with prayer, wisdom, and care. For me, the only path I could see was to step outside the traditional church model entirely and start a house church. That may or may not be what God leads you to do. The point is to seek the One who has all wisdom and follow his lead.

One thing I absolutely love about the open meeting is that it isn't very complicated. Just gather believers in a room, and let the Spirit lead. The only way to learn is by doing, and you'll soon discover both challenges and opportunities you've never faced before.

But to do this *well*—meaning, for it to be a long-term, fruitful experience that builds up the Church—you'll need to learn the ways of the Spirit. This includes things like communal discernment, speaking the truth in love, ministering the gospel, exercising church discipline, mutual submission, appointing leaders, and more (all things we'll cover in the coming chapters), apart from which it will not work. Subsequently, the ways and the wisdom of the institutional church largely do not apply here.

You may also find, as we have in our church, that smaller, more intimate settings (like a home) are uniquely suited for open meetings. The larger the gathering, the less likely it is for certain members to minister their gifts. Right or wrong, it's just the reality.

In the end, the goal is simple: to be open to *whatever* God may do and *whomever* he may use, so that all God's gifts are expressed, and the whole body is built up.

Submission

It's Not What You Think

My thesis is simple: If we want to see the kind of church that only God can build, then we need to learn to rely on God to build it. Everyone wants a method that works, but that's part of the problem. We start relying on man-made methods, and we stop relying on God, unless our method *is* to rely on God, which works every time.

As it relates to building the Church, nearly every conceivable question about "what to do when…" or "how to deal with…" can be answered the same way: *Seek the Lord.* Learn to rely on his Spirit, and he will equip you with everything you need.

However, there is a caveat to this: Relying on God requires that we *rely on God's people*, for they are extensions of God in your life for that very purpose. Someone who says they are relying on God but comes to all their conclusions in isolation is deceiving themselves. This is true on multiple levels, but in this chapter, we're going to talk about it on the level of discerning what God is saying and doing *in your church*.

It is absolutely crucial that we learn to rely on each other for wisdom, direction, and discernment. Any attempt to be a radically Spirit-led church, without the proper foundation of corporate (i.e., bodily, collective, communal) discernment, will quickly devolve into chaos and division. And yet, despite how fundamental it is to the health of a church, it is a rare Christian who understands this practice.

The result of this widespread ignorance is that words like "Spirit-led" and "charismatic" are often (not incorrectly) associated with a certain kind of disorder. Some care enough about the Spirit's leading to endure the chaos. Others care too much about order, so they forgo the Spirit's leading. And, of course, there's a wide degree of variance between those two poles. But my goal here is to help prevent you and your church from ever having to decide between the two.

Submitting to One Another

Submission is one of those words that was never supposed to put a bad taste in your mouth, and yet, for so many people, it does. Words like "defiant," "controlling," "proud," "manipulating," "lording over," and the like—those are the bad ones. But *submission*, according to the word of God, is beautiful.

I am not only talking about submitting to God. That, I assume, you already agree with. I am talking about submitting to his people, particularly those in your local church whom God has appointed you to be in close relationship with.

Here is the most obvious scripture that instructs us to do this:

> And . . . be filled with the Spirit, addressing one another in [song] . . . giving thanks always . . . [and] *submitting to one another* out of reverence for Christ. (Ephesians 5:18-21)

Submission is here portrayed as a description (among others) of being filled with the Spirit. The reason we are to do it is "out of reverence for Christ." This makes sense, doesn't it? Because we are members of Christ, Jesus said that when we serve one another, we actually serve him (Matthew 25:31-46; Matthew 10:40-42; Luke 10:16; John 13:20). And so, when we submit to one another, we submit to him. Therefore, the one who says they're submitted to Christ, but is not submitted to any other Christians, is remarkably suspect. On the other hand, those who desire to submit to Christ can *tangibly* (not just theoretically) do so by submitting to their church.

But now, what does it mean to submit? For a lot of people, the idea of "submission" is something like "Shut up and do what I say." It is total passivity and conformity to the designated leader. And that's where we must make our distinctions. For one, submission has little to do with passivity, which I'll explain below. And two, while it has much to do with conformity, let us remember that our "designated leader" is no mere mortal, but Christ Jesus himself. Therefore, *Christ* is the one we're looking for within our fellow brothers and sisters, that we might submit *to* him *through* them, thus being conformed into his image.

The proper way to understand submission is in two parts, both of which are needed to complete the act.

The first part is *service*. The Holy Spirit apportions different gifts to each person, and each person serves the Body with their gifts (1 Corinthians 12:11; Romans 12:6; 1 Peter 4:10). In doing so, they are serving Christ, their master, according to his will. By definition, this side of submission is most obviously active, not passive.

With this in mind, to withhold your gift from the Body—if, in fact, you believe it's a gift—should be understood not as submission but as a *lack* of submission. For example, many times throughout my pastoral leadership, brothers and sisters of mine have withheld their genuine concerns about something that I've taught, all in the name of "submission." This reveals how they tend to equate submission with passivity toward their human leader and equate speaking with subversion of authority. But if they believe that the insight they have is from God, then to submit to me and/or the church (on this one side of submission, anyway) would be to *serve* with their insight, not to remain silent. No less do I inherently submit to them when I teach them what I believe God has taught me for their benefit.

To make this case even a bit more strongly, we might think of the spiritual gifts in two categories: (1) Speaking, (2) All Other. (This precedent can be found in 1 Peter 4:11.) In the "all other" category, it's much easier to understand that passivity is not submissive. If my wife were to sit on the couch and watch television all day, as opposed to serving in the countless ways around the home that she does, no one would call that "submission."

Well, it is no different with the *speaking* category of spiritual gifts. It would be an ugly form of passivity if my wife never told me what she believed God was speaking into our marriage, or never shared her genuine concerns with me. This is true, in particular, because *I ask her* to speak to me honestly. If I didn't, or if I explicitly asked her not to, then her submission may indeed require her to keep silent, and God would still work through her in that (see 1

Peter 3:1-2). However, I wouldn't be a very good leader in that case. The truth is, I am always open to the fact that God can speak through her to shape my own convictions, to help me grow and lead better. Thankfully, because she honors my leadership, she is faithful to steward her convictions with me, even if it starts as a disagreement. This is just another form of *serving*, but with her *words*.

The point here is that *every* kind of genuine service falls under the banner of "submission."

And yet, we have not completed the act of submission if we have only gone this far. The second part of submission is more like *submitting an exam* to your teacher for grading. It is to grant others the ability to evaluate the positions you hold or the work that you've done. It's to acknowledge that you aren't the authority in the room, that you aren't the sole possessor of knowledge, and that you trust someone else to help you learn and grow through correction.

To be clear, I don't mean that we should submit to any one person as the authority in the room except for Christ. Rather, we *all* submit *to one another*, trusting that Christ's authoritative judgment will be revealed and established through the agreement of the saints.

As a brief sidenote, for those of you who love original language studies, I will insist that you must look deeper here than what you'll find in your Greek lexicon. While the definition I'm providing here is not explicit in the Greek term for submission (*hupotasso*), like it is in English, it is *implicit* in every form of submission that the Greek term was used for—a logical extension of the *idea*. In short, evaluation/judgment is intrinsic to every relationship involving an authority-submission dynamic. A person *cannot* yield to an authority without also subjecting himself to that authority's evaluation or judgment within the purview of his service.

But back to the point.

When my wife disagrees with me about something and presents her opinion, it is the beginning of submission. But if she were not *open to feedback, open to reason, humbly considering my position, willing to talk more and pray about it together*, then it would not actually be submissive; it would be domineering and arrogant.

No different with the Church. For the first half of submission, we should train everyone to freely share their gifts, which include speaking what they believe is from God. For the second half of submission, we should train them to open themselves to judgment—not the condemning kind but the constructive kind. And isn't this exactly the paradigm we see in the Scriptures?

As we discussed in the last chapter, we could put all "speaking" gifts under the banner of "prophesying"—i.e., being the mouthpiece of God for a specific moment in time. Under this banner, Paul says, "you can all prophesy one by one, so that all may learn and all be encouraged" (1 Corinthians 14:31). That's the first half of submission. And in the very next verse, he says: "and the spirits of prophets are *subject* to prophets. For God is not a God of confusion but of peace" (1 Corinthians 14:32-33). That's the second half of submission. Others (who also have the Spirit) have the authority to weigh whether something is from the Spirit.

Again, he says, "Let two or three prophets speak [this is the first half of submission], and let the others weigh what is said [this is the second half of submission]" (1 Corinthians 14:29).

And elsewhere, "Do not despise prophecies [i.e., don't reject the first half of submission], but test everything; hold fast what is good [i.e., but practice the second half of submission, as well]" (1 Thessalonians 5:20-21).

The Apostle Peter also wrote about this subject, though instead of "submission," he used the term "humility":

> Clothe yourselves, all of you, with humility toward one another, for God opposes the proud but gives grace to the humble. Humble yourselves, therefore, under the mighty hand of God so that at the proper time he may exalt you . . . (1 Peter 5:5-6)

Notice the connection between humbling ourselves toward one another and humbling ourselves toward God. The one is a means to the other, just like with submission.

Humility could also be said to have two sides to it: the side of *service* and the side of *not considering oneself to be wise*. Practice these, for they come with the promise of grace and exaltation.

The bottom line is that if we want to know what God is saying and doing, we need to learn the absolutely foundational truth that he speaks through his Body. Yes, he speaks through Scripture. Yes, he speaks to you individually in prayer. Yes, he speaks in all sorts of ways. But there are few so powerful as when he speaks through all the saints—when, with one voice, they declare his counsel.

When all members are faithful to speak what they believe is from him and to humbly honor the authority of Christ in each other, the Spirit will provide the level of agreement that is needed for that time, for his sheep know his voice (John 10:4).

I understand that this may still feel a bit conceptual, so we'll spend the rest of the chapter bringing it to life through real examples of my own.

Making Church Decisions *Together*

Let's start with a common question that I hear related to operating a house church: *How do you know when to multiply?*

In all my years of reading books about small-group ministry and consulting the gurus, and still now as I come across other house-church networks, I have found that almost everyone has some specific method they subscribe to. For some, it's about *numbers*—e.g., "Once your group hits twenty people, it's too big; time to multiply." For others, it's about *time*—e.g., "A group should never be together longer than two years." And yet others take the position that, ideally, a group would be together for a lifetime—hence the term "life group" (though for some it just implies that they're "doing life" together).

Having the same people forever is obviously not an option for a house church, since it's not merely a small group; it's a church. And we all know that a church is supposed to grow. It has to have open doors, a heart for newcomers, and an eye for multiplication, or else it's seriously unhealthy.

But the first two mindsets have a serious issue, as well. Yes, they desire to multiply—that's good. They don't want groups to grow inward, complacent, and stagnant—also good. But the *way* they go about this is not spiritual.

While we can agree with the intent, don't you see the problem? The rule has replaced the Ruler. The principle has replaced the Prince. To teach people to live by these guidelines is necessarily to teach them not to rely on the Spirit, to disregard God's voice in these matters. Not to mention, it assumes that the natural inclination of a Christian community is introversion, when actually, it's not. The desire for growth is within all of us; we received it when we received the Holy Spirit. And it will be manifest, inevitably, as we look to the Spirit in all things. Yes, everything we desire—in this case, healthy multiplication—is actually *better* accomplished by training people to rely on the Spirit organically.

For our first four years as a house church, we ebbed and flowed between as few as eight people and as many as thirty-five. At multiple junctures, our living room was bursting at the seams, and I was sure that multiplication was right around the corner.

However, for various reasons—church discipline, people moving away, some feeling led to a different church, etc.—our large group would become small again, seemingly overnight. Had we lived by a man-made rule and multiplied at some predetermined "magic" number, it would have been premature and caused a lot of unnecessary difficulty.

At one point, as the Lord was adding more numbers to our flock, it was clear that we had outgrown my living room. As a church, we prayed about whether it was time to open up a second home, and no one had the confidence that it was. Instead, we agreed to start meeting in a building owned by a local non-profit organization, which offered us the space for free.

I can tell you, as someone who has no desire to go "back into the building," this was unconventional for me. Outwardly, it may have appeared like we were abandoning our house-church roots and heading in the direction of most traditional churches. (We certainly wouldn't be the first group of Christians to do so.) But inwardly, I knew that this wasn't what we were doing, nor was it entirely my decision, anyway. Some others had the same concern, but God reassured us all that as long as we kept being sensitive to his leading, we had nothing to worry about; we would know when the right time was to multiply.

Sure enough, with over thirty people, we met in that building for about six months, continuing to have an open meeting as I described in the last chapter. As the group became bigger, there were some drawbacks. People who were already not inclined to actively participate were even *less* inclined to do so, and it lacked the laid-back, intimate, living-room vibe that we had all grown to love. But still, no one felt strongly enough to bring multiplication into the conversation.

Then, one morning—I don't quite know how to explain it—I woke up with the faith that it was time for us to multiply.

But let me tell you what I didn't do. I didn't say, "Guys, it's time to multiply." I didn't lay out a timeline and appoint the next leaders. Instead, I simply brought my discernment to the table and let the others weigh it. Exactly as I told you, I told them: "Hey guys, I don't quite know how to explain it, but I woke up this morning with faith that it's time for us to start seriously praying about multiplying. Can we pray about this together right now?"

As we did, it sparked quite a bit of conversation and a bit more prayer, too. We agreed that God hadn't given us clarity yet, that we'd continue to pray about it, and, if anyone felt stirred one way or another, they'd say so.

As we gathered over the next couple of months, I continued having the confidence that we were supposed to seek his direction in this, so I continued simply stewarding that faith by bringing it up each week. As we discussed multiplication, there were many teaching opportunities, lots of great questions, various ideas entertained, and lots of other wonderful gifts—each time giving us the sense that we were a little bit closer to making a decision.

Finally—and I'm only speaking for myself—I became confident enough in the Lord's leading to propose a specific date for multiplication and a specific couple to host the new house church. (Anyone could have proposed this, by the way. It's not like it had to be me because I was the leader; I just happened to be the first person confident enough to bring it up.) We all prayed about it and, with consensus, agreed to move forward with that plan. In other words, "it... seemed good to the Holy Spirit and to us" (Acts 15:28).

For the record, it isn't that no one had concerns or that everyone was *totally* confident that this was God's leading—not even me. In humility, all admitted that we didn't know the answer beyond a shadow of a doubt. But we aren't called to walk by perfect knowledge; we are called to walk by faith. And faith isn't *knowing*; it's *believing*.

This faith is something that can be swayed, by the way, which is what often happens when we submit ourselves to one another. Let's say, for some particular reason, you believe strongly that it isn't time to multiply yet. If you keep your mouth shut (in the name of "submission"), you may continue believing it even as you begrudgingly agree to move forward. It's your responsibility, however, if you feel that it's from the Holy Spirit, to *submit* your belief to the group, that they might weigh it.

In the process of sharing and submitting your thoughts, you may find that someone addresses your concerns, and you feel a little less strongly about your position. As you hear more and more people agree with the other person and disagree with you—especially people you trust, who you know are wise, who love the Lord, who love you—you may find it harder and harder to maintain your position. Your confidence in it is rightfully tested by the fire of fellowship, as you consider the very possible fact that the saints around you, who also have the Holy Spirit, are hearing/speaking from God. This is what it looks like to "[c]lothe yourselves... with humility toward one another" (1 Peter 5:5). "Or was it from you that the word of God came? Or are you the only ones it has reached" (1 Corinthians 14:36)?

So then (back to the story), having weighed many different options with God and each other, we simply *believed* the Spirit was leading us to multiply as I had suggested. At the very least, there was no one left who felt strongly enough to dissent, and those who may have been less sure were willing to ride on the confidence of others. We could then proceed in unity, thanking the Lord for his guidance, and all the more so in light of our collective discernment.

Do you see how much better this is than me, the leader, making that decision myself? Do you see how much opportunity it created for learning, prayer, submission, and unity? And how grateful I am that I didn't have to bear the weight of that decision alone, relying on my own imperfect discernment. If, for some reason, we learned later that it wasn't the best decision, that maybe we heard God incorrectly, no one could blame me any more than they'd have to blame themselves! Not that we're in the blame business, anyway, but you get the point. By functioning this way, everyone has to shoulder the responsibility for the direction the church goes, and everyone (not just the leaders) gets to learn from their mistakes.

As for mistakes, you may wonder, "What if we hear God wrong?" And to that, I simply remind you that God is much bigger than our mistakes. The paralyzing fear of getting it wrong is nothing other than a lack of faith in God—something that took me years to learn. If our discernment isn't correct, yet we walked by faith, the worst-case scenario is that we will hear from him later, and he'll use it as a lesson. He's not looking for perfect discernment; he's looking for faith. And with that, we can know that he is well pleased!

When we started the house church, I had no idea it would take over four years to multiply for the first time. I thought that in six months we'd have three or four healthy churches that were ready to send me off to repeat elsewhere. Yet here we are, six *years* later, with five churches that aren't quite ready for me to leave yet! But I wouldn't have it any other way. We've learned so much as a result of the path that God has placed us on, and God continues proving to me that his way is always better.

This, of course, is just one example among countless others that demonstrates what it looks like to let God build your church through submission to one another. God alone knows when the best time is for your group to multiply. He alone has the wisdom for every kind of decision your church may face. He alone understands the unique makeup of people and circumstances that you're dealing with, as well as the effect that any decision would have. And if you really want to know what he thinks about it (or whether it's even something he's currently thinking about), don't just ask him yourself. Take it to the church, inviting every ear to listen and every mouth to speak, with confidence that if each individual stewards the grace that is within them, the will of God will become manifest in your midst.

The Spirit is the Guardrail

One of the most common concerns that people have with a radically Spirit-led, non-institutional, and decentralized approach to building the Church is: *How do you keep it from going off the rails?* If you're wondering what they mean, it's things like this: *If people who haven't been to seminary are allowed to teach, then how do we prevent false teaching?* Or, *If "anything goes" in the gathering, how do we avoid things getting super weird and dysfunctional?*

For what it's worth, these concerns aren't without some validity; they often come from experience (or at least awareness) of churches that have entered some highly questionable or downright condemnable territory in both beliefs and practices, all under the guise of "there's freedom in the Spirit," or "God told me to," or "I had a vision." Unfortunately, countless real-life examples of this sort of disorder could be provided here, but I don't suspect that it's needed.

However, before addressing these concerns head-on, I would first like to offer a challenge in the opposite direction: If only people who *have* been to seminary are allowed to teach, how do you prevent false teaching? I honestly don't see an obvious correlation between the two, historically. *Even if* the gathering is meticulously planned and prepared for, and only a few individuals are allowed to speak, how do you avoid things getting super weird and dysfunctional? Surely there's an argument to be made that what has become "normal" and "functional" is merely a cultural contagion that has blinded us to God's original vision for his church. More likely than not, the earliest Christians would regard today's church meetings as an aberration.

So, to those who find confidence in the more traditional approach to building the Church (i.e., institutional, centralized, method-based, etc.), I ask you, how do *you* keep it from going off the rails? If we're looking at the same road, I think you're already in the ditch on the *other* side, across from the ditch you're worried about falling into. Safe, tidy, buttoned-up, well-oiled, contained, and controlled.

Most of the Church, I believe, is operating to some extent in one of these two ditches—one emphasizing "order" and the other emphasizing "Spirit." If *order* means "control" and *Spirit* means "a lack of control," then they've labeled themselves appropriately. However, the truth is, each ditch lacks both Spirit *and* order. These ingredients can be found on God's path alone, where the Holy Spirit *is* the only guardrail, maintaining God's idea of order in his Church.

Another way of saying this would be to say that if every member in a church were accurately perceiving what God was saying and doing, and only participating in the ways that God was leading/empowering them to do so, there would be maximum order. There would be no false teaching or prophesying, no dysfunctional behavior, no unhelpful remarks, no confusion, etc. Maximum Spirit equals maximum order. "For God is not a God of confusion but of peace" (1 Corinthians 14:33).

At least in principle, I don't know why any honest and sensible Christian would disagree with this—that is, that dependence on the Spirit is actually what *should* bring order.

But all is well until Joe takes his shirt off.

Seriously, though, let's imagine that Joe takes his shirt off in the middle of an open meeting while everyone is singing and praising God. If this seems to you like something that could never happen, then you probably haven't spent much time in the "hyper-charismatic" Christian circles. At any rate, the extreme example is good for a quick lesson here, as long as we can have a sense of humor.

Before dismissing our friend Joe as a helpless lunatic, or worse, Satan's offspring, I'd like to encourage you to extend love and compassion his way. He may be terribly unwise and woefully immature, but he believes with his whole heart that Christ is Lord, and he ultimately desires God just like you. Moreover, God has put him in your midst, so you have some responsibility for him. He is your family (whether you are happy about that or not).

As it turns out, what got Joe so excited was a scripture he had read. He was reading and reflecting all week about how David danced naked before the Lord, and so—you can connect the dots.

Now, if you yourself are also immature—i.e., if you haven't learned the way of love, the way of the Spirit—then you will probably either leave that church or remain silent and uncomfortable. Either of these options may seem submissive, but they're actually just quiet defiance and hidden divisiveness. Then, you can imagine, because of this poor experience, you'll conclude that you don't prefer to give the Spirit full control. But the truth is, you never actually did give him full control because you didn't let him control *you*. Because you failed to steward the gifts in you, that church (including Joe) will never get their needs met for this healthy correction. They will continue in dysfunction, only to keep turning people away and giving Christ a bad name, perpetuating the myth that we can't really trust God to lead his people.

Remember, submission requires *service*. In this theoretical scenario, you are confident that seeing Joe's belly button was not part of God's plan today. In all humility, knowing that you don't have perfect discernment in all things, you do believe that you're discerning correctly here. If you're correct, then by definition, you have a spiritual gift that is fit for the occasion. We may call it wisdom; we may call it "the discerning of spirits"; we may call it a number of things. What we call it is not particularly important. What matters is that it's true, it's from God, and he has given it to you to give to the church.

It is not fair to expect others to have that gift—as obvious as it may seem to you—for how can they get it if you won't share it? Has not God placed you in the Body for this very reason? Therefore, to *submit* to your brothers in Christ in this scenario is, first, to *serve* with this gift.

Speak up. It could be something as simple as this: "Hey Joe, I don't think it's appropriate to be doing that in this setting." I want to be careful not to put words in your mouth because I actually believe the Lord is better at that than I am. What's important is that you steward the grace within you to the best of your ability for the sake of love (for Joe and the whole church).

Maybe to reinforce your stance, God puts a scripture on your heart about love and building each other up. And perhaps, in response, someone says to you, "You're being religious; Joe is just letting the Spirit lead." But you respond by insisting that you, also, are letting the Spirit lead you. And since the Spirit leading you and the spirit leading Joe are at odds, either one or both of you are wrong.

Therefore, you ask the church to weigh what is being said and done, initiating a prayer for God to help with discernment. In doing so, you fulfill the other end of submission, honoring the whole body's authority to evaluate your position, speak into it, and offer correction.

Of course, this could go many ways, but I would expect, in most cases, the church to quickly agree with you, as well as for Joe to realize he was wrong, to apologize, and to submit to the church's discernment. In the worst-case scenario, you may find that you cannot reach agreement, in which case there are likely some deeper issues to be addressed—still through submission to God and one another. But we cannot explore every possibility here. The example was simply to convey how letting the Spirit lead works to establish and maintain order in the assembly. It hinges on submission.

You can take this simple example and apply it to an infinite number of scenarios, even to something as simple as a teaching that you disagree with, an untimely comment, or a conversation that rambles on for far too long. It's not to say that it won't be messy. As long as there's immaturity in the Church (and there always will be if we're growing), there will be people with poor theology, making mistakes, failing to love, and wrongly discerning what God is doing. Just don't forget, you'll be one of them sometimes!

As a final word here, I'd like to point out something. Some of you may be familiar with a common framework for weighing the truth, which consists of four components: Scripture, Tradition, Reason, and Experience. Each of these is to be considered as having a certain degree of weight/authority in determining whether something is true or beneficial. It's not a bad framework, given that a lot of things fit nicely within one of these categories. However, I find that people often incorrectly equate Spirit *exclusively* with the last of those categories, that is, experience. This category is arguably the least trustworthy (or at least, the most subjective) of them all, which is why some people distrust letting the Spirit lead.

But the Spirit is the authority in all of these categories. In the gathering of the saints, when someone reads and/or expounds upon Scripture, we shouldn't view that as something other than the Spirit's leading, or something other than charismatic activity. If it is done apart from the Spirit, then ideally, it would be weighed and judged as unhelpful. But otherwise, it's indeed a wonderful expression of the Spirit. If someone brings up historical church practices or theology (i.e., Tradition), it isn't necessarily unspiritual. The Spirit could absolutely reveal the wisdom behind the beliefs and practices of the saints throughout time as a way of building up the saints today. The same goes for Reason, and the same for Experience. The Spirit can inspire each, but also, each can be devoid of the Spirit. Therefore, it's everyone's job to help discern whether what is being said/done is from the Spirit, being careful not to box the Spirit into one particular kind of activity.

Your Desires Are Sometimes Your Gifts

Every day, Christians quietly leave their churches (or just stay disgruntled) because there's not enough of some ingredient that they wish were present. In doing so, they implicitly state to their pastor and their peers, "You all are here to serve me, and I expect you to do it right." This, my friends, is not an attitude of submission. It is both a failure to serve and a failure to allow the church to weigh whether what you see is accurate.

To be fair, the traditional church model doesn't currently function with the sort of openness that is required for people to address these issues properly. But in the case that you're striving to be a Spirit-led community and to practice submission, I would offer you the following paradigm shift.

A few years ago, someone left our church, and months later, they told me that it was because there wasn't enough Scripture. Now, you may make your own assumptions about what that means, but my experience has been that our gatherings often have more Scripture than most churches, only not in the *format* that some people mean when they say, "We want more Scripture." In any case, this friend had a desire that wasn't being met, and so he left.

I told him that he was missing the whole point of what we are doing. His desire for "more Scripture" in our gatherings was either from God or it was not. But the only way to be sure was to *steward* that supposed insight in submission to the Body, viewing it as a potential gift that God gave to him for all of us.

This could've been as simple as praying privately for God to stir up more scriptures in our midst, owning his responsibility as a prayer warrior for the church's growth. It could've started with saying to the church: "Hey, I really desire to read more Scripture together. Is anyone else feeling that way?" It could've meant that he himself would share a scripture on Sunday: "I was praying this week, and God placed it on my heart for us to read the first chapter of John together. Would you guys be interested?" Or more directly:

"I'm going to read the first chapter of John and share some thoughts that God has been stirring in my heart."

There's no telling where any of those options would've led, but as long as he was humble, the church would've moved closer to the Church we all desire. And he would've played a vital role in that.

Once again, this could be applied to so many different things. I've shared just one story, but I probably have a hundred just like it. Some people wish there were more hangouts outside the gathering. Some people feel like there isn't enough music when we're together. Some people would like there to be more focus on the kids. And the list goes on.

Whatever it is, please hear me. God doesn't give you these desires in order for you to hang them over your church's head. God didn't give your church leaders—no, not even your whole church—the ability to cover all the bases without you. Rather, he wanted them to be dependent on you, like you are on them. He wanted to give you a purpose in building up the Church, just as he gave to them. He wanted you to bring something that wouldn't otherwise be there if you were gone.

Stop thinking of your unmet church desires as needs that others are supposed to meet, and start thinking of them as a gift for you to steward well.

You may find, as you submit them to the Body, that some of them were not actually given to you by God, and are just fleshy desires that you need to grow out of. Be humble and open to that possibility. Or you may find that they are good desires, but that God's way of bringing them to fruition looks different than the way you imagined. Again, be humble and open to the insight of others, that you may always be refining your gifts.

So we see, once again, the value of submission. How can the Church become all that she is meant to be without it?

Women Speaking in Church

As a final example, I'll fulfill my promise from the last chapter to tell you where my church stands with women speaking in the assembly. In doing so, you'll also get to see how we've navigated a sensitive theological issue using the biblical standard of submission.

In case you aren't aware, there is considerable debate across the spectrum of Christian beliefs over what women are permitted (or not permitted) to do in the Church compared to men. Every denomination has its position on the issue, but they vary widely. The two scriptures which probably cause most of the debate are these:

> As in all the churches of the saints, the women should keep silent in the churches. For they are not permitted to speak, but should be in submission, as the Law also says. If there is anything they desire to learn, let them ask their husbands at home. For it is shameful for a woman to speak in church. (1 Corinthians 14:33-35)

> Let a woman learn quietly with all submissiveness. I do not permit a woman to teach or to exercise authority over a man; rather, she is to remain quiet. For Adam was formed first, then Eve; and Adam was not deceived, but the woman was deceived and became a transgressor. (1 Timothy 2:11-14)

On the surface, these passages seem pretty straightforward and, honestly, a bit difficult to swallow for anyone with more modern sensibilities (not that those are all assumed to be correct). And if these were the only scriptures that spoke on the issue, then we would have no real choice but to follow them exactly as they sound—"Women, don't speak." However, anyone who is open to the rest of their Bible intuits that it may not be that simple.

For example, in an earlier chapter of the same letter, Paul clearly implies that women are expected to be praying and prophesying in the gathering, only with the caveat that her head is covered (1 Corinthians 11:5). In this light, his later instruction to keep silent would suggest that it was only a certain *type* of speaking that was prohibited, not all speaking. In the context of chapter 14, it's possible that he's referring specifically to the weighing of prophecy (1 Corinthians 14:29), and in the context of his other writings, it's possible that he's referring to exercising authority (over men) in general, which includes teaching (1 Timothy 2:11-12) but not most other forms of speaking/prophesying.

Some additional factors to weigh are the fact that women clearly held important roles in the early church under Paul's ministry (see, for example, Romans 16:1-2 and Philippians 4:3). One of them—Junia—he appears to call an apostle (Romans 16:7), which scholars still debate today. There's the very interesting verse that "there is no male or female...in Christ Jesus" (Galatians 3:28). There's the fact that Deborah was a prophetess and judge over all of Israel (Judges 4-5). And there's the promise from God to pour out his Spirit on all flesh—that "your sons *and your daughters* shall prophesy...[and] Even on the male *and female* servants in those days I will pour out my Spirit" (Joel 2:28-29, my italics)—which we, of course, saw the beginnings of at Pentecost (Acts 2:1-21).

I want to be careful here not to open up a massive can of worms or to go down an unnecessary rabbit hole. There are plenty of other arguments I'm not mentioning on either side of the issue, but addressing the full complexities of this subject and examining each viewpoint fairly is far beyond the scope of this book.

In general, what I'd like to convey is that, due to many of the things I referenced above, and having humbly weighed the issue together as a church, through much conversation and prayer, we've collectively come to agree on a few things.

First, we agree that God is not currently granting us perfect clarity on the issue. It would, therefore, be terribly unwise for us to come to a final conclusion about it. It's okay—no, necessary—to admit when you don't know something. And to date, there's no simple theological position we're aware of that the whole church (myself included) is confident enough to endorse. So, whether or not you agree with how we address this issue, I hope you can respect the fact that we admittedly don't know everything and are doing our best to obey the Scriptures and honor one another.

Second, we all emphatically agree that there is a place for women to minister "speaking" gifts in the gathering. This must be true in some capacity, for the Scriptures say they can pray and prophesy (see 1 Corinthians 11:5). Not to mention, we all genuinely desire the women to do so, believing they have many gifts to offer.

Third, we also agree that men's and women's roles are different, and that (according to the Scriptures) women are not to exercise authority over men. This isn't something that only the men agree with, by the way, but something the women in our church also have a conviction for. They, too, desire to obey the Scriptures and to please God in the role he has given them.

Although we don't exactly know how to describe when authority is being exercised, we've learned that it's one of those things where "you know it when you see it." Practically, this means that we continue to operate in the way that I've described—each person (man *or* woman) submitting to one another, freely sharing their gifts in love, humbly weighing what is said and done—and if someone discerns that a woman exercised authority over a man, then they can offer a correction and ask the church to weigh it. And indeed, the things men say are liable to scrutiny just as well. Always and to everyone, the question is: *Was that the Holy Spirit?*

This, I assure you, is not mere theory for us, but something we actively practice. Letting the Spirit lead in this way, through the collective discernment of the saints in each unique moment, is the most pragmatic approach to maintaining order in the life of the Church while addressing complex theological issues that the Church has largely been unable to solve using the methods of man.

The understanding of submission that we've covered in this chapter will come in handy later in the book as we address issues like church discipline, leadership, and unity. But for the next chapter, we're going to take a brief detour away from the *model* in order to give some much-needed attention to the *message*.

CHAPTER FIVE

The Gospel

It's Better Than You Think

All true wisdom is wrapped up in the gospel of Jesus Christ (Colossians 2:3; 1 Corinthians 1:30). Yes, this book is about rethinking the Church, but there is no getting around the fact that we cannot fully understand God's design for the Church unless we comprehend the gospel.

If you look closely at the New Testament letters, you can see that nearly every admonition, exhortation, and instruction is a "therefore" flowing out of some aspect of the gospel. God gave these writers a divine revelation pertaining to his eternal plan in Christ, hidden from both men and angels since the beginning of time (see Ephesians 3:3-11), and they believed this revelation to be the source of all real wisdom. They understood that it held the power to advance the kingdom of God. Therefore, it served as the foundation of everything they taught—how to think, how to act, and how to relate with one another. It became the source of their joy, their endurance, and their love for one another, the very substance of their ministry which they suffered greatly to share, knowing that it would radically transform anyone who would believe it.

To this point, I must say that nearly every Christian I've met thinks they know the gospel. And they do in part—usually the part about God's love for the world, Christ dying for the forgiveness of our sins, and a lot of the other stuff you're used to hearing. However, it is still quite rare—yet becoming less so, praise God!—to meet someone (let alone, an entire church) who is rooted in a truly firm foundation.

I use the word "foundation" because that is exactly what the gospel is. It is the only thing we can fruitfully build upon, both individually and communally. And like the concrete foundation of a building, whenever it lacks certain essential ingredients, it loses its strength and stability, jeopardizing everything that is built upon it. This is a picture of today's typical Christian and today's typical church. A weak gospel equals a weak foundation, which equals a lot of building in vain.

"You Don't Know the Gospel"

Shortly before starting the house church, one day I was reading the first chapter in Ephesians, and something uncomfortable struck me. I realized that I never would have written what Paul wrote, or anything like it, really. This made me wonder: *If I were in Paul's shoes, writing a letter to build up a church in a different city, what would I write? What would I think is important? How would I present the gospel? Would I present the gospel at all, or would I assume they already knew it?*

I encourage you to consider this same question.

That day, it dawned on me that I had read this passage and many others like it for my whole Christian life, and, instead of being in awe and wonder, instead of being stunned with humility that I didn't understand much of what it was saying, I had always read it with some degree of presumption that I already knew it. I knew that it was about "the gospel," generally, and I definitely knew the gospel. *Right?* I figured Paul just used a lot of flowery language, which isn't how people talk nowadays, and that's the reason I wouldn't sound like him. *Right?*

But the truth is, the reason I wouldn't have written any of what Paul wrote is not that we had different personalities, writing styles, language, or culture. It's that he saw and understood things that I did not see and understand. Hence, he prays that God would *enlighten the eyes of their hearts*, that they would *know* the hope, the riches, the inheritance, the immeasurable greatness, etc. (see Ephesians 1:16-23). If the Christians that Paul was leading still needed the eyes of their hearts enlightened, I figured it must be possible that I still needed this, too. Perhaps I didn't know the gospel like I thought I did.

And that's when I heard in my spirit the sweetest, gentlest, most humbling words I have ever heard: "You don't know the gospel."

But I was a *gospel preacher*, for goodness' sake! Isn't the gospel the first thing that everyone learns?! And yet, I knew the voice was correct. So for the first time in my life (as far as I'm aware), I prayed, "God, will you teach me the gospel?" And remembering his promise to lead me into all truth (John 16:13), I thanked him that he would.

Fast forward a couple of months: I left my job at the previous church and started the house church, without any clue how to start it. The one thing I knew was that I didn't know much of anything and that I needed God to show me. Determined to get all my direction from him, I spent the entire first month (December) in prayer, seeking him for guidance, for anointing, or for something to that effect. And then, on January 1, 2020, just after midnight, my life changed forever.

I had a dream—the details of which I will mostly spare you—in which I was filled with the Holy Spirit. From the pit of my stomach and out of my mouth came tongues I could not control. (I had never experienced speaking in tongues before.) Whether or not I was still speaking them as I awoke, I am not sure, but when I became fully conscious, I felt like my body had been plugged into an electrical outlet. There I lay, paralyzed, electricity surging through every part of my body. As it fizzled away, I was left trembling in the fear and awe of God.

I had no idea what just happened to me. I eventually fell back asleep, but when I woke up in the morning, something was different. I opened my Bible to a passage I had been reading in Romans, and I saw things I had never seen before. It's hard to explain the experience, but perhaps there's no better way than to say that God opened the eyes of my heart. Without doing anything of my own accord (besides waiting on the Lord), for the first time ever, I understood what I was reading.

From that day forward, piece by piece, scripture by scripture, God taught me the gospel in a way I never understood it before, and it totally reshaped my spiritual life and ministry. My wife was also a part of this incredible journey (as were others in our church), as we received these revelations together throughout the year 2020. We learned so much that I was inspired to write my first book, *No Longer I*, which has helped many people to understand the gospel and apply it to their lives, to walk in freedom from sin, and to bear the fruit of the Spirit.

I find it interesting, to say the least, that when I finally stripped away all my presumptions, my knowledge, my strategies and methods, and relentlessly sought the Lord's empowerment to build the Church, the very first anointing I received was to see and teach the gospel more clearly. Honestly, I thought I was praying for signs and wonders, for the gift of healing, or something I could take with me to the streets for "power evangelism." Instead, I got something more foundational, without which I would have no idea how to make disciples.

I understand that this story is anecdotal; naturally, since it happened to me, it holds more weight in my mind than it will in yours. However, if I didn't believe that my experience and the revelations that followed it were biblically sound, it would mean nothing to me. And so I ask that you use the same standard of measurement, prayerfully weighing what I share with you against the Scriptures.

For the rest of this chapter, while I cannot go into immense detail about the revelation—that's what my earlier book was written for—I will give you a brief summary of it and then offer what I think are two of the most important takeaways for the scope of this book, that is, for building the Church.

Our Present Union With Christ

What I've wanted more than anything since God took hold of my heart is to live a life pleasing to him, but sin was always in the way. For years, I was convinced that my failures to obey God were the result of my still-wicked heart, despite wishing I could obey. I thought: *If I loved God completely, I would obey him. And how might I get my heart to love God today, at least enough that I'll start living as I know I should?*

I need to pray more frequently and for longer durations; be more faithful with reading and studying my Bible; try meditating or fasting regularly; pursue more knowledge in Christian literature. I need to make sure to have accountability partners and confess my sins regularly; practice Sabbath; don't overwork myself. You know—the spiritual disciplines, the means of grace, basic training for righteousness, the must-dos of the Christian life. If I am faithful to do "enough" of these things, then I will stop falling back into the same sins, and I will experience the Christian life as I believe I should.

And so, I did all of this, with as much or more fervor than most people I knew. I also shepherded others from this perspective, simply presuming about them what I thought true of myself—namely, that they also didn't love God enough and that the way to spiritual growth was to put more effort toward these spiritual practices. All my ministry revolved around this core theology.

Yet it wasn't true. It was good for occasionally stirring people up, but not much for actually producing love and good works. I was, regrettably, a minister of mere *doings*—hardly different than my secular self-help counterparts. I had learned how to *do*, and I could teach you how to *do*; yet these doings will never do for us what they promise. They will not rid us of evil desires. They cannot save us from our addictions. More of them may just as well puff us up or harden us into the worst kind of religious folk as they may soften us to the grace of God.

But by the grace of God, my eyes were opened. I saw that the way to the transformation I desired, both in myself and in all my brothers and sisters, is none other than the way of *faith*. It isn't about *doing* anything, but *believing* every word that God says, beginning with what he says about you and Christ. So then, let me tell you a little about you and Christ. If you are *in him*, then all the following statements about you are true:

You and Christ are one spirit—not *becoming* one, but *already* one (1 Corinthians 6:17). You are not broken; you are healed (1 Peter 2:24). You are dead to sin and alive to God (Romans 6:11). You were crucified *with* Christ—no, not *like* him but *with* him. It is no longer you who lives but Christ who lives in you (Galatians 2:20). You *have crucified* the flesh with is passions and desires (Galatians 5:24). When you received Christ, you received not only his Spirit but a new heart (Ezekiel 36:26). You *have purified* your soul by your obedience to the truth (1 Peter 1:22). You were once slaves to sin but *have become* obedient from the heart; you *are now* slaves of righteousness (Romans 6:17-18). Your sins are not only forgiven, but also forgotten (Hebrews 10:17). You *have been cleansed* from all sin and unrighteousness (1 John 1:7, 9). God doesn't merely *declare* you righteous while leaving you inwardly unrighteous. You are righteous *just as* Jesus is righteous (1 John 3:7)—that is, *to the core, through and through, in the most real way possible.* You cannot keep on sinning because you've been born of God (1 John 3:9; 5:18). Christ *is* your life (Colossians 3:4; cf. 3:11). Born of God, you are a new *kind* of creature that the world has never known (James 1:18). You are no longer in the flesh but in the spirit (Romans 8:9). As a new creation, you are not to regard yourself (or anyone) according to the flesh (2 Corinthians 5:16-17). You have been created after the likeness of God in true righteousness and holiness (Ephesians 4:24). You are holy (1 Corinthians 3:17). You are *a saint* (I won't list the 60+ scriptures that identify all believers as saints).

Notice above that I started with your *present union with Christ.* That's because this is what makes everything else possible. Christ in you, Christ as your life, is the substance of all these other truths. You cannot understand them or see them while thinking of yourself as *yourself.* But you've become one with Christ. Therefore, you must "put on Christ" as Paul says (Romans 13:14) by realizing that you are defined by him, that there is no "you" apart from him. Only then will the other truths begin to make sense, and only then will you begin to walk in the garden with God as if before the Fall.

If you've encountered this general subject before, you may have heard it referred to as "Identity in Christ" or "The Finished Work of Christ" or "Victory in Christ." I prefer to use the phrase that I've already used, which is "Our Present Union With Christ." With regard to any of these labels, I would ask that you be generous to me and refrain from making presumptions based on any former encounters you may have had with them. My only comment here is that I had heard the phrase "identity in Christ" many times, and even heard some teachings on it, before I ever had the slightest clue what it meant or why it mattered so much. But it is not the kind of thing that suffices to teach in a sermon series once every few years. Neither is it the kind of thing that we should stumble across by happenstance in our search for edifying material. It is, rather, the kind of thing that deserves to be woven into every message, taught repeatedly until it's learned, and then often brought to memory as long as the Church lives.

And yet, not only is the topic mostly absent in today's Church, but the predominant belief is something altogether contradictory to it. Despite all this evidence in the Bible (and far more that I didn't include) for our newness, our oneness, our righteousness, our holiness, and our sainthood, we've been trained to let the sin that we can *see* in our lives lead us to different conclusions—i.e., that we are still just sinners, that we're still the old person, that we need to get this sin out of our hearts, etc. In believing so, we prove that we are walking by sight, instead of by faith (2 Corinthians 5:7).

Or we develop theological language that waters down what God says to such a degree that it no longer has the capacity to change lives. We say things like "God just *sees* me that way," still believing that we are our old selves—as if God is somehow fooling himself or seeing something that isn't true. We say, "Well, this is true *positionally*." What does that even mean? Find me the word "positional" in the word of God, and I'll give you a million dollars. We say that we are now both the old man *and* the new man—a mixture of good and evil—contrary to what God actually says. We erroneously translate "flesh" as "sinful nature," a phrase totally absent from the New Testament. Again, all of these are ways of explaining away what God clearly says, because we've concluded that what God clearly says can't possibly be true based on what I see.

This is all spiritual suicide. We habitually regard ourselves and each other according to the flesh (where sin resides) instead of according to the spirit (which is where *we* reside; see Romans 8:9). The result of *identifying* with the flesh, as opposed to identifying with Christ, is that we actually fail to walk by the Spirit, and we continue producing the works of the flesh (Galatians 5:16-17). The result of seeing ourselves as sinners is that we believe our temptations—which are superficial, lying desires—and we hide from God, thus continuing to sin. The result of thinking that we're still the old man is that we continue acting as the old man.

Some Christians still see themselves as depraved, so they suffer a depraved existence. Other Christians see themselves as more of a cocktail with a bad garnish, and so, sin is a garnish on top of their otherwise fine existence. As a bad tree bears bad fruit, it's very difficult to be something other than what you intrinsically are—whether wholly bad or just a little. But it also works the other way, too. A good tree bears good fruit (Matthew 7:17-18), which is why God has made us into good trees.

Someone who believes they're still in the flesh and in sin cannot stand before God with confidence to access the grace they need for each moment (Hebrews 4:16). If we believe our hearts are still wicked, we *cannot* "draw near [to God] with a true heart in full assurance of faith, with *our hearts sprinkled clean from an evil conscience*" (Hebrews 10:22). Thus, because we believe a lie about who we are—a lie which comes straight from the Accuser, by the way—the Cross, the Resurrection, and the Holy Spirit's indwelling are more-or-less emptied of their power to grow us up into Christ.

Hear me now: If you've been born again, you don't need to renew your *heart*; you need to renew your *mind*. You don't need to just keep *trying harder*; you need to *believe better*. There is one path to a transformed life, to perfection, to bearing all the fruit of the Spirit, and it's incredibly simple: learn the gospel (all of it, that is) and believe it with your whole heart.

Faith is Always the Application

Here is where I submit to you that the Church is in desperate need of theological reform. Until now, believing the gospel with your whole heart has been thought to give you two things, essentially: (1) forgiveness of sins, and (2) assurance of salvation. You could say this in different ways—justification and glorification, reconciled to God and going to heaven, etc.—but the point is that we have seen how the gospel applies to the beginning and the end of the Christian life, but not so much how it applies to our actual day-to-day lives. Believing the gospel has served as the basis for our relationship with God and hope for the future, but when it comes to our sanctification, to spiritual growth, to making disciples, very few have understood the gospel's applicability.

Hence, the list of to-dos. Hence, the "practical application" at the end of every sermon. Hence, the strategies and the methods that you will also find in many self-help books, business leadership curricula, and other world religions. Hence, the ever-growing use of psychology and human philosophies to help you heal and overcome sin. Despite their good intentions, the ones administering these things don't actually believe that the gospel alone has the power to radically conform us into the image of Christ. This is only because they don't fully understand the gospel, particularly the part about our present union with Christ.

Paul wrote that the gospel "is the power of God for salvation to everyone who believes" (Romans 1:16). Therefore, if we are not experiencing the *sanctification* part of our salvation in full effect, let us recognize that it's only because we're not believing the whole gospel. Jesus said that the truth will set us free (John 8:32). Therefore, if we're not walking in freedom and victory over sin, it is precisely because we are believing lies.

If the *Truth* has all the power, then *faith* is always the application. God says this repeatedly, that faith is the way of the righteous (Romans 1:17; Galatians 3:11; Hebrews 10:38; Habakkuk 2:4).

The shepherd who understands the truth knows the power of it and refuses to ascribe power to anything else. They know that their job is to inspire faith, not human striving. And so they make it their aim to be ministers of Truth and nothing else. They are stewards of God's wisdom, not of man's wisdom. Their words give life to those who learn them. Their words lead their hearers into rest, not into striving; toward believing, not doing—the result of which is fruit. Their ministry has the same goal as Paul's, "to bring about the obedience *of faith*" (Romans 1:5; 16:26).

For a very long time, however, the gospel has been replaced with impotent strategies and knowledge, which are employed by well-meaning ministers at every level of the Church who desire to serve God but are misguided in their attempts to do so. The subject of our union with Christ is covered on rare occasions at best, and even then, I find that few really understand it. For if they did, realizing that it's the central mechanic of God's salvation plan—beginning, middle, and end—they'd work tirelessly to establish this knowledge among the saints. It would certainly be more than an occasional study topic.

As a quick point of clarity (since I know there are still many unanswered questions about my position), I take no issue with the spiritual disciplines, and I believe they are indeed an important component of a healthy spiritual life. For the most part, there is nothing wrong with the *doings* I have previously mentioned. But the point is that they hold no power *in and of themselves*. They are only good to the extent that they help you to renew your mind, believe truth, walk by faith, come into agreement with God, etc.

For example, you may pray every day for God to be with you, but I will not celebrate this prayer; it is a waste of your time. God *is with you*. You may pray every hour for him to free you from your sin, but this is only reinforcing your wrong beliefs. God says that you *are free from sin*. Now you can move on to more productive prayers. Start walking by faith, thanking him that he is with you and has set you free from sin, asking for revelation about what is already true.

Similarly, you can go to church religiously and read your Bible voraciously, but if your church isn't teaching truth, if the people there are instructing you in unbiblical ways, or if you're not understanding (or believing) what you're reading in the Bible, these disciplines do nothing for you. They may even harm you, in the event that they're causing you to believe lies.

Likewise, it's not a therapist who holds the power to overcome your childhood hurt; it's *seeing the truth clearly*. A therapist may very well help you see the truth, but they just as well may lead you astray if they don't understand the gospel in full and/or don't have (or aren't relying on) the Holy Spirit.

At this point, I apologize that I cannot go on about this revelation (and by "revelation," I hope you see that I'm referring to something revealed in Scripture through God's apostles and prophets, not merely to me after a supernatural experience). But as I said, I have elsewhere written a whole book on the subject, which I do hope you would read before dismissing what I say as foolish. While I don't expect anyone to agree with me immediately, I must encourage you to humbly consider that I may be seeing something of great importance to the Body of Christ. It is my belief that this is the next great theological reform that will unite many believers around the world, lead the Church to a level of maturity it has never known, equip multitudes of saints for ministry more fruitful than they've ever imagined, and bring us one step closer to Christ's return.

Equipped with the Truth

It's a plain matter of fact that anyone who learns and believes the gospel *will become* spiritually mature as a result of it. That's just how it works, no more bells and whistles needed. And insofar as someone has learned it and knows its power, they will be able to lead others in it, as well. That sounds a lot like *ministry*, does it not? And so, the central component of "equipping the saints for the work of the ministry"—i.e., making disciples, building each other up, teaching one another to obey the commands of God (Matthew 28:20), etc.—is simply establishing a proper understanding of the truth, particularly that which pertains to our union with Christ and, therefore, our sanctification.

The near total absence of this truth in the Church today is a major reason, I believe, that the saints have been ill-equipped for ministry, and also why they feel that discipleship is something that only their pastors can do. However, I've seen it myself many times that once someone begins to understand the unrivaled power of the gospel to transform us, something within them comes alive—that is, a desire, even a confidence, to minister to others. They begin to feel deeply that they are capable stewards of God's grace, holders of the most wonderful knowledge in the universe, which promises to produce the fruit of the Spirit in anyone who will believe it.

And this—let's be honest—is offensive to the world, even to many Christians. For "how dare someone claim to have superior knowledge, especially one who has not studied in a formal sense." "How dare they offer a cure for depression, they who've not learned about it in psychology books." "How dare they purport to know how freedom from addiction comes about; it must be that they do not appreciate the realities of the disease." "How dare they suggest that something as serious as childhood trauma could be solved by something so simple as faith in Christ?'" "These simple-minded people;

these uneducated, common folk; they think that *they* are more equipped than the people with the degrees!" And yet they are.

Indeed, equipping the saints with the mere truth of the gospel would have a greater impact on the world than if every saint became a gifted philosopher, a well-educated historian, a top-of-the-line brain scientist, and a trained clinical counselor all at once. Yet we continue to rely on such empty wisdom.

Let's imagine that someone in a men's group brings up his struggle with pornography. In a church that doesn't understand the power and practicality of the gospel, the following kind of advice is likely what he would receive:

> We all struggle with that, brother. It's something I've dealt with for 20 years, and I expect I will until the day I die. Just keep fighting the fight.

> We're all just sinners saved by grace. Don't be too hard on yourself; God forgives you.

> I really think you could use some accountability. How about you give one of us a call each day to let us know how it's going with that struggle? And if you're ever feeling tempted, just reach out for help.

> There may be a spirit of lust that your father passed down to you. Have you prayed that God would deal with that spirit?

> There's this book on 10 Steps to Freedom that I really think you should read.

> Have you thought about going to therapy? You may have some trauma from the past that you haven't dealt with.

> We need to pray that God sets you free.

Have you been reading your Bible daily? Getting in the word is so important for our spiritual health.

Some of you may bristle at the suggestion that any of these would be bad advice, but I ask you a simple question: Can you imagine Paul, Peter, or John giving their churches any of this advice? Due to the counsel that I see they gave in the Scriptures, I cannot imagine it; therefore, I cannot call it wisdom from above. I cannot call it the truth that sets us free. Yet somehow these kinds of things have become the predominant wisdom that is thrown around in the Church today, which tells me that, generally speaking, the saints are not equipped.

However, among Christians who understand the power of the gospel, consider how you'd be ministered to. You'd be built up with Scripture, reminded of who you are in Christ, encouraged to rely fully on the Spirit, prayed over with truth and thanksgiving, corrected not in your actions but in your thinking, and inspired to walk not by sight but by faith. That sounds a lot more biblical, doesn't it? You'd hear things like this:

> Some of us have actually grown out of that, so don't give up hope! God has promised that we can walk in freedom and victory if we walk by faith. Do you know what it means to walk by faith?

> Remember, you are not a sinner; you're a saint. You're righteous and holy as He is. Believe what God says about you, and it will transform you!

> There are lots of things you could do, but the real solution is to learn how to rely on the Spirit. Let's see what God is saying right now ...

> Do you understand that this isn't you? That it's not what you really desire? Paul says in Romans 7, "When I do what I don't want to do, it's no longer I who do it, but sin that dwells within

me."

Thanks for confessing this. I want you to know that while it may not seem like it, Scripture says you're actually already free. So, instead of asking God to set you free, let's start by praying and giving thanks that God has *already* set you free from it.

I'm thinking about that verse in Romans 6 that says, "You must consider yourselves dead to sin..." Do you feel like you've been doing that? Do you understand what that means?

Obviously, there should be a lot more nuance to these conversations than the short statements I've provided above, but my hope is to convey how different (and more biblical) the substance of this ministry is compared to what most Christians are used to hearing. Speaking from what I've witnessed in my own church, this gospel-centric ministry becomes all but second nature when a community understands the mechanics of the good news.

And here's the greater point: If you were to come to one of our groups, you'd hear these kinds of things *whether or not* I'm there. That isn't because I've told everyone what to say in this scenario. It isn't because they've read a bunch of the same books or because we have a particular strategy that our church always uses (besides relying on the Spirit). There was no class, conference, book study, or methodology that they had to learn to be equipped for this specific scenario. It required no formal training, no college degrees, no counseling certificates, no minister's license. None of that was needed, for one simple reason: *they know the gospel.* They know what their Bible has to say about overcoming sin and obeying God. They understand that faith in God is always the answer. They know the promises of God and the power of Christ in them. They know that the way is Spirit and truth, and so, their ministry to one another reflects that.

There is an almost undeniable connection between (a) the saints learning the fullness of the gospel and (b) ministry becoming more decentralized. The gospel is a sort of great equalizer that invites everyone to learn its power and then become a minister of its power.

So, again, the role of the leaders in the Church isn't merely to provide this ministry to all the rest; it is to train all the rest for this ministry. My goal as a shepherd is that the saints would be able, without my presence, to effectively lead one another in the way of righteousness, which requires, above all things, that they understand the gospel. The less dependent they are on me, the better chances we have of healthy exponential multiplication, where all people continue to get discipled and make disciples.

We Need Revelation

As we seek to understand the depths of the gospel, let us first recognize that God's plan was a mystery for most of human history (Ephesians 1:9; 3:3, 4, 9; 5:32; 6:19). Not even the angels understood it (Ephesians 3:10; 1 Peter 1:12; 1 Corinthians 2:8). Lest we waste our time coming up with merely human ideas, we must acknowledge that this isn't an idea someone could ever conceive of on their own (1 Corinthians 2:9). And so, you must accept the fact that unless God reveals it to your heart, you will not truly understand it. No train of logic or human philosophy could ever lead you to it, not even studying the Scriptures. Indeed, it was intentionally hidden by God until the proper time (Ephesians 3:9; cf. Romans 16:25), is actively being hidden from those who consider themselves wise and understanding (Matthew 11:25; 2 Corinthians 4:4; 2 Thessalonians 2:11), and is now being revealed to his saints *by the Spirit*, beginning with his apostles and prophets (Ephesians 3:3-5; Colossians 1:26-27; 1 Corinthians 2:10).

Practically, this means that we should all begin with a position of humility, which says, "I don't know..." Most Christians assume they already know the gospel, so they would never think to pray that God teach it to them. But therein lies the issue—the underlying pride that we get it because we can read it on a page, quote it from memory, and make "just enough" sense of it using our own reasoning. But let's be honest with ourselves. Take any deep spiritual truth and see how it exposes our lack of genuine revelation—like, for example, that we were crucified with Christ (Galatians 2:20). Who really understands what this means? Who truly comprehends the substance of that statement and its implications in the spiritual life? Who, if given the opportunity to write a letter to the Church, would produce these words from their own revelation, had Paul not written them first? I can only now say that, to *some* degree, I understand this verse, but I had to begin with admitting that I did not and, just as importantly, remain in that state of unknowing until God began revealing it to me.

I urge you, then, pray for God to reveal these mysteries to you and to your church. And even if you start to put some things together intellectually, don't be satisfied until he has opened the eyes of your heart (Ephesians 1:17-18) and helped you to truly catch a vision of it, so much so that it bears lasting fruit. He hears your prayers, and he is faithful.

If we examine church history, we'll discover an interesting dynamic: Since the death of the apostles, while spiritual and pastoral leaders have always been present, the figures whose ideas have shaped doctrine and systematic thought have been overwhelmingly *highly educated*. For two thousand years, Christians—whether realizing it or not—have depended primarily on the thoughts of philosophers, rhetoricians, and scholars for their theological framework. We've made a practice of exalting and depending on the intellectual giants among us because we have made an improper assumption—that the intellect is the means to understanding and, therefore, the measure of spiritual authority.

The story of Thomas Aquinas (c. 1225-1274) demonstrates this reality in a nutshell. He was an intellectual giant, to say the least—the kind that comes around maybe once every few hundred years. He spent years meticulously writing the *Summa Theologica,* a theological treatise intended to explain the whole of creation and faith. And then, shortly before he died, he had an extreme spiritual experience (the details of which are unknown, but it is often thought to be a vision from God).

Upon receiving this revelation, he quit writing, famously declaring: "I can write no more. All that I have written seems to me like straw compared to what I have seen."

After he died, however, the Catholic Church deemed him a "Doctor of the Church," and his writings became the foundational system of theology for many centuries to come. Does that not make anyone scratch their head? From my perspective, they might as well have said, "To hell with his revelation; we like his knowledge!" But if they really respected Aquinas, shouldn't they have given more weight to his final conclusions about his own writings? Had they done so, I believe they would have learned from Aquinas something far more important than anything he wrote in the *Summa*—that is, due to the limits of human intellect, even the highest form of genius cannot build on top of the foundation with anything but straw (see 1 Corinthians 3:12).

Again, this pertains to the gospel in that the truths which flow out of our union with Christ cannot be conceived or stumbled upon or put together by the intellect; they are spiritually discerned (1 Corinthians 2:14). And the fact that they can only be understood via revelation from the Spirit is precisely the reason that Christians haven't understood them for nearly two thousand years despite it being right in front of us the whole time. The church hasn't deeply relied on the Spirit for understanding the truth, so there is much truth that still remains hidden to us.

After reading my first book, one reader commented: "It seems contrary to the evangelical faith I was raised in. I still need to hear reliable theologians who will speak the same language." This is often the posture that I've seen in the Church—an arbitrary trust in "reliable" theologians and a general ineptness at weighing the truth for ourselves. Most people don't bother with consulting the Scriptures (my book contains over 800 Bible references), praying for the Lord to show them whether it's true, or inviting others to examine the issue with them. Instead, they cross their fingers and hope that someone in the mainstream will come along to confirm whether it's true.

It's mad! We've been given the Holy Spirit for this explicit purpose! Brothers and sisters, there is no time for us to depend on the intellectuals. God knows, Christ will return before any single one of us understands the gospel through our natural faculties. Thus, I'll say it once more: The gospel is a great equalizer in this way. Those who receive revelation from the Spirit and get established in it (enough that it consistently bears fruit in their own lives) prove themselves to have a true authority from God that far exceeds what any man could acquire in his own strength. Those who dare to trust that the Spirit will teach them (not only in isolation but in fellowship with others, too) are those whom God is raising to shepherd his Church, for they alone will be truly equipped for the task. They alone are the stewards of the mysteries of God.

As a point of clarification, you ought to perceive by now that my stance on education and intelligence is no different than my stance on most everything else that I've addressed in this book. In and of itself, there is nothing inherently wrong with being naturally smart or pursuing higher education, nor does it necessarily make a person unspiritual. And, of course, the Lord can use it for his purposes. (God knows I'm grateful for the untold number of faithful scholars whose work I've depended on for things even so basic as reading my Bible, and much more. To my brothers and sisters in academia, I love you and respect much of your work.) But our *reliance* on the intellect to develop our theology, learn the ways of God, and ascribe spiritual authority to one another is fundamentally flawed, for only the Spirit can teach and mature a person. All who rely on the intellect to pursue *spiritual* understanding prove themselves to be immature, not understanding the way of the Spirit.

A common argument I hear is that Paul was both incredibly intelligent and highly educated, and the Lord clearly used these gifts to benefit us. However, while I don't disagree that Paul may have used his intellectual gifts to *articulate* truth, he did not use them to *understand* truth. Despite his academic background and intellectual prowess, there may be no person in history who saw more clearly than Paul how utterly useless these things were as a means to understanding. Hence:

> Where is the one who is wise? Where is the scribe? Where is the debater of this age? Has not God made foolish the wisdom of the world? (1 Corinthians 1:20)

> And I . . . did not come proclaiming to you the testimony of God with lofty speech or wisdom. (1 Corinthians 2:1)

> [N]o one comprehends the thoughts of God except the Spirit of God. Now we have received . . . the Spirit who is from God, that we might understand the things freely given us by God. (1 Corinthians 2:12)

> The natural person does not accept the things of the Spirit of

God, for they are folly to him, and he is not able to understand them because they are spiritually discerned. (1 Corinthians 2:14)

Let no one deceive himself. If anyone among you thinks that he is wise in this age, let him become a fool that he may become wise. For the wisdom of this world is folly with God. (1 Corinthians 3:18-19)

Various scriptures point to the fact that Paul learned everything he considered valuable via *revelation by the Spirit*. Therefore, he wrote, "When you read this, you can perceive my insight into the mystery of Christ, which... has now been revealed to his holy apostles and prophets by the Spirit" (Ephesians 3:5; cf. 2 Corinthians 12:1-7; Galatians 2:2).

All this to say, if you think you can gain one ounce of revelation—that is, true spiritual understanding that holds power—by reading books (yes, even this one), studying the Bible, going to seminary, and thinking really, *really* hard about things, then you are severely mistaken. Even the most intelligent person on earth cannot truly learn anything pertaining to life and godliness if it is not revealed to them by the Spirit of God.

This is why Jesus told the religious leaders of his day—those who knew the Scriptures better than anyone else, by the way—"You search the Scriptures because you think that in them you have eternal life; and it is they that bear witness about me" (John 5:39). *Then they crucified him.* Hence, he declared, "I thank you, Father, Lord of heaven and earth, that you have hidden these things from the wise and understanding and revealed them to little children" (Matthew 11:25; cf. Luke 10:21). Therefore, only the one who becomes like a child can enter the kingdom of God (Matthew 18:3; Mark 10:15; Luke 18:17).

How, then, shall we come to the full knowledge of the truth? By no other way than the Truth himself (John 14:6, 17). Jesus promised that the Holy Spirit "will teach you all things" (John 14:26) and "guide you into all the truth" (John 16:13). John said: "[Y]ou have no need that anyone should teach you. But as his anointing [i.e., the Spirit] teaches you about everything... abide in him" (1 John 2:27). John's point (despite being himself a teacher) is that the only real Teacher, the only one capable of actually opening the eyes of your heart, is God.

When I tell you magnificent things, like that you and Christ are one spirit, or that he is your life, or that you are a member of his Body, you may very well agree with me; after all, it is written in Scripture. However, I am not merely quoting Scripture when I tell you these things. Rather, I am speaking of something that I *see* in my heart (though I see it only in part). What was once just *knowledge* for me, as it may still be for you, became *revelation* when the Lord revealed it to me, and becomes so evermore as he continues revealing it in greater detail.

This happens in fellowship with God, in prayer, while sitting at the feet of Jesus, listening to his words, asking for him to help you understand, depending on him entirely to share with you his insight (however it may come), and then waiting and trusting for him to open the eyes of your heart, *never being satisfied with mere head-knowledge*. This is the only kind of student who becomes like their Teacher. And it's the only kind of student that God wants you to be.

I ask you, what happened to that brief era when Christ equipped mere fishermen to be the pillars of his church (Galatians 2:9)? On this subject, I'm always reminded of the time when Peter and John stood on trial before the religious leaders after healing the man at the Beautiful Gate:

> Now when they saw the boldness of Peter and John, and perceived that they were uneducated, common men, they were astonished. And they recognized that they had been with Jesus. (Acts 4:13)

This ought to be a common occurrence in the Church—that people would be *astonished* with the spiritual understanding and authority of (at least some) individuals who have no formal training—for it bears witness to the fact that these persons have been with Jesus and learned from the Source. This is what the opposing Jewish rulers recognized about Peter and John in the verse above. But since the death of these apostles, who are the uneducated, common men who have led the Church? They are so few and far between that

I cannot help but conclude that Christians largely gave up on learning from Christ!

It never fails: I hear the argument that Peter and John—though "uneducated, common men"—actually would have been more educated than we assume, well-versed in the Jewish texts, rigorously trained in the synagogue growing up, and so forth. But the idea that their level of religious education would have been anything much greater than a child raised in a semi-serious Christian household today—regularly hearing/reading Bible stories, praying before meals, attending church weekly, etc.—is highly questionable. Their skills were in a trade (fishing), not in theology or philosophy. This very fact is what made their apparent spiritual authority all the more remarkable to the Jewish leaders. Their childhood education would have been worth *something*, for sure, but we'd be mistaken to equate it with going off to seminary or getting a PhD.

I have experienced this dynamic in my own life, as well. It was only after receiving whatever I received from the Spirit in the story above that I noticed people starting to be astonished (and/or offended) when I would teach. I assure you, whatever measure of authority I have been given to teach (and that's always for you to weigh), I have not obtained by reading many books but by relying on God (with the help of the saints, of course) to answer the deepest questions in my heart and to solve the real-life problems in front of me. In this, I have no intent or reason to boast, but simply to invite you into the same experience of learning from Him.

Amazing, however, is the nearly constant assumption that I learned what I know in the halls of academia or through rigorous personal study. For the sake of transparency, I will tell you that I used to read many books, but I am much more discerning about what I read these days, since I realized how much literature (Christian literature, too) is empty of real wisdom. I also took seventeen courses in seminary (a good Wesleyan seminary, by most accounts) before I dropped out. I dropped out, in large part, because after receiving the revelation I told you about, the value of my education became increasingly suspect.

Over halfway through my time in seminary, I realized that I had never been taught how the finished work of Jesus Christ applies to our daily lives.

I had never been taught the power of the gospel, the plain meaning of the Scriptures, what happens to a person when they're born again, and many of these things that I've come to believe are absolutely foundational to the spiritual life and ministry. Do with that what you will, but for me, it exposed that the Church's well-established avenues of learning and preparing for ministry are fundamentally flawed. The fact that they missed something so big for so long is itself proof that they do not understand where real knowledge comes from, despite claiming to hold the keys to it.

But as soon as we realize this, we can move on from it and begin learning. Ultimately, it calls for two things: humility and faith. *Humility* to admit the possibility that we've missed something so huge, that we don't know nearly as much as we thought we knew, and that we (yes, even the smartest of us) are in utter need of Spirit-given revelation. *Faith* to once again believe the awesome promises of God (for *this* life, as well as the next), to believe that he will teach us if we wait on him to do so, and then to believe daily everything he reveals to us. If we do this (and we will because God is doing it), the future for the Bride of Christ is one with much fruitful building. As it stands today, however, we have built a lot on top of a weak foundation, and I implore my brothers and sisters everywhere to begin restoring that foundation, which is the full and powerful gospel of Jesus Christ.

> My son, beware of anything beyond [the words of the wise/the collected sayings of the Shepherd]. Of making many many books there is no end, and much study is a weariness of the flesh. The end of the matter; all has been heard. Fear God and keep his commandments, for this is the whole duty of man. (Ecclesiastes 12:12-13)

CHAPTER SIX

Church Discipline

The Missing Ingredient for Growth

Thus far, I've set out to provide you with what I believe to be the most important *missing* design elements in today's Church according to God's architecture. These are significant enough (compared to a host of other less significant elements) that if any one of them is missing, the Body of Christ simply cannot thrive.

In that regard, my work here is not yet finished, for there are yet a few more concepts that I hope to establish, which are crucial for our mission.

I'll repeat myself in saying that the house-church model is no guarantee for a healthy church, which is partly why I have not written any chapter on it. To be sure, more house churches fail than not. And from what I can tell, it's usually because they, too, are missing one or more of these essential features.

Nowhere do I think this is more obvious than in regard to the topic of "church discipline." It seems to me that in nearly every kind of church, the practice of church discipline—particularly the part of *escalating* an issue when someone will not repent—is so rare that, with the exception of the public removal of church leaders, I cannot remember but a few stories I've ever heard of it happening in a church besides my own. God forgive me, I do not intend to portray myself or my church as superior to others; I am only making an honest observation. And, of course, the fact that I've observed this doesn't mean that church discipline isn't happening *anywhere*, but it certainly means that it isn't happening *enough*.

I think we should agree, as a whole Church, that a good indicator of our corporate obedience to Christ on this matter (see Matthew 18:15-18 and Luke 17:3-4) is whether anyone who has been a part of the Church for some time can easily pull from their memory an occasion (ideally within their own church) where an issue of unrepentant sin was identified and escalated properly, and that it did not leave the community with a bad taste in their mouth, but encouraged and enlightened.

For what it's worth, this is not a tall order—no taller than saying that any child should be able to pull from their memory a time when they or one of their siblings suffered a consequence of not obeying their parents. If a child cannot do so, we may rightly conclude that their parents have not loved them well.

> "For the Lord disciplines the one he loves, and chastises every son whom he receives." It is for discipline that you have to endure. God is treating you as sons. For what son is there whom his father does not discipline? If you are left without discipline, in which all have participated, then you are illegitimate children and not sons. (Hebrews 12:6–8)

Yes, discipline—when understood properly—is an act of love, to which we are called above all things. And so, I exhort my brothers and sisters, in the name of Love, to learn and submit to God's instruction on this matter.

As we begin, it is worth acknowledging that nowhere in any English translation of the Bible will you find the exact phrase "church discipline," so I remain open to better terminology. Perhaps words like "correction," "accountability," "training," or "speaking truth in love" are as much or even more appropriate. Whatever we choose to call it, it has to do with believers upholding and/or enforcing the gospel within the Church—reminding one another of our present union with Christ, of God's promises toward us, of his command for repentance/faith, and of the coming judgment for those who do not repent and believe.

As for the term "discipline," we'd do well not to think of the word as necessarily having to do with punishment, but rather, correction (i.e., for the purposes of *training*), which this Bible verse alludes to:

For the moment all discipline seems painful rather than pleasant, but later yields the peaceful fruit of righteousness to those who have been *trained* by it. (Hebrews 12:11)

Athletes understand that when a coach corrects their form, he isn't punishing them; he's pointing out a weakness so that they will grow and perform better. It would be very odd for an athlete to get offended by this, or to interpret the coach's corrections as punishments or as personal attacks. The need for correction is one of the main reasons to have a coach to begin with. We should view our relationships with one another—that is, our brothers and sisters in Christ—the same way.

Community Demands Conformity

First, I'd like to address one area of discomfort surrounding the issue: most of us don't like conflict. And because we don't like conflict, we tend to avoid telling others how to live or what to do, let alone making judgments about the state of another's soul. However, as we will see, if we want any semblance of deep Christian community, we must grow beyond this discomfort and learn to judge one another *rightly*. "For what have I to do with judging outsiders? Is it not those inside the church whom you are to judge? God judges those outside. 'Purge the evil person from among you'" (1 Corinthians 5:12).

Every type of community has an identity—that is, something that makes them *them*. It could be as simple as citizens living in the same city, fans rooting for the same football team, or relatives in the same family. It could also be more complex, like a group of friends who don't exactly know what brings them together and makes them click, but still, there is something—past experiences they share, their trust in one another's loyalty, common interests, etc. Notice the words "same," "common," and "share." This is the essence of community. If you subtract all our differences that we're willing to put up with, as well as our commonalities that are merely convenient but not ultimately necessary, what you're left with is the *sameness* that makes up our community's true identity—the "glue," so to speak, that holds us together.

The biblical word for this is *fellowship* (Greek: *koinonia*), which means "the state of having things in common."

It pains me that I have to go out of my way to make this point, but we live in a confused world. From the pit of hell, it seems, has come the lie that we are not allowed to protect our sameness, nor should we dare even name it, for that would inherently exclude those who don't share it with us, which is a "very bad" thing to do. This idea, of course, only applies at the devil's convenience. He's more than happy to let us rejoice in our sameness, as long as it has nothing to do with things pertaining to truth and righteousness, to life and godliness. And this is easy to prove with a quick example:

Twelve women meet for a monthly book club. By joining the book club, they implicitly agreed to read the Book of the Month and discuss it when they gather. This is their "sameness," part of their social contract. One woman (let's call her Amy), however, never reads the books and never shows interest in discussing the books, but she attends each week. When asked a question about the Book of the Month, she has no answer except, "Sorry, I didn't get to reading it this time." When asked a question about something other than the book, she goes on and on without taking a breath, so much so that the others don't feel she is respecting their time together.

Any sensible person can see that Amy is not actually a part of this community but an outsider. No one should be ashamed to say to her: "Amy, this isn't a gossip group; we don't just come together for random chatter and friendship. We want you to be a part of the book club, but only on the condition that you'll participate in the book studies like the rest of us, or else we ask that you leave." This ultimatum is not unfair or unkind. It is an honest declaration of the group's identity, which preserves the group for everyone's benefit and invites Amy to actually become a part of it for the first time.

If the group wants to keep its original identity and purpose intact (and there is nothing wrong with wanting to do so—it's just a book club, for goodness' sake!), there are only two real solutions: (1) Amy must *conform* to the group's identity by participating like all the others or (2) she must *leave* the group.

I hope you can see how painfully obvious this is—that is, the inherent right (and at times, the *obligation*) possessed by members of a community to protect its identity. Every type of community demands conformity of its members, without which it would not be a community. The question is not *whether* it demands conformity, but *what kind* of conformity it demands. A bowling league has the right to require its members to bowl; a rock band has the right to require its members to perform, or else there would be no such thing as bowling leagues and rock bands. No logical person would condemn these communities for demanding conformity to bowling or rock and removing members who won't participate. It is clear that they ought to.

But as I said, our society has lost this sort of clarity the nearer we get to things that pertain to the heart of God. I don't desire to comment on the cultural contagion that exists *outside* the Church, but if you try, it shouldn't take you long to think of multiple examples where a community's demand for conformity is questioned or even despised, where the acceptable and necessary rules of community (as discussed above) are no longer quite as obvious to our society as they used to be. And this delusion has made its way into the most significant community of all, that is, the Church itself. This shouldn't surprise us too much, for the devil hates our community. So what better way to destroy it than to make us doubt whether we have any right at all to demand conformity from one another.

But we do have the right. And in this case, not only the right, but the *obligation*—for God commands it of us. And so the question then becomes, What is it that makes us *us*? What is our group identity, the thing that we share which, if we didn't, we would not be the Body of Christ at all? What type of conformity must we require of those in our midst, without which the very foundation of our community is threatened?

The answer is quite simple, and it is found in the gospel we've already discussed. What makes us the Body of Christ, fundamentally, is our *union with Christ*. Each of our spirits, through faith in Christ, has been joined with his Spirit, and we now have his life inside of us. This "life of Christ," "Spirit of Christ," "identity in Christ," or whatever you want to call it, is precisely what we share—it is the substance of our fellowship—and everything else meaningful flows out of that reality.

So then, if Christ is what we share—not just the *idea* of him, but *him*—then conformity to Christ is what we must require, which just so happens to be

God's calling upon our lives (see Romans 8:29). Therefore, anyone who is not interested in being conformed to the image of Christ is, by definition, not a member of his Body and has no business being in our midst. They must leave or be cast out, lest we be consumed by them.

> Do you not know that a little leaven leavens the whole lump?
> (Galatians 5:9 and 1 Corinthians 5:6)

Where's the Line?

> Examine yourselves, to see whether you are in the faith. Test yourselves. Or do you not realize this about yourselves, that Jesus Christ is in you?—unless indeed you fail to meet the test!
> (2 Corinthians 13:5)

But what does this "examining" actually look like? How do we measure whether someone shares Christ with us or does not, whether they are "in the faith" and "have met the test"? We all stumble in many ways, do we not (James 3:2)? If we excluded everybody who wasn't perfect, everyone who still struggled with sin, we would have nobody in this community. So then what's our standard? Where's the line?

We need to be very clear about what we expect of one another. There should be no question, no gray area, no blurry lines in this respect, leaving someone to wonder what exactly they must do to meet our criteria of inclusion (which, more importantly, is the criteria for fellowship with God). Nor should any of us be in the position of having to simply *guess* about the state of someone's soul.

Thankfully, Christ did not leave us without a clear word on this. In fact, he left us two:

Pay attention to yourselves! If your brother sins, rebuke him, and if he repents, forgive him, and if he sins against you seven times in the day, and turns to you seven times, saying, "I repent," you must forgive him. (Luke 17:3–4)

If your brother sins against you, go and tell him his fault, between you and him alone. If he listens to you, you have gained your brother. But if he does not listen, take one or two others along with you, that every charge may be established by the evidence of two or three witnesses. If he refuses to listen to them, tell it to the church. And if he refuses to listen even to the church, let him be to you as a Gentile and a tax collector. Truly, I say to you, whatever you bind [i.e., prohibit] on earth shall be bound [i.e., prohibited] in heaven, and whatever you loose [i.e., permit] on earth shall be loosed [i.e., permitted] in heaven. Again I say to you, if two of you agree on earth about anything they ask, it will be done for them by my Father in heaven. (Matthew 18:15–19)

In the first scripture above, let us recognize that Christ begins with the phrase "If your brother *sins,*" not "If he sins *against you.*" This shows us that he has in mind not only dealing with personal offenses, but all sin that we see in each other's lives. Even if we haven't been hurt personally by our brother's sin, we are still responsible for correcting him (see also Galatians 6:1 and James 5:19-20). We are to be our "brother's keeper." Hence, he says, "Pay attention to yourselves!" not meaning only that you should pay attention to *yourself* but that we should all pay attention to *one another*, as the rest of the verse (and much of the New Testament) clearly implies. In doing this, we act as priests to one another (1 Peter 2:9), mediators between God and man (as we embody *the* Mediator between God and man, who is Christ), keeping one another in peace with God and abiding in Christ through faith.

If we take Jesus' words at face value, there are few commands that seem as difficult to me as this one. Recognize, he does not say, "You *may* rebuke him" or "You *may* tell him his fault." He says, rather, "Rebuke him" and "Tell him his fault." And nowhere is it suggested that this is the sole job of church leaders, but of every Christian toward their fellow church members. Sincerely, I think that this sort of relationship with one another is so foreign to us that we can hardly conceive of the possibility that Jesus may have actually meant exactly what he said, meaning that there are no exceptions to this rule. If you see sin in your brother's life, and you're wondering whether or not you need to talk to him about it, you'd probably be better off doing it than refraining from doing it. Don't take my words for it; take Jesus's.

But now, let us return to the original question: How do we determine whether our brother is in Christ? In the scriptures above, we see that the sin itself is not actually the determining factor. Rather, we are to judge our brother according to how he *responds to the correction*. The following passage is a great example of this:

> "For even if I made you grieve with my letter, I do not regret it—though I did regret it, for I see that letter grieved you, though only for a while. As it is, I rejoice, not because you were grieved, but because you were grieved *into repenting*. For you felt a godly grief, so that you suffered no loss through us. For godly grief produces a repentance that leads to salvation without regret, whereas worldly grief produces death. For see what earnestness this godly grief has produced in you, but also what eagerness to clear yourselves, what indignation, what fear, what longing, what zeal, what punishment! At every point you have *proved yourselves innocent* in the matter." (2 Corinthians 7:8–11)

Here, we see that Paul called the church in Corinth to repentance (meaning they had veered off course in some way), and yet he comes to the conclusion that they are *innocent*. Not because they didn't actually do what he said they did, but because of how they responded to his correction. With their repentance, he is satisfied. If they had not repented, then the warning of being cut off would remain (see 2 Corinthians 13:2-3).

To put it a little differently, a sheep's wandering is not itself the issue; we all need to be steered back toward the path of righteousness sometimes (Psalm 23:1-3). The issue arises when the sheep *rejects being shepherded*, raising a legitimate question about whose sheep he really is (John 10:3-4).

In Luke 17 and Matthew 18, Jesus says this in two different ways. In the first scripture, *repentance* is the criterion for fellowship (see also 2 Corinthians 7:9; 12:21). In the second scripture, *listening to the church* is the criterion for fellowship, which (in the Greek) doesn't mean merely to "listen," but to "hear and obey." Again, these are not two separate things, but two ways of saying the same thing, which involve *coming into agreement* with God's order to "flee youthful passions and pursue righteousness, faith, love, and peace, along with those who call on the Lord from a pure heart" (2 Timothy 2:22).

Now, if repentance is the criterion, then it behooves us to understand what repentance really is. Frankly, I think that most Christians have overcomplicated it. Christ's portrayal of repentance is shockingly simple: How do you know if a brother has repented? All he must do is *say*, "I repent." Therefore, repentance isn't about beating yourself up for some arbitrary period of time until you feel like you've done "enough" to atone for your sins. It isn't promising that you'll never do it again, nor is it successfully executing on that promise. It's to turn to God—or, in the case of church discipline, to your brother in whom God resides—and to *say*, "I repent." Simply say it. Of course, the mere words hold no power but rather the intent of the heart behind them. Nevertheless, repentance can be summed up as *intending from the heart to obey God*. It's to change your mind, to acknowledge you've done wrong, and to come into agreement with God's righteousness. That's something anyone can do right now, and it's totally sufficient. This condition is not dependent on past or future; it is something purely in the present, which observing the past and trying to manage the future will only defile.

So then, we have an *objective* way to measure whether a person is being conformed to the image of Christ and should remain with our church. Let's apply it to a real-life example.

You notice that your sister frequently falls into gossiping. You tell her, "Hey, we shouldn't be gossiping, nor regarding one another according to the flesh. If you have a just criticism about others, you should either keep it to yourself or say it to them directly." She says to you, "You're right, I'm sorry," which is effectively the same as saying, "I repent." You can then let it go, knowing you have gained your sister and helped her to abide (i.e., remain) in Christ.

But what if she continues gossiping? Please don't be fooled into complicating the issue now; the rules still do not change. You must call her out, and she must listen. (If she does not listen, then you escalate the issue by bringing others in, which we'll discuss shortly.) If you are both faithful in this, her mind will be renewed, and this mind renewal will eventually lead to transformation (Romans 12:2).

It is actually this easy to determine whether or not you should regard someone as a Christian. If they come into agreement with you regarding God's righteousness, then they prove to be practicing righteousness and, therefore, righteous as He is righteous (1 John 3:7). However, if they will not come into agreement with you—and then not only you, but the whole church—about God's call to holiness, then they prove themselves to be unrepentant and, therefore, not a Christian.

And now, we can see that even in our judging of one another, we may remain obedient to one of Christ's most precious commands:

> Judge not, that you be not judged. For with the judgment you pronounce you will be judged, and with the measure you use it will be measured to you. Why do you see the speck that is in your brother's eye, but do not notice the log that is in your own eye? Or how can you say to your brother, "Let me take the speck out of your eye," when there is the log in your own eye? You hypocrite, first take the log out of your own eye, and then you will see clearly to take the speck out of your brother's eye. (Matthew 7:1–5)

We must acknowledge the apparent (and, I mean, *only in appearance*) contradiction between this command of Christ's and all the later commands to perform some act of judgment toward one another, not the least of which is the very next verse: "Do not give dogs what is holy, and do not throw your pearls before pigs, lest they trample them underfoot and turn to attack you" (Matthew 7:6). In other words, how do you know if you're dealing with "dogs" and "pigs" (i.e., the unsaved, and especially those who are hostile toward the gospel) if you're not allowed to make any judgments? Christians—more often than not, I believe—have neglected their responsibility to admonish one another on the grounds that they do not want to be "judgmental." However, Jesus clearly believed that both were possible, that we could correct one another as often as we need to without being hypocritical or condemning.

All that we must do in order to correct one another properly is make sure that we've "taken the log out of our own eyes," and this we do via *repentance*. Again, repentance isn't measured by how much sin you're not committing—as if there's ever enough self-righteousness to escape God's judgment—but by the current position of your heart toward Christ (i.e., faith). In the state of repentance, you have turned away from *all* sin and turned toward *all* righteousness; it's completely black and white this way, totally objective, and not based on any works. Therefore, as long as you remain in repentance, you may always hold your brothers and sisters to the same standard without being hypocritical. Our standard isn't outward or behavioral perfection; it's inward purity of intent, which often only becomes manifest when a person is corrected in love.

Identity Affirmation

But before we go about addressing our brother's sin, I'd strongly recommend that we make sure our minds are right about him. What we discussed in the last chapter about our present union with Christ is of the utmost importance here.

At the center of the gospel is the fact that those of us who are truly in Christ *desire* whatever God desires. We want to obey God. Our true will is in alignment with his will. This is what it means that God gave us new hearts (Ezekiel 36:26) and wrote the law on our hearts (Jeremiah 31:33). It's why God will give us the desires of our hearts, those of us who delight ourselves in him (Psalm 37:4). It's why Paul says to *all* the believers in Rome (many whom he had never met), "thanks be to God, that you who were once slaves of sin have become obedient *from the heart...*" (Romans 6:17). It's how we can do anything "from a pure heart" (1 Timothy 1:5; 2 Timothy 2:22; 1 Peter 1:22)—because our hearts are made instantly pure by faith in Jesus Christ. We are not waiting for this to happen; by the grace of God, it is already done.

So, when we see our brothers and sisters sinning, we should never assume that it's because they want to sin, but rather, that they're being deceived into believing lies, tricked into doing things they don't really want to do (just as you and I have been many times).

Paul shows us quite clearly that there is a distinction to be made between the sinful desires of the flesh and what we actually want to do (see Galatians 5:17 and Romans 7:15-23). So much so that he could say, "Now if I do what I do not want [i.e., sin]... it is no longer I who do it..." (Romans 7:16-17). In this iconic Romans 7 passage, it is clear that "sin," "evil," "the law of sin," and the "nothing good" all pertain to *the flesh*. And let us remember that we are to "regard no one according to the flesh" (2 Corinthians 5:16). Thus, we are to regard no one according to the sin that we see in them, but we are to regard them as a new creation in Christ (2 Corinthians 5:17). We must not let the exterior define what we believe about a brother, and we must give him the benefit of the doubt that, based on his profession of faith in Christ (and his submissive response to correction), he is truly the righteousness of God (2 Corinthians 5:21). Again, I appeal to my former book, *No Longer I*, for a much deeper treatment of this subject matter.

If we assume this about everybody who professes Christ, then we should also assume that they *want* to be corrected. That's not to say they will *enjoy* it in the moment—for "all discipline seems painful rather than pleasant" (Hebrews 12:11)—but that deep down, they know they need it in order to be conformed to the image of Christ. And so they want it.

Perhaps this will be the very reason you find the courage to say something. Why would you go out of your way to correct someone whom you assume is not willing to change their mind? Why would you bother having a difficult conversation with someone who does not desire the same things you desire or does not share your same values? It is much easier to keep your distance from such people than it is to try to change them. After all, didn't Jesus teach us not to cast our pearls before swine (Matthew 7:6)? So you see, false presumptions and misidentifications have hindered many saints from doing the loving thing. But we no longer have this excuse. We can hardly blame a brother for continuing in sin if we believe he doesn't want to continue in sin. In this case, it only makes sense to come alongside him with compassion.

This brings us to a crucial reframing of "church discipline." It isn't meant to keep us from doing what we want to do; it's meant to keep us from doing what we *don't* want to do. It's not an irritating reminder of a law we hate; it's a welcome reminder of God's law that is written on our hearts. It isn't a ministry of condemnation (as the law is), reminding us of our sinfulness; rather, it's a ministry of reconciliation, reminding us of our righteousness by the grace of God. Church discipline is *identity affirmation,* drawing us back to the central truth of the gospel—Christ in you—from which every eternal-life blessing flows.

Escalation and Submission

So, what if you go to a brother about his sin and he doesn't repent? Referring back to Matthew 18, we have very clear instructions to follow.

The first step is to invite one or two others into the conversation. Jesus says, "take one or two along with you, that every charge may be established by the evidence of two or three witnesses" (Matthew 18:16). It's important to clarify here the purpose of bringing others into the conversation. They aren't there to strong-arm the brother or to manipulate him. They are there to *weigh* the matter—just like we talked about in Chapter 4 on Submission—to hear your side and then to hear his side. Will they agree with you that he is, in fact, sinning? Or will they help you see that perhaps you are mistaken and your brother doesn't need to repent?

This concept has been so helpful to me because it relieves the pressure of having to be right or of having to convince my brother of anything. My job is merely to be a steward of what I believe is true, and then, if my brother disagrees, to insist that we bring our disagreement before others to help gain clarity. This is the opposite of manipulation; it's true submission.

If the one or two additional witnesses agree that he is sinning, and he still refuses to listen to them, Jesus says, "tell it to the church" (Matthew 18:17).

This means that we are to bring the case before all the brothers and sisters in the assembly, where, again, the witnesses present their case, the brother presents his, and we all pray and weigh it together in the presence of God. In my house church, we require unanimous agreement. If we haven't reached a unanimous agreement yet, then we continue discussing and praying for that clarity.

The beauty of this process is that it involves so much conversation around the gospel, our identity in Christ, salvation, and judgment. It inspires fear of the Lord and love for our brother. It brings clarity as to what our fellowship in Christ entails. And every person is involved in the process.

As a brief side note, this is yet another function of the Church that seems a lot healthier when performed in a house-church setting (before 10-20 people that you've been walking closely with) as opposed to in a traditional church setting (where there may be hundreds of people, many of whom don't know each other at all). To anyone in a larger church setting, I would propose that this step of "bringing it before the church" should probably not occur before the *whole* church, but before a smaller representation of the church. The ideal place would probably be within a person's small group, provided the group is equipped to handle this rightly (and if not, then an overseer should be present). There, if the group decided to disfellowship this member, it would need to be communicated that the member is also not permitted to come to any other gatherings (large or small) until they reconcile with their small group, who has the authority to loose and bind.

But back to the process: If the church unanimously agrees that the person is in sin, and the person still won't repent, then they have proven themselves not to have fellowship with the church. Thus, Jesus says, "let him be to you as a Gentile and a tax collector" (Matthew 18:17)—i.e., you are not to associate with him as a brother in Christ.

Withholding Forgiveness

I want to clarify something. Even if we don't feel personally unforgiving toward someone, if it becomes clear that they are unrepentant, then we are to withhold forgiveness—not within our own hearts, for God has not withheld it in his, but as a formal declaration that the person has not met the condition upon which forgiveness and, therefore, fellowship with Christ is granted.

We see this important function of the Church in Jesus' first words to his disciples after he was risen: "If you forgive the sins of any, they are forgiven them; if you withhold forgiveness from any, it is withheld" (John 20:23). And we see the same idea appear again in Luke 17 and Matthew 18. When Jesus says, "If your brother repents, forgive him," it must be implied that if he doesn't repent, we should not forgive him. Moreover, to regard someone as a "Gentile and a tax collector" is to regard them as not being a member of the household of God—i.e., not among those who are *forgiven* and cleansed by the blood of Jesus.

In other words, when Christ instructed them to "withhold forgiveness," he didn't mean that they should personally hold on to bitterness and resentment toward people who haven't repented; he sternly warns against that (see Matthew 6:14-15; Mark 11:25; Luke 6:37). He meant that they should, as priests of God, continue preaching the gospel, which is not *only* forgiveness, but *repentance* and forgiveness (see Luke 24:47; cf. Acts 2:38), which can only be received together. As Christ hung on the cross, he cried out, "Father, forgive them, for they know not what they do" (Luke 23:34). This should always be our posture, too—that we would love even our enemies and pray for those who persecute us (Matthew 5:44). However, we should be careful that this heart posture does not cheapen the call to discipleship, which entails death to sin and life to God.

The easiest way I can explain this distinction is with an analogy. Let's imagine that a man's son has gotten himself mixed up with the Mafia, and he now owes them a great sum of money. Until it gets paid off, he must do their sinful bidding or die. The father (a very wealthy man) comes to his son with a blank check—as much money as he could ever need and more to pay off his debt to the Mafia and get free from their control. This is the forgiveness of the Father toward us, and the forgiveness which he demands that we have toward others—a heart to wipe the slate clean, not holding anything against anyone; a constant offering which itself does not relieve the debt but must be received and applied by the one it is offered to. This receiving and applying of it is what we may call repentance and/or faith. It is when a person gives to

Satan the amount that they owe (i.e., death) by being baptized into Christ's death so that they can stop serving Satan and walk in freedom from sin (read Hebrews 2:14-15). But if a person does not use the offering to pay off their debt and walk free, then they are still in debt and not free, despite that forgiveness was, indeed, offered. Thus, to "withhold forgiveness" is to declare to a person that, despite Christ's offering (which is still being offered to them as long as they're alive), they are still in debt, still under the power of sin and death, still under condemnation. One cannot be both Satan's and God's. And so, with this declaration of their separation from God is also the perpetual invitation to be reconciled.

The Destruction of the Flesh

In 1 Corinthians 5, we get a glimpse into the practice of church discipline in the early church. Paul admonishes them for failing to deal with a grievous sin in their midst—a man sleeping with his stepmother. He tells them that the next time they gather, they are to "deliver this man to Satan for the destruction of the flesh, so that his spirit may be saved in the day of the Lord" (1 Corinthians 5:5).

What does this mean? Well, for the Christian, the "destruction of the flesh," as Paul means it here, has already occurred. Christians "*have crucified the flesh with its passions and desires*" (Galatians 5:24). The body of sin *has been brought to nothing* (Romans 6:6). We *have put off* the body of flesh (Colossians 2:11), etc. This all occurred when we were baptized into Christ.

Therefore, to say that we must hand this man over to Satan for the destruction of his flesh implies that he is not truly in Christ or in the spirit, but that he is still in the flesh (see Romans 8:9). To hand him over to Satan is to place him back under the law, under condemnation, back into a state where he does not have confidence before God, where the Spirit is not giving life to his mortal body (Romans 8:11) but the body is experiencing the death and destruction of the fallen world—think anxiety, depression, disorder, chaos, self-reliance, separation from God. But the intent of handing a brother over to Satan is still always redemptive, that in this horrible state, he might be driven to true repentance and salvation, not the empty form of it that he was operating in.

Institutional Measures Will Always Fail

When I was leaving my former church and telling people I was starting a house church, I remember multiple people asking me, "How will you protect the theology and maintain unity without being under any denomination?"

I find the question somewhat ironic—at the very least, exposing a lack of self-awareness. The denomination that we were a part of at that time (the United Methodist Church) had been going through a decades-long debate over the issue of homosexuality. Within a year after my leaving, that debate culminated in a denominational split. Roughly 50% of Methodists globally had come to the conclusion that homosexual marriage is permissible in the eyes of God. More than that, LGBTQ clergy had already been appointed in various places, as high as the office of bishop (overseeing all churches in an entire region).

Could it be any more obvious that our denomination, with all its "careful design and safeguards," was itself never a means to protecting sound doctrine and unity?

I remember sitting in one of the annual conference sessions where you could cut the tension in the air with a knife, thinking to myself, "How did we get to this point? How is anyone here questioning something so clear in Scripture—and not just anyone, but those whom the church has put into positions of authority?" And then it struck me: Is it not simply because, for decades, the church failed to exercise church discipline? Years ago, the first person who would not repent of such a terrible practice should have been removed from the church altogether. But the church failed to disassociate from those with these beliefs. She failed to remove the leaven from her. And so, that which was truly unleavened became leavened, just as Paul warned: "Do you not know that a little leaven leavens the whole lump? Cleanse out the old leaven that you may be a new lump, as you really are unleavened" (1 Corinthians 5:6-7).

It is incredibly simple. Had the local church functioned like it was supposed to all these years and cast out those promoting and/or living in sin, it never would have been in the position it was in. This isn't something that any institution can implement with board meetings, conferences, guidelines, or statements of faith. It's something that can only be done at the ground level in relationships between brothers and sisters in Christ.

What's at Stake

In churches all around the world, far more often than Christians realize, witches and warlocks gather among us, hiding in plain sight, casting spells upon believers and performing all sorts of spiritual warfare against the Body of Christ. Two hundred hands raised in worship; how do you know one or two of those aren't summoning demons? Five hundred heads bowed in prayer; how do you know there isn't one praying to Satan?

If this sounds at all unlikely to you, then respectfully, you are naive. This sort of thing happens all the time. The enemy infiltrates churches with his operatives; some of them even gain influence. They deceive; they distract; and they destroy fruit, all while posturing as brothers and sisters in Christ.

The charismatics would say that we need the spiritual gift "to distinguish between spirits" (1 Corinthians 12:10), and I don't disagree. However, more than this, we need church discipline, which eventually effectively exposes every spirit for what it actually is and keeps the Church pure and undefiled.

The fact is, the Satanists in our midst are careful not to do anything "bad enough" to warrant negative attention. Like spies, they don't want to be found out, so they disguise themselves and blend in—something that is not hard to do when the conformity we require is merely superficial. But there's one thing they cannot fake if put to the test—that is, a born-again desire for righteousness, which will only be exposed by real, Christ-centered relationship with proper church discipline. This is one more reason why we must be quick to correct one another (ideally in gentleness). Even things which don't seem like a big deal—something as small as a questionable comment made in passing—are opportunities for correction which will quickly escalate if a person isn't truly repentant, especially if their explicit intent is to undermine God's righteousness in the church.

And of course, our concern is not only about the devil-worshippers in our midst, but also about everyone else who does not have the Spirit of Christ. Countless people fill the pews every Sunday who bear the Christian name but are not truly Christ's. We are wasting our time trying to disciple these persons who are inwardly resistant to God's grace (for they still need new hearts), and we are complicit in the delusion of their own salvation. God help us! But church discipline—which, again, should not only happen occasionally but all the time—cuts right to the heart of this, bringing to the light what cannot be seen any other way.

And now we're left with the genuine believers (and perhaps also some genuine seekers who don't yet claim to be Christian but are welcome to observe our pure church). Genuine believers *need* church discipline—you and me included. We *need* one another to gently correct our thinking when it is off. We *need* one another to speak the truth in love (Ephesians 4:15, 24), to embody the Holy Spirit in this way, and to constantly point us toward Christ and away from our flesh, which desires things that we don't truly desire. I say "need" because I mean it. We cannot reach our full potential in Christ without it.

If you've ever wondered how someone can remain in the Church for a significant period of time with no life change, I would argue that this is only possible where consistent biblical church discipline is absent. In other words, the person hasn't actually been loved and shepherded well. We pastors teach, teach, and teach forevermore; we get our congregations to read books and study their Bibles and join groups where they do this together. We preach and admonish the masses, and we eagerly mentor the few, wondering when the word of God will finally have the undeniable effect in their lives that it's supposed to. But we would do well to listen to the wise words of Solomon: "By *mere words* a servant is not disciplined, for though he understands, he will not respond" (Proverbs 29:19).

Understand, when you confront a brother directly about his sin, it is not mere words you are ministering. It is the Word wrapped in flesh (i.e., you), coming out of your mouth as a sword that divides his soul from spirit and discerns the thoughts and intentions of his heart (Hebrews 4:12). It is piercing in a way that other forms of encouragement are not. To the one who is God's, it is refining in a way that other forms of encouragement are not. It puts him into a corner—just as the gospel does—and forces him to reckon with God's word once again, that he might abide and live and bear much fruit. And so, this is nothing to fear; it is what every true Christian actually needs and desires.

Let me say once again that church discipline isn't a fiery sermon. It isn't a general plea from the pulpit to all who can hear. It's each of us giving each other the benefit of the doubt that if our brother claims to be Christian, then he wants accountability, and we owe it to him to provide it, to speak a hard word into his life when we notice that he may be veering off course. It's one brother loving another brother enough to remind him of who he is in Christ and to fight for his sanctification. It's the realest and rawest application of the gospel in the life of the Church, reminding us of the stark realities of eternal life and judgment, of the substance of grace, of death to sin and life to God, of God's kindness toward us *if we continue in his kindness* and severity toward those who have fallen (Romans 11:22). If we think that preaching the gospel is important, then let us realize there is no better opportunity to preach it than through healthy church discipline. Nowhere does the gospel become clearer than in healthy church discipline. Thus, it is one of the most effective tools we've been given to build up the Church. Let us use it.

Is someone regularly neglecting the gathering of the saints? Have they acted in a way that is not in accordance with your understanding of Christ? Is there something you see in their lives that you are even slightly concerned about? Do you see error creeping into their belief system? Just talk to them about it, and see how they respond. If you're not satisfied with their answer, be honest about it, and dig deeper. Seek to find agreement until you're satisfied that their hearts are set toward righteousness.

Don't be afraid to pursue people like God pursues them (even if they don't like it), and be sincere with them, while always maintaining a position of humility. Your explicit goal in a person's life should be to participate in their being conformed to the image of Christ by loving them as Christ. Tell them that, and don't be ashamed of it. If they walk away, they walk away. If they do not, then they will grow, you will grow, and you will each grow closer together, earning each other's trust and experiencing deeper fellowship than before. I'm telling you, while living this way will drive many away, over time it will also lead to deeper fellowship with more people than you've ever imagined, and a much stronger church. The relationships you end up with won't be built on sand—where you have to be careful about saying what's really on your heart lest everything falls apart—no, they'll be built on the Rock, and you'll know a kind of unity that most of the Church has never known.

To church leaders everywhere, I encourage you to lead by example in this. Remember Paul, who "did not cease night or day to admonish every one with tears" (Acts 20:31). To avoid being domineering (1 Peter 5:3), all you need to do is remain in submission as we have discussed. Correct your brothers (face-to-face) when you see them sinning; invite others to weigh the disagreement if necessary; and teach everyone to live the same way. You cannot be the only person who does this in your church; you must equip the saints to do it to one another. That way, you will finally experience how God intends to shepherd the whole church without putting all the burden on you. When the saints learn this ministry, they will truly be more equipped to build up the Body of Christ than if they all went to seminary, knew their Bibles front to back, and had every spiritual gift under the sun. May God bless all your efforts to establish it in your church under the banner of the New Command (John 13:34-35).

To Christians everywhere, don't wait for permission to start loving your brothers and sisters this way. Be prayerful, yes. Follow the leading of the Spirit, yes. But also, listen to the word of God, which has not only given you permission but a command: "If your brother sins, rebuke him" (Luke 17:3).

Of course, in Christ, we need to learn to be gracious and godly in these confrontational discussions. "[I]f anyone is caught in any transgression... restore him in a spirit of *gentleness*" (Galatians 6:1). Do this without gossiping. Do this in private, face-to-face. Do this humbly, open to reason, willing to let others weigh your position. And do this in love, desiring above all things to build up your brothers and sisters in Christ.

CHAPTER SEVEN

Loving One Another

Like Christ Loved the Twelve

When the Christian life starts feeling overly complicated, God often reminds me of the very simple terms by which he has asked us to live:

> And this is his commandment, that we believe in the name of his Son Jesus Christ and love one another, just as he has commanded us. (1 John 3:23)

That's it. Trust Jesus, and love one another.

For what it's worth, I don't believe these are two separate things but one and the same, each providing definition and context to the other. Elsewhere, it is said that the only thing that matters is "faith working through love" (Galatians 5:6). That "love is the fulfilling of the law" (Romans 13:8, 10). And "the whole law is fulfilled in one word: 'You shall love your neighbor as yourself'" (Galatians 5:14). Christ himself taught us that obeying "all the Law and the Prophets" requires just one thing—loving God and neighbor (Matthew 22:34-40; cf. Matthew 7:12; Mark 12:28-34; Luke 10:25-37; John 13:34-35). So then, we have only one thing to aim for—that is, love, which flows out of our faith in Christ. We now may be single-minded in this respect and have confidence before God (1 John 3:18-22).

For just a moment, then, I ask you to forget all of the things that religion demands of you, and to receive this one, perfect, and all-encompassing command. It is imperative that we learn the way of love, without which our religion is nothing (1 Corinthians 13:1-13; Matthew 7:21-23; James 2:14-17). To be fully mature is to be "perfected in love" (1 John 2:5; 4:12), and it is just that simple.

But before you go on carrying the impossible weight of that command, let me remind you of something: To be a Christian is to have the love of God already in your heart (Romans 5:5). It is to have the law of God—which can be summed up as love—already written on your heart (Jeremiah 31:33). To be a Christian is to love God (1 Peter 1:8), and to love God is to love your brother (1 John 4:19-5:2). It is to have "the righteous requirement of the law [already] fulfilled in us" (Romans 8:4). Therefore, love is not something we must produce contrary to our nature; rather, it is the natural fruit of abiding in Christ (Galatians 5:22; John 15:5), in whom we have already become "love trees" by nature.

To us, love is not burdensome (1 John 5:3), for having been born of God, it is what we truly are. I urge you, then—so as not to slip under the law and condemnation—to look past your imperfect and self-centered exterior (i.e., flesh), and look deep within yourself (and still deeper, if needed), where you will discover not mere *ideas* of love, nor mere *commands* to love, but the full and perfect *Spirit* of love abiding within you, joined with you, possessing you, and conforming you to his image.

The rest of this chapter will be devoted to the topic of love in the Christian life, but I ask you not to move an inch further until you've discovered this Love in your heart through faith. This Love is perfect, and it is yours.

What is Love?

God is love (1 John 4:8, 16). This means that if we ever want to understand love, we must first know God.

To be sure, love isn't mere kindness, at least not the way most people define "kindness." Nor is it mere acceptance. If it were, then God (who is love) would only speak to us in ways that make us feel good, only give us things that make our lives easier, and he would enjoy friendship with all people—Satanists and serial killers alike. But he does not.

Here, let all the earth be humbled. For man cannot know God unless God reveals himself to man. Of course, God has revealed himself in many ways, but none greater than through his Son, Jesus Christ, who gave up the glory of heaven to become like one of us and suffer on our behalf.

On that note, we must ask, *Why?*

Firstly, why did the Father give his only Son? Why did he let him suffer, he who knew no sin (2 Corinthians 5:21)? For years, I believed that God was just doing the "right" and "dutiful" thing according to his own moral code. I saw the mechanical function of the Cross, but I did not see the passion behind it. In John 3:16-17, we find the true answer to our question: He gave his only Son *to save the world because he so loved the world.*

Secondly, why did the Son give his own life? Again, for years, I had it wrong. I saw his sheer obedience to the Father—a denial of his own will—for he says, "Not what I will, but what you will" (Mark 14:36). But I failed to see the deeper reason, which was not only the *Father's* love for me, but also *Christ's* love for me. Have you ever considered that Christ's first decision to give his life for us did not occur at some point in his earthly life when he was wrought with temptation and affliction? Rather, he decided this before the ages began, in the perfect comforts, eternal securities, and glories of heaven, while lacking nothing in the Father, neither interiorly nor exteriorly. It was there—in this altogether perfect state of glorification—that Christ gladly agreed to empty himself, take the form of a servant, be born in the likeness of men, and become obedient to the point of torturous death (Philippians 2:7-8).

But what did he have to gain from it?

In Hebrews 12:2, it says, "for the joy that was set before him [he] endured the cross." What was this joy? If it were merely his own glorification (like the one that we ourselves look forward to), then we must wonder why he ever became flesh to begin with, for he was already glorified beforehand (John 17:5). No doubt, he came for more. He came for us. He came for a Bride, a Helper made from him and for him, like Eve for Adam (Genesis 2:18), which he did not formerly have. Therefore, in us, he rejoices: "This at last is bone of my bones and flesh of my flesh" (Genesis 2:23)! And the two became one.

Beneath Christ's *obedience* was a *passion* that was driving it. He did not come with merely a passive willingness to obey the Father, nor even with a passionate single-mindedness to live a holy life. Rather, he came with an intense desire—given to him by the Father—to redeem for himself a Bride, "that he might present the church to himself in splendor" (Ephesians 5:27). Therefore, his holy life was simply the means to getting a holy *wife*.

Do you see what I'm getting at?

The outward life of Christ was not itself the love of God; it was the love of God *made manifest* (1 John 4:9). And the essence of his love is the preeminent *desire* that we would become his, knowing him and known by him, fully conformed to his image, filled with his fullness, sharing in his righteousness, life, glory, and reign.

But it is not for the masses alone that he holds this love; it is for the individual, also—both you and me and everyone.

One of my favorite Bible verses is Galatians 2:20:

> I have been crucified with Christ. It is no longer I who live, but
> Christ who lives in me.

This part alone impresses upon us the extraordinary depths of Paul's revelation. However, I would contend that the latter part of the verse is just as impressive:

> And the life I now live in the flesh I live by faith in the Son of
> God, *who loved me and gave himself for me.*

I have often thought to myself, if I were writing a letter to the Church, would that final phrase—however unnecessary it may seem—have come off the tip of my pen: "who loved me and gave himself for me"? It would have been just as accurate for Paul to end after "I live by faith in the Son of God." But he couldn't contain himself. His heart couldn't hold it in. "Who is this man that I believe in? He is the one who loved *me* and gave himself up for *me*." It's so personal. And such is the love of God.

You may have heard it said that if you were the only person on earth, Christ still would have died just for you. Honestly, I did not always believe this, and I still find it hard to comprehend. But it is true. Oh, that this revelation would be yours, and also mine! That we would "know the love of God that surpasses knowledge" (Ephesians 3:19)!

Only here do we find what true love consists of. To love someone with the love of God—which is the only true love—is to desire their glorification in Christ (and all that comes with it) more than you desire your own comfort. It is to cherish someone for their true worth, which is only realized in God, and to "purchase" their sanctification by laying down your life for them, whether literally or in small acts of servitude.

This being the essence of love, we can see, then, why the "love" of non-Christians will always fall short in some way. Because they lack faith in Christ, they lack the necessary vision to desire what God desires for other people, to prioritize others' spiritual growth and eternal purpose. Their "love" towards people, even if selfless, is never with the explicit intent of the person growing up into Christ, and so it is not love in the objective godly sense. This doesn't mean we should disregard the good that is in it. Surely, even when someone loves us without God's intent, we still may recognize that God himself is loving us *through* the person, intending to transform us. However, with all this in mind, we should not settle for merely human love but align ourselves with the unique love of God that prioritizes people's glorification above all things.

Do Not Even Unbelievers Do the Same?

In Romans 5:5, Paul writes that "God's love has been poured into our hearts through the Holy Spirit who has been given to us." If you have the Holy Spirit, then not only do you have God's perfect love within you, but you also desire to reveal it to the world around you. Truly, I've never met a Christian who doesn't hope that they can show the love of God to people—their children, their friends, their barista, their coworkers, whomever.

And yet, while this ambition is beautiful, it all too often lacks endurance. Time and again, I've seen Christians attempt to love a person until the moment it doesn't go well, and then their love grows cold.

A mother invites another mother to a play date, hoping to have a spiritual conversation. The conversation feels awkward, or perhaps the other mother resists it. So she goes back to her husband and says, "That's the last time I try to pursue her."

A man finally works up the gumption to speak a hard but loving truth to his brother in Christ. The brother responds poorly, so the man jumps to judgment, anger, and assumption, instead of bearing with his brother in longsuffering, remaining meek, and continuing to pursue growth/reconciliation.

A small group that's been meeting for years is friendly with one another, but somewhat superficial. Eventually, someone brings up a real issue, and conflict arises. Tempers flare. Feelings get hurt. Members leave; the group disbands. They never work through it.

Someone claims to love their church, but what they really mean is, "My church hasn't offended me or ticked me off yet." Then (because the church is made up of imperfect people), inevitably, something happens that scares, hurts, or offends the person. They leave, hold onto bitterness, and use what happened as a justification never to give themselves fully to a community again.

These kinds of things happen all the time in the Church, and I see a consistent pattern. The very people who turn away from their community and/or give up on their brothers and sisters' transformation are often convinced that *they* themselves showed the love of God, though others did not. But hear me now: A love that doesn't remain through trial, testing, or adversity—yes, even persecution—is not the love of God. It is, in fact, no different than the love of unbelievers. Thus, Jesus spoke the following:

> You have heard that it was said, "You shall love your neighbor and hate your enemy." But I say to you, Love your enemies and pray for those who persecute you, so that you may be sons of your Father who is in heaven. For he makes his sun rise on the evil and on the good, and sends rain on the just and on the unjust. For if you love those who love you, what reward do you have? Do not even the tax collectors do the same? And if you greet only your brothers, what more are you doing than others?

Do not even the Gentiles do the same? You therefore must be perfect, as your heavenly Father is perfect. (Matthew 5:43-48)

And so, if we desire to reveal the love *of God* to the world (which I believe we do), then we must think of it like this:

The people around us do not see the love *of God* in us when we're loving them in normal circumstances. No matter how well you love somebody, if they are simultaneously loving you back, if they are being enjoyable, if they are making it easy for you to love them, then they will likely not see anything different in your love than they see in others. As Jesus says, "Don't even tax collectors [the most selfish people alive] love those who love them back?"

But the moment that we are *not* being loved in return is the moment that we get the chance to show others the unique love *of God*—the love that loves even its enemies (Romans 5:7-8); the love that, after being nailed to a cross, cried out for those attacking him, "Father, forgive them, for they know not what they do" (Luke 23:34); the love that keeps no record of wrongs (1 Corinthians 13:5). This love—God's love—"bears all things, believes all things, hopes all things, endures all things" (1 Corinthians 13:7).

Thus, when given the opportunity to bear with someone, to endure through their immaturity or hatred, to believe the best about them despite how they're currently acting, or to hope *against all hope* that they will be saved to the uttermost, we ought to see this as an *opportunity*. We ought to rejoice. For this is the moment we've been waiting for, that we might finally reveal the love of Christ that is revealed best through suffering. What opportunity! What purpose! What glory! Praise God!

It is to *this* kind of love that we are being conformed, or else we have missed the whole point. This kind of love is not contingent upon how people respond. This kind of love *never ends* (1 Corinthians 13:8). It is the true substance of what God has put inside of us, and if we abide in it, we are perfected in it (1 John 4:16-17).

Putting on Love

> And above all these put on love, which binds everything together in perfect harmony. (Colossians 3:14)

I hope to show you, with a simple thought experiment, how you can begin putting on love. Remember, all Christian transformation starts with renewing the mind (see Romans 12:2).

I'd like you to think of someone. It can be anyone—a friend, a family member, a church member, a politician. Anyone you'd like to practice "putting on love" towards. Once you have selected the person, it's time to engage your imagination. By this, I don't mean that you let your imagination run wild; rather, that you use it to *envision* what God has told us in Scripture about his will. God gave you an imagination, at least in part, for this reason, that you could exercise your faith to "see" things he says are true but that are not yet seen, to believe for things that he desires to become reality.

In your mind now, with God's help, imagine this person fully conformed to the image of Christ. Imagine them completely in love with God. Imagine them being totally transformed by the grace of God. Imagine them filled with the Holy Spirit, walking in incredible gifts, with mountain-moving faith. Imagine them exuding the fruits of the Spirit everywhere they go. Imagine them being a walking billboard for the glory of God. Imagine them rejoicing with you in eternity over God's goodness. Imagine them glorified, immortal, incorruptible, strong, and experiencing the abundance of eternal life in God. Imagine them filled with all the fullness of God. Imagine them as your friend in Christ, fully mature, deeply humble, a servant of servants, desiring only the best for you and for everyone. Imagine it with all your might.

I could, of course, go on with many words, but you get the idea. That's just a starting point, and I pray you don't let my words limit what God may want to add to your imagination. There may be all sorts of beautiful things that you see for a person in Christ. However, you are not here imagining anything beyond what God has said he desires for *every* person. You can see, for example, that I'm not instructing you to imagine what job they will hold or who they will marry. Instead, you are prayerfully asking God to give you a vision for this person's *sanctification and glorification*, and all that it entails. Ask him to show you what he saw in them when he chose to suffer for them. Ask him to give you revelation about the end, the glory that awaits us. Without a vision for the end, you will never understand the love of God.

For some of you at first, it may seem difficult to imagine such things, but I assure you, if you continue leaning on God to do so, he will help. And it's worth every effort you put towards it. As you do this more often, I can attest that this vision and hope become clearer and easier to access. It starts to become the way that you see everyone, and love becomes increasingly natural.

As a mental picture starts to form for the person you have chosen, I encourage you to say, "So be it, in Jesus' name." Hope for it; believe for it; thank God for it; and don't give up on it as long as you and they live! As we've been told: "Love bears all things, believes all things, hopes all things, and endures all things. Love never ends." (1 Corinthians 13:7-8). Intercede for this person, and believe that your prayers are being heard and answered, that your prayer of faith is contributing to their transformation in real-time. Amen!

Congratulations. You have just "put on love." Now you may apply this to anyone and everyone, and see how it changes your life. For what it's worth, I believe this is where you'll discover your purpose on earth (like we discussed in Chapter 2) unlike anywhere else.

I have seen the power of this, for example, in how I love my children. Let's just say that, today, I fit neatly within the category of parents who are painfully aware of their failures to love their children, and who desire to love them better, but sometimes find this rather difficult. When the flesh is having its way with me, making me irritable and self-centered around my children, I have learned that the best thing I can do is to prayerfully hold them in my mind the way that I just described. In doing so, I rediscover my true desire, above all things, for them to know God and be conformed into his image. And as soon as I recapture that vision for them, as soon as I "put on love," it becomes clear to me *why* I want to treat them differently—whether that be by giving them more attention, being more patient, etc. It isn't because I fear them growing up and realizing I was a bad parent. It isn't because I simply want to obey God and be patient like he says I should be. Those reasons are not very powerful, and they lack the substance of God's love. No, I want to treat my children differently because I want more than anything for them to know Christ, and my life is an opportunity to reveal Christ to them, that they might know him.

All of a sudden, I realize that being patient with my children is just the way to get what I want. You see, once I find the loving *desire* within me, the loving *actions* become much easier and more natural, aligned with my life's true purpose. And even still, to whatever extent I fail at loving them outwardly, I can always rest in the fact that my loving prayers are being heard and will be answered, and they will inevitably lead to me becoming more loving, too, as my mind is renewed. Praise God.

Divine Appointments

At once, we may apply this to all people—friends, enemies, church members, unbelievers. However, if you take this on for all people, you will quickly realize that your capacity is limited. You and I are not God. While we may indeed share God's love for all of mankind, there are only so many people we can direct our love towards. And so we're faced with a difficult choice: Whom do we choose to direct our love towards?

I like to think of all our relationships and interactions as *appointments* that God has given us. Therefore, it's not so much about whom we choose to love, but whom God has appointed us to love. Some appointments are just for a season, some for a brief moment in time, and others are for life. In a similar fashion, our appointments vary in degree and type. Are we to pray and believe for someone at a distance? Are we simply to be kind and present, ready for an opportunity to share Christ? Are we to pursue them in friendship or just call them on the phone a couple of times a year? Are we to invite them over for dinner or into a small group? Are we to take responsibility for their discipleship? Etc.

All of this requires discernment—namely, what is *your* appointment? You can't do it all. God alone is the conductor of the orchestra who knows what part you play in the symphony. So, get your sheet music from him; keep your eyes on him; and don't try to play a part that he didn't give you. If the appointment is from God, however seemingly small it may be, it plays an important role in the whole world coming to know the love of God.

With this in mind, however, I think that many Christians are a bit misguided regarding their appointments, particularly the greatest appointment we all share, which we'll discuss next. As a quick caveat, I want to be careful not to play the role of God (the conductor) in your life. God is God, and he can do whatever he wants. He can lead you however he wants, even if it's outside of my own theological box. So take whatever I say with the weight you think it deserves and nothing more. Again, wait on the Lord for clarity regarding his leading in your life.

A Special Love to a Chosen Few (i.e., Devotion)

Regarding the many appointments we each have—big and small—I think it's important we start with the biggest one, that is, the "new commandment" that Christ gave to his disciples the night before he was crucified:

> A new commandment I give to you, that you love one another:
> just as I have loved you, you also are to love one another. (John
> 13:34)

You may be thinking: "Jake, we've already covered this. We know, we're supposed to love everyone." But trust me, we have not covered this yet. I have saved this scripture for this very moment.

Christians usually interpret it as another commandment to love all people like Jesus does, but that is not exactly what he told them, is it? He said, "Love *one another* just as I have loved *you*." In other words, Jesus spoke this specifically *to the Twelve* (minus Judas). He didn't speak this to the seventy or to the hundred twenty. He didn't speak it to the crowds. He spoke it specifically to these eleven men with whom he walked more closely than anyone else on earth. This raises the bar.

When he tells them to love one another as he loved *them*, we ought to put ourselves in *their* shoes and consider what this would have meant to *them*, specifically. How exactly did Jesus love *them?* To a great degree, we can only speculate the depths to which they knew and experienced Christ's love, but we're not without some information. We may consider the extra level of time and energy he devoted to them, which other people, frankly, did not get from Jesus. We may consider him entrusting his own mother to John (John 19:26-27), or letting John lay his head on his chest at the table (John 13:23-25). We may consider him giving Simon a new name, and then sternly rebuking him when he suggested he needn't suffer (Matthew 16:18-23). We may consider him asking the disciples to follow him as their Rabbi (Matthew 4:18-22; Mark 1:16-20; Luke 5:1-11)—not metaphorically like we are all called to "follow" him, but literally to spend all their days with him for three years, such that they might wonder: "Why on earth did he choose *me? What makes *me* so special?" We may consider him inviting them to places and into conversations that he did not invite others into. We may consider him washing their feet (John 13:1-17). And much more.

Perhaps it seems unfair that these men got such a unique level of devotion from Christ, but let us realize, it could be no other way. For when God—who is love—put on flesh, love *limited* the number of serious relationships he could pursue. Love chose some *over* others. He could not give himself in the same way to everyone, and had he tried, then *no one* would have been loved like he loved these few disciples. And so, during his time in the flesh, he gave himself to these men in a way that he gave himself to no others, such that they had a fuller knowledge of him than any other. And that's the love we are commanded to emulate—*a special love to a chosen few followers of Christ.*

To be sure, this is not merely a command for us to love all people *generally* like God does (although we are still commanded to do this). That, I argue, would fall under the Old Testament command of "love your neighbor as yourself." But this is a *new* command. This was a command for these eleven men to love *one another,* not the whole world, nor even their own blood families. And to do so like Jesus had loved *them* while he was on the earth.

Thus, if we are to fulfill this commandment, in the strictest sense, we must be *devoted* to a small number of Christ-followers. (I harken back to the previous chapters, beginning in Chapter 2, for what this kind of Christ-centered, Spirit-led relationship entails.) If we love everyone the same, then it is impossible to love anyone like Jesus does—passionately, intimately, personally, specifically—taking responsibility for their spiritual growth, primarily, but also their overall well-being.

This, I believe, is a specific appointment we each have from God, which we may refer to as our "one another" appointment. We may also think of it simply as the local church, or rather, the small number of Christians within the local church that God is calling each of us to devote ourselves to. With this in mind, I will tell you that if you are not devoted to specific individuals in your church—and I don't just mean by way of friendship, but of true fellowship in Christ—then you need to pray about who God is calling you to pursue in this way. If you find yourself being drawn mostly to Christians outside your church, then it's quite likely that you're not in the church God has appointed you to. The Christians he's drawing you toward to be closest with are, by definition, *your* church, your "one another" appointment.

Another point worth making here is that this isn't something that can be done from a distance—not over the phone, nor via the internet. I simply reject the notion, except perhaps in exceptional circumstances, that someone's "one another" appointment would involve Christians who are not in their own locality. This appointment involves more than just an exchange of information; it includes hugs, body language, meals, hospital visits, babysitting, the laying on of hands, and so much more. We have physical bodies for a reason, and God is intentional about where he places us in physical space. So again, if you're feeling mostly drawn to Christians outside your locality, then you might seek the Lord about whether God is calling you to move there. Otherwise, pursue the church where you are.

None of this is to say that we cease to love other people or cut off these other relationships entirely. It is simply to recognize that we are not God; we cannot reach everyone. His design is to put each of us somewhere specific so that the specific people around us would be loved with a kind of love they have never known—i.e., the love of Christ. God's plan for *everyone* to be loved depends on *each of us loving a small few* as he does.

The reason this commandment does not apply to the *unbelievers* in our lives is that the scope of the "one another" is specifically *disciples whom Jesus chose*. This appointment entails devoting a serious amount of time and energy toward someone with the explicit intent of pursuing the kingdom of God and learning the way of righteousness *together*. Thus, our brothers and sisters in Christ are the only real candidates for this particular kind of appointment. In other words, evangelism is not a fulfillment of this new commandment but a different appointment entirely—more on that in the next section.

Christians often select their church based on factors like the preaching, the theology, the music, the kids' ministry, etc. And then if they leave and go to another church, they say, "It's nothing personal." No different than if they miss a Sunday gathering—again, they would say, "It's nothing personal." But that's exactly the issue. If our relationship with our church is "nothing personal," then it exposes that we don't have a relationship with the church (which is made up of people) but with programs and meetings.

When Christians are living out the new commandment, selecting a church and/or leaving a church is felt deeply by every member of the "one another" community. As hard as this may be to admit, choosing another church on the basis of its programs would be like saying to your brothers in Christ, "I love their programs more than I love you." Choosing another city on the basis of your desire to travel would be like saying, "My desire to travel is more important to me than my desire to do life with you." If you don't feel the weight of that reality, then it's quite likely you're not in the kinds of relationships I'm talking about, and therefore not following Christ's commandment. That's not to say God doesn't ever lead us in different directions for various legitimate reasons, but compared to the special love of Christ for the twelve, can we at least recognize that many of our reasons for moving around are questionable, to say the least?

If you challenge people on this, nearly every time you'll hear the excuse that "the Body of Christ is everywhere." But that's a dead giveaway that they haven't learned the new commandment, which calls them to lay down their lives, not for the Body of Christ as a whole, but for the real people God has put right in front of them. Imagine Jesus waking up one day and saying to his disciples, "I really love you guys, but I've picked another twelve. The Body of Christ is everywhere, you know!" Of course, he wouldn't have done this because he loved them.

That being said, if a person's primary reason for going elsewhere is to devote themselves to other Christians in that place, then they have a case.

But usually, "the Body of Christ is everywhere" is just a weak justification for making decisions that have little or nothing to do with the Body of Christ.

I've also seen a phenomenon (especially within house-church circles) where people will attend Christian meetings all throughout the week but never go deep with anyone. In a town like ours (in the "buckle" of the Bible Belt), there are prayer meetings, Bible studies, small-group meetings, worship nights, and/or house-church meetings you could attend just about every morning and every evening of the week if you wanted. Not to mention a traditional church building on every corner. Some people will go to a meeting (or two) every day, thinking they're devoting themselves to the Body of Christ. They take the gathering of the saints very seriously, and yet, their relationships stay shallow. They "go as the wind blows," so to speak, which is their way of saying they go wherever the Spirit leads them (see John 3:8). However, time and again, my observation is that despite all their Christian activity, they're not actually *devoted* to anyone. They're not taking ownership of anyone's spiritual growth. They're not submitting to anyone. They're not forming deep relationships, having difficult conversations, going out of their way to serve one another, or building community that lasts. Instead, their relationships are often as transient as they are.

Remember, when you choose everyone, you choose no one (and the Church doesn't get built). For this reason, when people are discerning whether or not to be a part of our church community, we really stress that they discern whether God is calling them to be devoted *primarily* to our people (not merely via Sunday attendance, but with their life). I always make sure to tell them that it may *not* be our community; God could be calling them to another group of Christians (usually the church that they're considering leaving). But ultimately, they are called to give themselves wholeheartedly to whatever community they choose. That's a non-negotiable.

This is not rigid and legalistic, such that no one in our community associates with other Christians. That would be absurd. It is, rather, to express the general belief that we are all commanded to love *some* like Jesus loved *the Twelve*, and that requires a level of intentionality that would be jeopardized if we lose focus relationally. I think it's safe to say that the Spirit of Christ doesn't lead us around randomly or whimsically or without any specific intention toward certain individuals. The Spirit of Christ doesn't spread us thin and keep us on the surface. It leads us into a deeper love than we've ever known—not only with God but with people. Those who are inclined to fight for their "freedom in the Spirit" to go wherever they like, whenever they like, should at least think twice about whether the spirit leading them is actually the Spirit of Christ, the Spirit of Love.

When I say that my life is not my own, I don't only mean that it's Christ's; I also mean that it's my brothers' and my sisters', too. Kayla, Jonathan, Madison, Casey, Megan, Dillon, Sarah, Elijah, Mark, Kaitlin, Lyle (and a number of others)—my life is *theirs* for as long as God has me here. And even if/when I am called to another city to plant more churches, I dare not leave without their blessing and agreement that God is re-appointing me elsewhere within the Body of Christ. Until then, they are my "one another" appointment, and I am theirs.

"Where Can I Serve?"

For those who are new to a house-church setting, it's not uncommon to feel that they have nowhere to serve. When you take away all of the official ministries and programs that exist in the institutional church, it's funny how quickly people can start to feel aimless, underutilized, or disconnected. Time and again, I've watched people struggle with this in our church, unsure of what to do with themselves, frustrated with how little they have to do. And every time, it's for the same reason: they don't see the people in front of them as their primary ministry. They don't see how truly sufficient this small number of people would be if they would just *love* them, if they would be *devoted* to them.

The fact is, it's fairly easy to be "productive" in the traditional church model, but we must ask, "What are we producing?" If it isn't the fruit of love toward one another (in the sense that I've explained in this chapter), then all we produce is questionable. We'd be better off, in my opinion, to strip everything away, along with the illusion of productivity, until we have nothing left but our relationships with God and one another, wherein each person's actual fruitfulness is revealed.

Honestly, I think most people don't know how to proactively cultivate deep, Christ-centered relationships, which is understandable. The kind I'm talking about are nothing the world teaches you, and they require the Spirit of God to forge and maintain. Without love, they are impossible. But we have the Spirit of God, and we have the love of God. And so I exhort you: find the chosen disciples whom God has given you, and go to the ends of the earth with them. Never leave them nor forsake them. Love one another. Pursue one another. Forgive one another. Admonish one another. Submit to one another. Eat dinner with one another. Bless one another. Use your gifts to serve one another. Share your resources with one another. Confess your sins to one another. Pray together. Gather together often, and build each other up like your life depends on it.

And now, one last word on this that I hope you will take to heart: Don't wait for others to do this for you. Don't wait for your church to do it for you. You *are* the Church, so *be* it. Help yourself by becoming the one who pursues love. And then watch how God builds the Church through you.

I made up my mind years ago that I would never let someone else (nor the church, in general) be my excuse for lacking deep fellowship with other Christians. If I wanted biblical Christian community, I needed to learn how to cultivate it, which means nothing more than learning how to love the brothers and sisters in front of me like Christ loved his disciples. Not everyone has received it well; not everyone has remained; not every effort has borne fruit exactly like I had hoped. And I'll be the first to admit that I still have much room to grow. But despite all this, in less than one decade of *devoting* my life to the small number of saints in front of me, I have seen it produce an abundance of meaning and friendship that would satisfy the longings of most people many lifetimes over. And it only continues to increase (see Mark 10:29-30).

The bleak thought occurs to me sometimes, as others tell me about their lives, that I may have more deep and meaningful relationships than 99.9999% of the population. That's one in a million, and I might be underestimating. If I have anything to boast about, it is only what the Lord has done. But for me, this isn't a point of pride; it's a point of grief. Humans everywhere—outside *and inside* the Church—are relationally impoverished, if not destitute, and

I long for them to know what it's like to experience genuine fellowship in Christ, to which no other form of relationship can compare. This only happens when people like you and me start fulfilling our "one another" appointments and, with a pure and steadfast devotion, steward souls unto heaven.

CHAPTER EIGHT

Evangelism

What Really Works?

Please hear me. In everything I'm about to write, I have no intention to downplay the importance of evangelism. Like many of you, I desperately want to see the Church be effective in it, which is precisely the reason I write the things that follow. However, some of my beliefs pertaining to it are a bit counterintuitive, so I ask you to give me the benefit of the doubt that I do indeed value this precious ministry despite my views, which, at first glance, may seem to suggest otherwise. Additionally, while I believe my positions are biblically sound, they are still somewhat *theoretical* for me. Admittedly, I myself have not operated in the gift of evangelism to a great degree, but neither has anyone I've ever met (at least not by my standards), which is where a lot of my skepticism comes from. With that in mind, let's get to it.

Are We All Commanded To Do It?

I believe the Church holds some widespread misassumptions about evangelism, which can be summed up under one basic (and incorrect) idea: *that all Christians are commanded to do it*. Now, I have to be honest. I often see churches—in college and young-adult ministries, especially, as well as some hardcore charismatic circles—constantly pushing for their members to share the gospel with others. Often, from the very moment someone is born again, they are met with the fierce demand that they evangelize, lest they fail to obey the Great Commission. (We'll get to that scripture in a second.)

The evangelical types are trained with pithy gospel presentations that they can easily share with whoever will listen, despite having very little understanding of the gospel themselves. Then they're sent to the beach to evangelize drunk spring-breakers for a week. The charismatic types are taught to rely on the Holy Spirit for words of knowledge, for healing, for signs and wonders, etc., as they hit the streets to go pray over strangers and share Christ. In many cases, they themselves are barely rooted in the gospel (i.e., resisting temptation, loving one another, etc.), and the vast majority of their ministry is devoid of the manifest power of God. But since they believe that evangelism is a great and holy commandment, then they must obey it from day one, just as they must learn to obey all the rest of God's commands.

As I have maintained throughout the book, I'm not saying the Lord doesn't use these kinds of activities. I am well aware that testimonies abound of people being saved through such evangelistic efforts. Praise God for that! Moreover, I encourage every Christian to share the gospel as freely as they desire—whenever, wherever, with whomever. The Lord knows, deep down, we all *want* to evangelize effectively; most of us just don't know how.

With that in mind, I do not believe that evangelism—in the strict sense of verbally and proactively sharing the good news of Jesus Christ with unbelievers—is a commandment. Therefore, the belief that it *is* a commandment has many Christians straining to do something that God isn't doing in them, which results in heavy burdens and vain striving. We'd be far better off to remain at rest, learning to do only what God is doing in us, prioritizing our love for one another, and praying earnestly for God to raise up laborers who evangelize effectively. This, to me, appears to be the most biblical stance on the issue, which I'll demonstrate below.

Some Must Evangelize, and Some May Evangelize

For starters, I'd like to point out a fact that may shock you. In the New Testament letters (that is, everything after the Gospel of John), there is not one single instance where the saints, in general, are explicitly commanded or even encouraged to evangelize.

Not one.

By and large, you'll find that the people who push really hard for evangelism within the Church today will rely exclusively on text in the four

Gospels, so we'll address those in a minute. But the absence of evangelistic instruction or exhortation in the NT letters should itself tell us something very important.

Think of it like this. Imagine you are a pastor or church-planter who has been sent to a different city, away from the people you brought to Christ and shepherded for some time. Like any good parent, you are concerned about them, so you decide to write a letter to remind them of all the most important things that you taught them—the things most pertinent to their faith, to the kingdom, to the health of the Church, etc. You don't have a New Testament to refer to. You only have the Old Testament, the teachings of Christ (which have been circulating verbally for some time), and revelations given to you and others via the Spirit. What would you include in the letter?

I think if you ask almost any pastor/church-planter in the world today what they would include in this letter, they would feel the need to include at least *something* about evangelism. And therein lies the disparity. The writers of the New Testament didn't include anything about it, despite the fact that they were some of the greatest evangelists of their time, and despite being themselves commanded by Jesus to evangelize. If this tells us anything, it's simply that *training the saints to evangelize was not at the forefront of their minds.* They obviously cared about evangelism, as it was part of their own ministry, but they did not see it as a fundamental part of the Christian life to be passed on to everyone, nor as pertaining to everyone's obedience. Had they seen it like this, it would surely have made its way into at least one of the letters we have. But it didn't.

The closest we get to anything like it is found here:

> But you are a chosen race, a royal priesthood, a holy nation, a people for his own possession, that you may *proclaim the excellencies* of him who called you out of darkness into his marvelous light. (1 Peter 2:9)

Yes, we are to "proclaim" God's excellencies, but this, I imagine, we can do in multiple ways other than strictly evangelism. For example, I will tell unbelievers about God's goodness when I am given the opportunity, when it seems to come up organically in conversation. But I will not typically go out of my way to tell people about something they're not asking about, nor to approach strangers for this purpose. I would also argue that I proclaim God's excellencies all the time to other *believers* in my life. This is no small thing; we are constantly building each other up by talking about what he's doing, rejoicing over how good he is, reminding each other of the truths of the gospel, etc.

The point here is that if Peter meant to make a point that all believers should be evangelizing, then he didn't do a very good job at making his point. And just a couple of sentences later, when he specifically addresses our relationship with unbelievers, he says merely this:

> I urge you as sojourners and exiles to abstain from the passions of the flesh, which wage war against your soul. Keep your conduct among the Gentiles honorable, so that when they speak against you as evildoers, they may see your good deeds and glorify God on the day of visitation. (1 Peter 2:11-12)

In similar fashion, he says later (in the context of enduring through persecution) that they should "always [be] prepared to make a defense to anyone who asks [them] for a reason for the hope that is in [them]" (1 Peter 3:15). This clearly is not a call to *proactive* evangelism, but merely to a *readiness* to share Christ when the opportunity presents itself *as a result of our faithful living*. This is what some have referred to as "lifestyle evangelism," and it captures my position in a nutshell: Those who do not have an evangelistic gifting are to evangelize by living their lives faithfully and sharing about their hope when the opportunity arises, but not necessarily to "go and preach the gospel to everyone" as a gifted evangelist is sent to do. This places the priority in the Church on faithful living, on discipleship, on loving one another, which itself will draw unbelievers to the light and provide opportunity to lead people to Christ.

There are two other scriptures which some may view as contradictory to my assertion that evangelistic exhortation is not found in the NT letters. The first is this:

> I pray that the *sharing of your faith* may become effective for the full knowledge of every good thing that is in us for the sake of Christ. (Philemon 6)

Here, the word "sharing" is actually *koinonia*, the Greek word for "fellowship." In context, it's pretty obvious that Paul is talking to the Church about their sharing of the faith with *one another*, not with unbelievers with whom they have no fellowship.

And here is the second:

> As for you [Timothy], always be sober-minded, endure suffering, *do the work of an evangelist*, fulfill your ministry. (2 Timothy 4:5)

This one is simple in that the letter is addressed to Timothy, who is an evangelist, not to the whole church.

Thus, we may conclude that there are, indeed, individuals whom God has commanded (and therefore *gifted*) to evangelize. But that is a specific appointment given to them, not to everyone. Paul said the following about himself:

> [I]f I preach the gospel, that gives me no ground for boasting. For necessity is laid upon me. Woe to me if I do not preach the gospel! For if I do this of my own will, I have a reward, but if not of my own will, I am still entrusted with a stewardship. (1 Corinthians 9:16-17)

And so, there are two types of Christians: (1) those who *must* evangelize because necessity is laid upon them by God; (2) those who *may* evangelize because they desire to. The former are the evangelists, specifically appointed to the task like Paul was (see Acts 26:16-18; 9:15). The latter are everyone else.

Let us recognize, then, that the job of an evangelist is not to place the necessity of evangelism on others; it's simply to *evangelize*. It's not to teach others how to evangelize; it's to teach others to obey the commands of Jesus.

Staying and Praying

We ought to take this understanding now and apply it to the evangelistic exhortations in the Gospels. If there's any text that churches use to generate hype over evangelism, it's the Great Commission in Matthew, as well as its parallel in Luke:

> Go therefore and make disciples of all nations, baptizing them in the name of the Father and of the Son and of the Holy Spirit, teaching them to observe all that I have commanded you. (Matthew 28:19-20)

> Thus it is written, that the Christ should suffer and on the third day rise from the dead, and that repentance and forgiveness of sins should be proclaimed in his name to all nations, beginning from Jerusalem. You are witnesses of these things. (Luke 24:46-48)

These are, of course, among the last words that Jesus spoke to *his eleven apostles* before he ascended into heaven. But like me, most Christians have been taught that they apply to all of us, particularly the part about evangelizing the nations. Again, I don't deny that every Christian plays some role in the spreading of the gospel to the world, but it is primarily through their lifestyle that most Christians are appointed to this, not by taking on the same kind of appointment that he gave to his apostles.

There does, however, seem to be one inconsistency here that I expect some to catch. If we believe that the New Commandment given to the twelve in John 13:34-35 (i.e., to love one another) applies also to all of us, then why should we believe that the Great Commission applies only to the apostles?

My answer is, in one regard, very simple. As I elaborated in the last section, we don't see the Great Commission reappear anywhere in the apostles' instruction to the Church in the New Testament epistles. If they felt that the commission was for everyone, surely they would have repeated it in some form or fashion. Contrarily, we find the New Commandment everywhere in those letters. Loving one another was the drumbeat of the Christian life. Clearly, the two were not treated the same.

If, for some reason, that argument fails, though, and we were to conclude that the Great Commission *is* for everyone, I would suggest we consider more deeply what it means to "make disciples." This isn't mere evangelistic conversion—that is, compelling people to make decisions for Christ—but training people in the way of godliness, "teaching them to obey all of Christ's commands," etc. This idea of discipleship, as I've outlined in many ways throughout the book, is most definitely everyone's job. At the end of the day, I simply contend that the Great Commission was never meant to be used the way it is still most commonly used, which is to compel believers to proactively and explicitly share their faith with unbelievers on the basis that not doing so is a failure to obey God.

Moreover, while most of us are quite familiar with Jesus' command to "Go," far fewer are aware of the command which immediately accompanies it, which is to "Stay." We would do well to pay attention to it:

> And behold, I am sending the promise of my Father upon you.
> But *stay* in the city until you are clothed with the power from on
> high. (Luke 24:49)

Yes, even the first evangelists, Christ's very own apostles, dare not *go* without the undeniable power of God resting upon them. This baptism of the Holy Spirit was not for mere personal relationship with God, but for *effective evangelism* (Acts 1:5, 8), that signs and wonders would accompany their preaching (2 Corinthians 12:12), so that people's "faith might not rest in the wisdom of men but in the power of God" (1 Corinthians 2:5).

And this is why I *stay* for now. Not because I'm looking for an excuse not to go, but because I honor Christ's command to stay until (Lord willing) I am *equipped* to go—that is, equipped with the undeniable power of God. Truth be told, in all the times I have prayed over people for healing and miracles (which I have many times and still often do), I have seen very little power. And so, I believe the best thing I can do, in terms of evangelism, is to pray and wait for a greater anointing in the Spirit, just as they did for forty days in the Upper Room (Acts 1:12-14).

Many are familiar with the following verses:

> Then [Jesus] said to his disciples, "The harvest is plentiful, but the laborers are few; therefore pray earnestly to the Lord of the harvest to send out laborers into his harvest." (Matthew 9:37–38)

Immediately after saying this, Jesus sent out the twelve disciples and then, later, the seventy-two (Luke 10:1) to begin proclaiming that the kingdom of God was at hand. But notice, he sent them with "authority over unclean spirits, to cast them out, and to heal every disease and every affliction" (Matthew 10:1), even to raise the dead (Matthew 10:8). We only know of one instance where they failed to do one of these things, and it was because the demon they were trying to cast out required fasting and prayer (Mark 9:14-29; Matthew 17:14-19; Luke 9:37-42). The inclusion of this story tells us that it's *noteworthy*, which we may reasonably assume is because they usually did not fail at such attempts. Indeed, the notion we are given elsewhere is that they were quite successful at walking in this authority. Hence, "The seventy-two returned with joy, saying, 'Lord, even the demons are subject to us in your name'" (Luke 10:17)!

It is commonly understood, then, that Jesus sends every Christian just the same, that we already have this authority. However, if this is true, then why is our experience so different? Could it be because he sent *them* (and not even all of them) and has not yet sent us?

As for recruiting more laborers like themselves, what did he tell them to do? He told them to "*pray earnestly* to the Lord to send out laborers." Therefore, *prayer* is the command that we ought to take upon ourselves. Not prayer in general, but prayer for the Lord to send out laborers who are equipped with power and authority, just as these disciples were. Nothing less.

I know this is not a popular opinion, but we cannot labor effectively without being sent and equipped by God to do so. To be sure, most of the Church assumes that we have each been sent and equipped already, and that we just need to realize it and go. But then, whenever we do evangelize, I think our fruits often prove otherwise. I'm not curating any data on this, but among all the evangelistic efforts I've witnessed among people I know in the United States, I've seen almost none of it translate to souls saved, disciples being made, or to the supernatural demonstration of God's power. Again, what if this is simply because we aren't *yet* ready to go?

It's worth saying that a lot of people view the Pentecost experience, as well as the waiting that preceded it, as a one-time event. As the logic goes, the first Christians had to wait for the Spirit to fall, but Christians today do not need to wait and pray, since the Holy Spirit is already upon us. To be honest, that conversation alone probably deserves its own book, so I fear that anything I say further will be terribly insufficient. For that reason, let me say simply that I disagree, though I respect alternative positions and also believe there's some significant nuance to the full truth of the matter.

To be clear, I honor the faith of those who proactively evangelize, and I know God uses it sometimes. Moreover, there are Christians in the world today who have been sent and equipped by God for the task, who are effectively evangelizing and doing so in power; I just haven't met them personally. But in most cases, I doubt Christians are being sent by God as much as they are sending themselves (which, again, they are free to do in love). If their efforts bore substantial fruit, I would feel otherwise. But this would require, also, that they not only make *converts* (as is often the case) but *disciples*—something I regret to say I've literally never seen, except when it's the result of the *lifestyle* evangelism that we're all called to.

The Most Evangelistic Endeavor

In terms of appointments, I'm arguing that most Christians do not have an evangelism appointment other than *lifestyle* evangelism. And what is the lifestyle we're called to live but (going back to the last chapter) simply that we "believe in the name of his Son Jesus Christ and love one another, just as he commanded us" (1 John 3:23)?

It pains me that so many Christians feel they're failing in some respect because they aren't sharing the gospel "often enough" or "well enough." It's a pressure the Lord isn't putting on them, and it often distracts them from seeing the greatest appointment right in front of them—the Body of Christ. It is far more important to me that the people in my church are learning to love one another, to make disciples of one another, than it is that they're becoming effective evangelists. And if I must remind you, this isn't because I despise or undervalue evangelism. Rather, it's because I desire to see it happen for real, and I believe the Lord has priorities, things he wants to establish in us—namely, that we learn to love one another—before sending and equipping us to share the gospel in power.

Not to mention, regarding the Church's witness to the world, I'd like to remind us of two very important scriptures. The first is the verse that immediately follows the new commandment we covered in the previous chapter:

> By this all people will know that you are my disciples, if you have love for one another. (John 13:35)

And a second is like it:

> . . . that they may all be one, just as you, Father, are in me, and I in you, that they also may be in us, so that the world may believe that you have sent me . . . I in them and you in me, that they may become perfectly one, so that the world may know that you sent me and loved them even as you love me." (John 17:21-23)

Here, we see into the mind of God that perhaps the most evangelistic endeavor we could pursue is to love one another and have unity. It is to have such a counter-cultural, other-worldly community that the world cannot deny that God sent Jesus Christ, that he loves us, and that we are his disciples.

It seems so obvious to me that if Christians truly loved and devoted themselves to one another in the way God intended, if the community was a place where everyone was discipled, cared for, and fulfilled (materially, spiritually, relationally, etc.), the Church would draw people in organically like we've probably never imagined. And not only would it *draw* them in, but it would *keep* them in, raising them up in the Lord and creating a firm foundation for healthy and exponential multiplication.

This conviction has been with me since my earliest days of starting the house church. It's why I've always been content with however many people are in our church, even when it was just four or five. God is eager to send people into a healthy community where he knows beyond a shadow of a doubt that they'll be loved into the image of Christ. So I knew that if we just learned to love one another biblically, our church would inevitably grow. That means I didn't need to concern myself with growing my church (in numbers), only loving my church, which, I can attest, has been just as fruitful as I thought it would be. Praise God!

Alas, what I've presented in this chapter and the last is not meant to box you in, nor to keep you from loving people outside your church (believers or unbelievers) in whatever way God is calling you to love them, even and especially if that means sharing the gospel with them. It is, rather, to cast a vision: that, above anything else, loving *one another* the way Christ loved his own disciples is our highest calling, which we do not fulfill *at the expense* of the world around us but *for the sake* of the world around us. Loving a *few*—specifically the Christians whom God has appointed us to in the local church—is the most loving thing we can do for *all*. While we may have many other kinds of appointments, our "one another" appointment remains primary, without which we cannot say we have learned the way of love.

CHAPTER NINE

Unity

Will We Ever Have It?

Behold, how good and pleasant it is when brothers dwell in unity! It is like the precious oil on the head, running down on the beard, on the beard of Aaron, running down on the collar of his robes! It is like the dew of Hermon, which falls on the mountains of Zion! For there the Lord has commanded the blessing, life forevermore. (Psalm 133:1–3)

Unity. Few believe it's possible, and even that is an overstatement.

You may believe that God parted the Red Sea. You may believe that he raised Jesus from the dead. You may believe that he still works many miracles, heals diseases, casts out demons, and delivers people from their sin. You may believe that God can do "anything." But do you believe that, by the power of God, his people can dwell in *real* unity?

When I say "unity," I don't mean it the way that most people do these days. Like pastors from various churches grabbing coffee every month and becoming friends. Or churches from multiple denominations coming together once a year for a worship event. (God forbid someone give a teaching at said worship event.) I'm not talking about "ecumenism," nor am I talking about tolerance and cooperation despite our otherwise insurmountable differences.

These are all shallow forms of the unity that God intends for the Body of Christ, and this is obvious with just a few seconds of thought. When a husband and wife get divorced but continue cooperating together at some level for the sake of their children—maybe they even continue to

163

be friends—we wouldn't mistake that for "unity." It's better than outright animosity, yes, but it still isn't unity. They got divorced. They are clearly no longer operating as *one*. So let's not deceive ourselves into thinking that our cooperation with and friendliness toward one another brings us anywhere close to fulfilling Christ's prayer for unity in John 17: "that they [i.e., all believers] may become perfectly one, so that the world may know that you sent me and loved them even as you loved me" (John 17:23).

Generally speaking, I think it's safe to say that the world doesn't see *oneness* in the Church today. And so, using the logic in Jesus' prayer, the world doesn't know that Christ was sent by God and that God loves us as he loves his own Son. That's something we should be really concerned about!

Moreover, have we considered how important unity is for God's will to be done on earth? At the tower of Babel, "the LORD said, 'Behold, they are *one* people, and they have all *one* language, and this is only the beginning of what they will do. And nothing that they propose to do will now be impossible for them" (Genesis 11:7). Notice, even *apart from God*, anything was possible for these humans because of their *unity*. That says something about the way God designed humanity. Of course, he frustrated their plans because they weren't building for his glory. But we are building for his glory. Therefore, how much more should *we* be able to accomplish, in unity with each other *and* God? As Jesus says, "Nothing will be impossible for you" (Mathew 17:20).

I submit to you that our lack of unity is at least part of the reason we may not have experienced much of the impossible. Hence, Jesus also said, "If *two of you agree* on earth about anything they ask, it will be done for them by my Father in heaven" (Matthew 18:19).

So, you see, unity—the real kind—is not a buzzword, nor is it a pipe dream. It is the *realization* of something we already have in Christ, which holds the promise to see every "amen" fulfilled, to make the impossible seem common, and to open the world's eyes to the gospel of Jesus Christ. Unity is one of the most pleasant, precious, and powerful things we could strive for. And it is *possible*.

But as with everything else, the ways and the wisdom of man are no good here. There is one way to unity, and it's the way of the Spirit. So, to the extent we aren't experiencing full unity, let us recognize that we will only get there by depending on the Holy Spirit. I hope to offer some guidance in this respect, which begins with understanding what unity is and where it comes from.

Visible vs. Invisible Unity

By definition, unity is *oneness*. It is to share the same name, identity, life, and being. It's not an exaggerated metaphor for closeness or similitude; it's the sheer *reality* of oneness.

Believe it or not, then, the Church already has unity and always has. For we "are all *one* in Christ Jesus" (Galatians 3:28). When we were baptized into Christ, our spirits became *one* with his (1 Corinthians 6:17), by which we became "*one* body in Christ, and individually members of one another" (Romans 12:4-5). As it is written, "There is one body and one Spirit... one hope... one Lord, one faith, one baptism, one God and Father of all, who is over all and through all and in all" (Ephesians 4:4-6). And elsewhere, "Christ is all, and in all" (Colossians 3:11).

The truth—which cannot be seen with the naked eye but must be believed with faith—is that together we are one spiritual organism now, known as Christ, Jesus himself being the head. Here, it does not matter that you and I may disagree on this or that, but as long as we both are in Christ, then we are always and forever perfectly *one*. When you suffer, I suffer. When you prosper, I prosper. When someone serves you, they serve me. When I serve you, I serve Christ (Matthew 25:31-46; Matthew 10:40-42; Luke 10:16; John 13:20). I give thanks for you as I give thanks for every part of my body, and I desire to build you up, that you might do so to me and all the rest.

I would say that we must never lose sight of our oneness, but you can't lose sight of something you don't see. I urge you, then, if you do not have this revelation, to pray for it and put it on as often as you remember. This revelation is the beginning of making our invisible unity visible, so that we don't waste our efforts trying to create something that is yet to be, but to discover and reveal something that already is.

On that note, however, some people will use this idea of invisible unity as a way of excusing or justifying our visible divisions. They will say it doesn't matter that you're a part of one denomination and I'm a part of another, because we are still one in spirit. But then, they are missing the point of the Church's presence on earth, which is to make the invisible *visible*—that through our *manifest* unity, what is true in heaven would become true on earth, as well.

Names and Denominations

Once we get this revelation, it should be easy to see that our church names and denominations are abominations. We've grown so accustomed to them—even dependent on them—and they've become so normalized that I fear this admonishment will be scoffed at. But how are these divisions any different than the divisions amongst the Christians in Corinth that Paul so sternly rebuked?

> I appeal to you, brothers, by the name of our Lord Jesus Christ, that all of you *agree*, and that there be *no divisions among you,* but that you be *united in the same mind and the same judgment.* For it has been reported to me by Chloe's people that there is quarreling among you, my brothers. What I mean is that each one of you says, 'I follow Paul,' or 'I follow Apollos,' or 'I follow Cephas,' or 'I follow Christ.' Is Christ divided? Was Paul crucified for you? Or were you baptized in the name of Paul? (1 Corinthians 1:10-13)

In like manner, Christians today say, "I'm a Methodist," or "I'm a Baptist," or "I'm a Calvinist," or "I'm an Arminian." So I say to them, with the same Spirit as Paul: "Is Christ divided? Was Calvin crucified for you? Were you baptized in the name of Wesley?"

In reply, they argue, "It's a harmless and useful distinction." But I say, tell it to Paul. Tell him why he's wrong to be so up in arms about it. Or otherwise humble yourself and admit that if Paul thought it was so important, then it probably is.

I recall a conversation with a friend who once said, "First, I'm a Christian. Second, I'm an Adventist." I asked him, "Why the second part? What good is it?" Over the next hour of debate, I found that none of his answers were sufficient, and they all revealed an attachment to something that was not from God. We ended the conversation without seeming to get anywhere, but over a year later, he told me that God had changed his mind. Through much consternation and prayer, the Lord showed him that his identity was in Christ alone—no other name—and that his identification with his denomination was deceptively unhelpful.

If you tend to associate with one denomination's beliefs over another, there's something I hope you will understand. Whatever beliefs your denomination holds that are true are not exclusive to your denomination but are mere *Christianity*. Whatever Catholicism says that is true, for example, is not actually Catholicism—it is just Christianity. And whatever it says that is *not* true is *not* Christianity. Therefore, the Catholic who is inclined to defend Catholicism on the basis of its doctrine—like say, the doctrine of transubstantiation—is misguided. If you believe the doctrine of transubstantiation is true, then all you really believe is that it's Christianity. You may safely ditch your defense of Catholicism and instead fight for mere Christianity along with all other Christians.

As a point of clarification, I am not saying necessarily that you should leave your church or denomination, for God may still have appointed you to remain with those people. In fact, I'm not insinuating that you ought to perform any particular *outward* action; rather, I'm talking about changing your mind so that you could never again say with integrity, "I am Catholic." All denominations will be burned up in the fire, along with everything else temporal. Therefore, "[W]e look not to the things that are seen but to the things that are unseen. For the things that are seen are transient, but the things that are unseen are eternal" (2 Corinthians 4:18).

If your church already exists under a denominational structure, then I myself have no additional wisdom to offer you besides mind renewal, submission to one another, and prayer for wisdom. But if you're planting a new church, in your home or otherwise, I highly recommend not having anything to do with denominations (and don't name your church, either).

In our network of house churches, not having a denomination has proven to be incredibly useful. This is true for multiple reasons, but the one I'd like to highlight here is that it keeps people from automatically assuming what we believe and invites them to learn via relationship, as well as to freely express their own views without fear of transgressing denominational belief systems. This has led to a very diverse community in terms of our theological backgrounds, which I see as a huge blessing. Though it isn't always *easy* when our differences come out, it's an opportunity to press into the Spirit, humbly learn from one another, and grow.

If we accepted a denominational label, it would do two things: (1) It would repel some Christians who don't agree with everything that the label represents, and (2) it would attract people who do agree with what the label represents. What we'd be left with is a bunch of people whose beliefs are *too* similar, and we'd be at risk of stagnating.

The way I tend to think of denominations is that the people in them usually see something—that is, something *true* about Christianity—that people outside their denomination don't see at all or don't see as clearly. This shouldn't be chalked up to a mere difference in beliefs; it should be regarded, to some degree, as a difference in *spiritual gifts*.

Let's take, for example, the Charismatics and the Evangelicals, which I realize are not formal denominations but two large subsets of Christians. For the sake of this example, please allow me to make some over-generalizations.

Generally speaking, we might say that the Charismatics find unity around their deep desire to see the spiritual gifts fully expressed in the Body of Christ, including and especially the manifest presence and supernatural power of God. That, we should all agree, is something worth desiring—not the fake thing (if that's what you're afraid of), but the real thing. Because the Charismatics tend to see more clearly than others how valuable this is, they earnestly desire it, learn it, develop useful frameworks around it, etc. The negative side of this is that there can be some degree of disorder involved in their pursuit of spiritual gifts, and it's not uncommon for them to ascribe greater authority to their experiences than to the Scriptures. However, if we can recognize the *truth* in what they see, then we ought to recognize it as a *gift* (however unrefined it may be), as a way that God intends to use to stir up these desires in all of us, as something that is needed to bring us all closer to reaching our full potential in Christ.

Similarly, we could say that the Evangelicals find unity around their deep desire to understand and obey the Scriptures *over and against their experience.* Once again, we should all agree that this is a good desire. And because the Evangelicals see more clearly than others how important this is, they go to great lengths to attain it. The negative side of this is that there is often some degree of staleness in their pursuit of understanding Scripture, and it isn't uncommon for them to distrust and even quench the Spirit. However, we ought to recognize their desire to uphold the word of God as a *gift* (however unrefined it may be), as God's way of maintaining a proper regard for Scripture in the Church, as something that is needed for our maturing in the faith.

Now, if we view these differences as *spiritual gifts*—each one a revelation about some aspect of the life of God—then do you see the problem? Using Paul's analogy of body parts, we have a bunch of "hands" congregating under one denominational label, a bunch of "feet" congregating under another, and so forth. And so, each local church is often lacking in major body parts!

Each one stands from afar, criticizing the errors in the others' approach and using it as a justification for why they can't congregate under the same roof. But can't we see the tragedy? Each one *needs* the other. The Evangelicals need the Charismatics to help keep them from quenching the Spirit, to draw them into a fuller experience with the living God. And the Charismatics need the Evangelicals to help weigh their prophecies and other spiritual expressions against the Scriptures. Again, I understand I'm being overly reductionistic in these categories, but the point remains. Paul says, "The eye cannot say to the hand, 'I have no need of you,' nor again the head to the feet, 'I have no need of you'" (1 Corinthians 12:21). And yet, through our denominations, we've effectively said to one another, "I have no need of you," all while presuming that our own denomination is full of every gift, though it is not.

The root of this issue, in my opinion, is the way the Church has traditionally functioned for so long—that is, without open participation, without submission, and without church discipline. Without any of these, there is no way for the mixture of gifts to have the mutually edifying effect that they're supposed to, all of us refining one another through the fire of fellowship. Instead, Christians are mostly subject to whatever system they're a part of and, since there is no clear avenue for weighing things corporately, are in the unfortunate circumstance of having to find a church that's already very similar to themselves. But when a church functions as I've outlined in this book, it's amazing how God will use the things that have divided us to stretch us, mature us, and bring us closer together. Our differences aren't a liability, but a way to growth, as long as we remain humble and submit to one another.

So once again, our man-made thing—in this case, denominations—has hijacked the role of the Holy Spirit. It purports to help us decide which Christians God is calling us into relationship with, but what if it's actually doing the opposite? What if our denominations are causing us to lack the diversity of gifts we would otherwise have if God put our groups together himself, apart from these unhelpful distinctions?

The same goes for all our various church names, brands, logos, etc.—these have divided us. When I started the church in my home, one of the first things I did was give it a name: Salt + Light Fellowship. We even had a neat logo, and I did a great job with the website (if I don't say so myself).

But not too long afterward, something interesting happened. Jonathan (whom I introduced you to in the third chapter) and I, along with our two churches, started to perceive that God wanted to bring us together to function as one, to intermingle, to submit to one another. This created an interesting dilemma because Jonathan and his crew had no name (besides Christ), no official organization (besides the Body of Christ). If we were going to become one unit, we had to decide between two options: (1) them coming under our name of Salt + Light Fellowship or (2) us coming under their name of Christ and his Body.

Needless to say, it became evident to us that the latter option was far better. They couldn't take on our name in good conscience, and I couldn't ask them to do it in good conscience. The truth is, they had no need for it. It would have been like putting another outfit on top of their current outfit, which was already perfect. *Jake* started Salt + Light Fellowship, but *God* started the Body of Christ. And so Christ was the only name we could both be under, since he is the one that we both came from.

Moreover, I began to see that this phenomenon of two churches becoming one (in the visible realm) wasn't going to be a unique or special occurrence. Rather, it is going to happen more and more until the whole church, every church, is visibly one. If that's true—and I believe it is with my whole heart—then our names and denominations will only make the process more difficult, acting as barriers to God's plan for our visible unity. Best we do away with these barriers sooner rather than later, but God will do away with them one way or another, even if it takes persecution.

That being said, I'll say it once again: I don't know what this means for you, your church, or your denomination today. Exactly how you should respond to this is wisdom I don't have, but God does. I exhort you simply to renounce the belief that names and denominations have any value beyond convenience (and that at the expense of unity); then seek God with an open mind and a heart for visible unity in the Body of Christ, believing that it's his will and his promise to us.

Unity of Mind

Next, in our efforts to achieve visible unity, we must understand where unity comes from, lest we waste our time digging a well where there is no water. At its core, our unity comes from *agreement* (i.e., believing the same things).

I understand this is an uncomfortable truth—so uncomfortable, in fact, that many have concluded it's not true. The belief that unity requires agreement has surely enabled all sorts of infighting that could have altogether been avoided if we just embraced a different definition of unity and let go of trying to agree.

However, if there's any doubt about the necessity of agreement, just consider what makes us Christian to begin with—the *belief* that Jesus is Lord, that he was crucified for our sins, that he was raised for our justification, etc. Through *faith* in him, we are born of the Spirit and made one with him and each other. It is our *agreement* with these truths whereupon we find unity as Christians, despite our theological differences on other (often considered "secondary") matters.

You might think, then, *Can't we just celebrate our unity on the primary issues and not fret ourselves with all the other stuff?*

I would say, sure, but only if you can do this under the same roof (or in the same living room), while actively living life together, building each other up, teaching and admonishing one another, fighting for each other's maturity in faith, etc. It's quite easy when you're attending different churches and operating under different denominational authorities not to worry about your theological differences. But real relationship is where disagreement gets exposed as the active disruptor that it really is. It's why we have denominations to begin with: People who didn't agree on these "secondary" issues couldn't figure out how to continue loving and submitting to one another in the bond of peace.

So, while we should celebrate our unity/agreement where we have it, we should not excuse our disunity/disagreement where we lack it. Rather, we need to acknowledge that it has real consequences in our relationships (e.g., the very existence of denominations), which we must learn to overcome.

Another way of thinking about it is that Jesus *is* the truth (John 14:6). Thus, if *he* is what unites us, then the *truth* is what unites us. We'll experience our unity (and experience Jesus) in the visible realm to a greater degree as we come to share in the full knowledge of the truth, even if that is on secondary and tertiary issues. Hence, Paul says this is the goal to be attained, without which we are still immature and unstable:

> . . . to equip the saints for the work of the ministry, for the building up of the Body of Christ, until we all attain to the *unity of the faith and of the knowledge of the Son of God*, to mature manhood, to the measure of the stature of the fullness of Christ, so that we may no longer be children, tossed to and fro by the waves and carried about by every wind of doctrine, by human cunning, by craftiness in deceitful schemes. (Ephesians 4:12–14)

Over and over again, I have found that when we talk about unity this way (as having to do with agreement), it exposes how very few people are believing and hoping for it, let alone working towards it. Most Christians I've talked to believe in a version of unity that is largely absent of agreement, and therefore, absent of unity. They've become so jaded by church history and their own experience that they've quit believing the Lord can bring us into agreement on historically divisive and sensitive issues, or that it even matters. Their motif is "agree to disagree."

While there are times that agreeing to disagree is necessary—even what the Lord may instruct us to do—it should not be where we permanently settle, for then we've settled our hearts on disunity. The following scriptures provide a clear exhortation to seek unity of mind:

> I appeal to you, brothers, by the name of our Lord Jesus Christ, *that all of you agree*, and that there be no divisions among you, but that you be *united in the same mind* and the same judgment. (1 Corinthians 1:10)

> Finally, brothers, rejoice. Aim for restoration, comfort one another, *agree with one another*, live in peace; and the God of love and peace will be with you. (2 Corinthians 13:11)

> Only let your manner of life be worthy of the gospel of Christ, so that whether I come and see you or am absent, I may hear of you that you are standing firm in one spirit, *with one mind* striving side by side for the faith of the gospel . . . (Philippians 1:27)

> [C]omplete my joy by being *of the same mind*, having the same love, being in full accord and *of one mind*. (Philippians 2:2)

> Finally, all of you, have *unity of mind*, sympathy, brotherly love, a tender heart, and a humble mind. (1 Peter 3:8)

Unity of mind, then, isn't a naïve and youthful ambition. It is biblical. It is what God desires for us to pursue. And once we accept that agreement is necessary for unity, then we can start asking the right questions: not "What's the best way to occasionally bring people together who disagree?" but "How can we come into agreement?"

What God is Saying and Doing

I have found that a helpful way to look at agreement is by separating it into two basic categories: (1) agreeing on what God has *said and done*; (2) agreeing on what God is *saying and doing*.

The first of these categories—what God has *said and done*—I put in the "theology" and "Bible knowledge" bucket. The most important of all is what every Christian already believes about the person and work of Jesus Christ—i.e., his lordship, priesthood, death, resurrection, etc. Here, there is no room for disunity, and, indeed, there is no disunity. For this truth is that by which any of us were saved and became members of Christ and one another.

Beyond this truth, however, there is considerable variance in beliefs about what God has said and done. One believes that God's grace is irresistible; another believes that a person must choose to receive or reject it. One believes that God allows women to be pastors; another believes that he doesn't. One believes that drinking alcohol is sinful; another believes that it isn't. One believes that the story of Adam and Eve is a literal depiction of a historical event; another believes it's an allegory with a purely spiritual meaning.

Hear me now: God is *allowing* that disunity to exist because there is another kind of unity he prefers to establish before it.

The other kind of unity is agreement about what God is *saying and doing*. Notice the change in tense. This category has to do with discerning the Spirit in the *present*. Christ only said what the Father told him to say (John 14:10) and only did what he saw the Father doing (John 5:19). It's that sort of spiritual sensitivity *in the present* by which Jesus grew into the man he was, and the same will be for us. As such, this kind of agreement is of primary importance, for it has to do with *walking by the Spirit*, which is the only way that we bear fruit. Therefore, let it be known that we need each other's help to walk by the

Spirit, that our united perception of what God is saying and doing would be a lamp beneath our feet.

Truthfully, if the only knowledge we had were what God is saying and doing in the present, we would never falter. We would have all that we need for every moment, even without having perfect knowledge, and the Spirit would lead us into all truth. But notice, it doesn't work the other way around. We could know everything that God has said and done (i.e., have perfect theology/knowledge) but still fail to walk by the Spirit and accomplish his will.

As a teacher, I come face-to-face with this reality all the time. When I'm with the church, I often have knowledge I would like to share with them, but the Spirit doesn't permit it. It's not always that the knowledge is untrue, but that it isn't what God is saying and doing in that moment. In that sense, while it's true, it isn't the *Truth* (i.e., Jesus, from whom our unity comes). Therefore, if I were to speak it, it may actually deserve correction. Someone might say, "Jake, I don't necessarily disagree with *what* you're saying, but I don't sense that it's *what God is saying* right now," or, "I'm not sure I agree with you, but honestly, I don't think this is the time or place to work that out." As a body, this would shift our focus from seeking unity in *what* I taught to seeking unity in *whether* I should have taught it at all. Through the practice of submission (as I outlined in Chapter 4), weighing this person's discernment, we would find unity in what God is saying and doing in the gathering, avoiding the trap of a theological discussion that God isn't empowering.

In a similar fashion, there are times when someone has shared a personal testimony that includes poor theology, which I innately feel a compulsion to weigh or correct. I will do this without fear when the Spirit gives me the green light, but I have also learned that God isn't always worried about correcting people immediately. In some cases, I've gotten the sense that he just wants me to rejoice with them in the good stuff that they shared. Other times, he's wanted to teach me how to wait and trust him for a better moment to offer correction, maybe in another setting, maybe at a later date. And occasionally, I've had the impression that he simply has more important things on his mind, which he does not want to be interrupted by the disagreement at hand. I don't always need to understand why; I just need to be more concerned with discerning what his Spirit is saying and doing right now than with everyone having the same perfect theology right now.

Macro vs. Micro Unity

Most of the time when the Church talks about unity, it's on a *macro* scale—that is, addressing denominational barriers, keeping churches from splitting, and so forth. We're right to be concerned about the macro picture, but we're fooling ourselves to think that we can make any difference at the macro level apart from learning the way at the *micro* level. Please read that again, and make it personal.

By this, I'm talking about the *few* Christians whom God has appointed you to be in close, Christ-centered relationship with. Seeking unity/agreement in all things with those specific people is the primary way that you will contribute to the Church's unity at large. Our failure to learn this way at the *micro* level is ultimately what has led to our disunity at the *macro* level.

To be honest, I'm far more concerned with your ability to remain in real relationships—through thick and thin—than I am with your ability to remain in a denomination or a church. It's easy to agree with a statement of beliefs or a pastor's Sunday sermon. But when face-to-face discipleship begins, when you start taking ownership of people's spiritual growth, when people are encouraged to share freely in the gathering, when everything gets weighed, when church discipline takes place, etc., I can nearly guarantee that you'll run into many disagreements—if not immediately, then in time. These have been there all along, beneath the surface, but Spirit-led relationships will expose them in order that you might sharpen one another and grow into Christ together.

Herein lies another exhortation: Quit thinking about unity at the macro level, and do your part by seeking to attain it as much as possible at the *micro* level with the *special few followers of Christ* whom God has appointed you to love. I often remind my church that, for me, there's no back door. I'm not leaving this relationship, and no one is kicking anyone out (except in the case of unrepentant sin, of course). This means that we have a true family, full of diverse thinking—plenty of it right and plenty of it wrong—where we can strive to understand one another, safely challenge each other, and where we needn't worry about our expressed differences leading to disfellowship. I speak for myself, at least, when I say that we're committed to one another until the end. If everyone would just make up their mind about that, there's no telling where God would take us.

I think a lot of Christians fear seeking unity of mind to any great extent because they expect it eventually to lead to division. There's that point in an argument—even the respectable ones—when you realize that you've exhausted all resources, done everything you can to resolve your differences, you still don't see eye to eye, and it doesn't feel like you ever will. That's where most people will give up on their hope of unity and, in some cases, on one another. But this isn't a moment for giving up. For the love of God, please don't give up!

Instead, here's what you are to do: Remember that the person in front of you, whom God has called you to love like Christ, also loves Christ and wants to know the truth just as much as you do. This requires that you view them not according to the flesh but according to the Spirit. Let humility overwhelm you if your life and words aren't compelling enough to convince your brother of what you're "certain" is true. Recognize your own inability to attain unity, and stop relying on yourself! Instead, rely wholly on God. Making perfect arguments was never going to be the way that God brings his people into unity. It was always going to come, in one way or another, via his Spirit. Don't doubt the fact that your brother, who disagrees with you today, may receive a revelation from God tomorrow (perhaps even via dream or vision) that resolves the disagreement entirely. And don't doubt that the same could happen to you. Pray for it earnestly and expectantly, continuing together in joyful fellowship as you wait on the Lord.

In conclusion, there are all sorts of reasons that God has not granted us perfect unity yet, and I believe he will not do so until we learn unity in the more foundational areas of walking with one another. Let us recognize, then, he is *using* our visible disunity to inspire humility, prayer, submission, and love—i.e., the way of the Spirit—which, only once established, can hold the weight of the revelation that follows. The question is, will we finally let our visible disunity do what it's supposed to do in us, or will we continue to use it as a justification for our feeble, arms-length approach to fellowship with one another? I pray the former.

CHAPTER TEN

Leadership

A Return to Biblical Standards

At the heart of all the issues we've addressed in this book is leadership. As long as the Church continues to appoint and submit to leaders who do not wait on the Lord, who do not know the way of the Spirit, who do not have a firm grasp on the truth of the gospel, who are not entrenched in life-on-life discipleship, who do not themselves regularly practice church discipline and submission, etc., our churches will continue lacking all of these, as well.

We need to be clear about the fact that the *saints*—not the hierarchical church institution—have the God-given authority and responsibility to appoint and remove the leaders in their own midst. This means that when a leadership failure occurs or comes to light, it is nearly always the result of the collective body of saints—i.e., the local church—not being equipped and/or empowered to appoint and remove their leaders properly.

Below are numerous scriptures that highlight the importance of churches being able to identify and remove false leaders:

> For if someone comes and proclaims another Jesus than the one we proclaimed, or if you receive a different spirit from the one you received, or if you accept a different gospel from the one you accepted, you put up with it readily enough. (2 Corinthians 11:4)

> For such men are false apostles, deceitful workmen, disguising themselves as apostles of Christ. And no wonder, for even Satan disguises himself as an angel of light. (2 Corinthians 11:13–14)

I am astonished that you are so quickly deserting him who called you in the grace of Christ and are turning to a different gospel—not that there is another one, but there are some who trouble you and want to distort the gospel of Christ. But even if we or an angel from heaven should preach to you a gospel contrary to the one we preached to you, let him be accursed. As we have said before, so now I say again: If anyone is preaching to you a gospel contrary to the one you received, let him be accursed. (Galatians 1:6–9)

I know that after my departure fierce wolves will come in among you, not sparing the flock; and from among your own selves will arise men speaking twisted things, to draw away the disciples after them. Therefore be alert, remembering that for three years I did not cease night or day to admonish every one with tears. (Acts 20:29–31)

But false prophets also arose among the people, just as there will be false teachers among you, who will secretly bring in destructive heresies, even denying the Master who bought them, bringing upon themselves swift destruction. And many will follow their sensuality, and because of them the way of truth will be blasphemed. And in their greed they will exploit you with false words. Their condemnation from long ago is not idle, and their destruction is not asleep. (2 Peter 2:1–3)

I have written something to the church, but Diotrephes, who likes to put himself first, does not acknowledge our authority. So if I come, I will bring up what he is doing, talking wicked nonsense against us. And not content with that, he refuses to welcome the brothers, and also stops those who want to and puts them out of the church. Beloved, do not imitate evil but imitate good. Whoever does good is from God; whoever does evil has not seen God. (3 John 9–11)

> I know your works, your toil and your patient endurance, and
> how you cannot bear with those who are evil, but have tested
> those who call themselves apostles and are not, and found them
> to be false. (Revelation 2:2)

> But I have this against you, that you tolerate that woman
> Jezebel, who calls herself a prophetess and is teaching and
> seducing my servants to practice sexual immorality and to eat
> food sacrificed to idols. (Revelation 2:20)

The implication of each of these verses is clear. The writers are in each case saying, "False teachers have (or will) infiltrate your church. It's up to *you* to do something about it." One way or another, the Church needs to find a way to restore this power to the people and train them to exercise it.

Not too long ago, our network of house churches had no appointed leaders. For the first five years of our existence, in fact, we got along fine without anyone holding an official position of elder, overseer, shepherd, etc.

During that time, both Jonathan and I *functioned* as leaders in many ways; however, we actively resisted being *appointed* by the church to an official leadership role. Despite the fact that many felt we ought to be, neither of us was confident that we met the biblical qualifications of eldership as defined in 1 Timothy 3:1-7 and Titus 1:5-9.

Far more important to us than our church merely *having* appointed leaders is our church having the *discernment* about whether someone should be appointed, lest we appoint leaders who aren't ready for the responsibility yet. There is a difference, I assure you, between someone whom God *is preparing* for an appointment—i.e., has a "call to ministry," as they say—and someone whom God *has prepared* for it, a distinction that I fear is often made but misunderstood. The Lord knows, when God's people ascribe authority to someone who doesn't have it, it is a detriment to everyone.

Jonathan and I *aspired* to oversight (1 Timothy 3:1); everyone was aware of that. But instead of prematurely stepping into an appointment that we didn't feel ready for, we simply continued to serve faithfully amidst our brothers and sisters with the gifts God gave us until we could stand before the whole congregation and say with integrity that we believe we are "above reproach" (1 Timothy 3:2; Titus 1:6-7).

This we eventually did, but to be clear, *we still did not appoint ourselves.* Rather, we submitted the decision to the whole assembly of saints and exhorted them to weigh it seriously together during one of our large gatherings. As a part of this process, we spoke transparently about the biggest areas of immaturity that we were still aware of in ourselves, and we asked everyone to speak openly about any areas of concern that they see in us, so that all of this would be a part of the congregation's consideration of our fitness for eldership.

Jonathan passed with flying colors (I often feel that he's my better counterpart, to the praise of God). But regarding a particular area of immaturity that I openly shared about myself, one brother considered it to be a disqualification. He explained his case with full sincerity and, I might add, with love. Please understand, I don't resent him for this; I respect and honor him for this, for he did exactly what we asked everyone to do. This was not subversive but submissive.

In response to his concerns, our church had a long (and admittedly, not very comfortable) discussion with one another, where my ongoing struggle with this particular sin was on full display between roughly 70 people—men, women, and children. To help with the decision, they fortunately had over five years of context, having walked with me and seen how I live, how I lead, how I treat people, how I manage my life and household, and the fruits of it all. Ultimately, this brother ended up submitting his opinion to all the rest, who agreed that I was indeed qualified for the appointment.

And so, once we worked through all of that, with one voice the whole church laid their hands on us and appointed both of us as elders/overseers.

This process was very humbling, I think—not only for me but for all the brothers who aspire to such a thing. Overseeing God's people is not something to take lightly, and, as was demonstrated that day, comes with serious implications about a person's spiritual maturity.

Maybe you agree, or maybe you disagree, with our process and standards for leadership appointments. Either way, I ask you a simple question: How many appointed leaders in the Church today, if they were placed in the middle of *our* congregation, do you think would pass this examination?

I understand that this question isn't entirely possible to answer. However, it seems safe to say that *a lot* of leaders—I don't necessarily mean *the majority*, just a large number—would not pass. Therefore, according to our standards, *a lot* of appointed leaders are not actually qualified for the positions they're in. That's an issue!

You might think that this is too broad a statement, but it's not a whole lot different than the statement I made at the beginning of the chapter on church discipline. I don't need hard data to come to this conclusion because I myself have met *many* pastors who, I can say with confidence, would not pass this kind of examination. And I've even known *some* who wouldn't pass an examination far less stringent than this.

We've all seen this movie before, haven't we? Leaders appointed based primarily on their giftings, not their maturity, who inevitably develop pride, experience depression or burnout, get caught in some deep moral failure, neglect their families, or even leave the faith altogether. Many people are hurt and confused along the way. Sometimes, entire institutions are full of corruption. Congregations that wonder how this ever could have happened. On the back end, we justify it with statements like "nobody's perfect," "everyone has their issues, even leaders," and "this just reminds us that God uses broken people to do his will." Then we update our denominational guidelines and implement "safeguards" to make sure nothing like that happens again. But it always does. And it will keep happening until we learn to handle leadership appointments properly, according to God's ways found in Scripture.

That's the primary goal of this chapter—that you and your church would have a simple, biblical framework for church leadership that helps you to avoid these common pitfalls, which are all but inevitable when we use the methods and wisdom of man. Please know that I do not intend to make any assumptions about you or your leader(s), who may very well be qualified. I will instead leave it entirely up to you to discern the fitness of the leaders in your church using the criteria outlined in this chapter, as well as to exercise your God-given authority to hold your leaders to the standard that God has given them.

Elders, Overseers, Shepherds, and Leaders

The first thing I'd like to do is to discuss some terminology. You've already heard me use the terms "elder," "overseer," "shepherd," and "leader" interchangeably; that's not without reason. In the New Testament, these words are often used in reference to the same thing, which we can see in the various scriptures below. I've italicized each of these words, as well as phrases that carry the connotation of these words—e.g., "the flock" implies *sheep being shepherded*, and "keeping watch over" implies *oversight*.

> For you were straying like sheep, but have now returned to the *Shepherd* and *Overseer* of your souls. (1 Peter 2:25)

> So I exhort the *elders* among you, as a fellow *elder*... *shepherd* the flock of God that is among you, exercising *oversight*... not domineering over those in your charge, but being examples *to the flock*. And when the chief *Shepherd* appears, you will receive the unfading crown of glory. Likewise, you who are younger, be subject to the *elders*... (1 Peter 5:1–5)

> This is why I left you in Crete, so that you might put what remained into order, and appoint *elders* in every town as I directed you—if anyone is above reproach... For an *overseer*, as God's steward, must be above reproach... (Titus 1:5–7)

> The saying is trustworthy: If anyone aspires to [*oversight*], he desires a noble task. Therefore an *overseer* must be above reproach... (1 Timothy 3:1–2)

> [Paul speaking directly to the *elders* in Ephesus:] Pay careful attention to yourselves and to *all the flock*, in which the Holy

Spirit has made you *overseers*, to care for the church of God, which he obtained with his own blood. (Acts 20:28)

Obey your *leaders* and submit to them, for they are *keeping watch over* your souls, as those who will have to give an account. Let them do this with joy and not with groaning, for that would be of no advantage to you. (Hebrews 13:17)

Again, the only point I'm making as of yet is that these terms are used interchangeably; however, they each speak to a certain dimension, aspect, or function of the same position they're referring to.

"Leader" (Greek: *hegeomai*), in my opinion, requires the least explanation. It doesn't give us a whole lot of insight about these appointed persons besides the fact that they helped to *lead* (obviously) God's people. To some of my charismatic friends who desire so strongly to be Spirit-led, this means that we needn't fear the idea of human leaders. Surely, a church that is Spirit-led will be able to recognize when the Spirit is (or isn't) leading them through a person, and all glory will be to God. This requires discernment, but it does not require that we throw away our framework for biblical leadership.

"Elder" (Greek: *presbyteros*) has two meanings, basically. The first is literally "one who is older" (e.g., "the elder brother"). Some have, I believe mistakenly, used this to argue that elders in the Church were always (and should always be) middle-aged or above, but I don't think that argument holds water for two reasons. First, Paul says to Timothy, "Let no one despise you for your *youth*" (1 Timothy 4:12), and then goes on to describe the work that Timothy ought to be doing, which is obviously the work of someone appointed to lead. Indeed, a large portion of this letter is instruction directed at Timothy about how he ought to oversee, manage, and/or lead the church in his locale. All this *in spite of* his youth.

The fact that "elder" has age connotations is not without significance, though. To be sure, a church's elders should be those who are older *in spirit* (not *necessarily* in the flesh). By this, I'm not talking about those who've been Christian the longest in natural years. For there are plenty of lifelong Christians who are, unfortunately, still infants in Christ; on the contrary, there are occasionally Christians who have not been saved but for a few years who have grown beyond the maturity of most. Rather, I'm talking about spiritual *maturity* or *adulthood*, a concept we'll devote a good amount of attention to in this chapter. If an elder is not *spiritually* mature, as a plant that bears much fruit, then they are not spiritually "older" than others in the community and should not be regarded as an elder.

Secondly, the term "elder" was used in civic and social contexts to refer to members of a community who were highly respected due to their wisdom, and often, because of this, helped to manage the local affairs in some sort of governing body (e.g.," the council of elders"). The connection here is not hard to make. Ideally, elders in the Church serve the exact same function for the exact same reason.

"Overseer" (Greek: *episkopos*), in a Greco-Roman context, often referred to someone appointed to provide financial oversight and/or project supervision. On a construction site today, they would be the General Contractor or the Project Manager. I love this analogy in light of our shared calling to build up the Body of Christ, the temple of God. The overseers are those making sure that the work of others is following God's blueprints, that the temple is being built properly.

As for *financial* oversight, there is ample evidence in the New Testament that the collection and distribution of money and resources was managed by these leaders, which included the apostles (see Acts 4:34-35; Acts 6:1-6; 1 Corinthians 16:1-4; 2 Corinthians 9:5; Galatians 2:10) who were themselves elders (see 1 Peter 5:1). This magnifies the gravity of Paul's instruction that overseers should not be lovers of money (1 Timothy 3:3) nor "greedy for gain" (Titus 1:7), for they often handled the money purse and could even take from it to provide for their own needs.

"Shepherd" (Greek: *poimen*) obviously refers to a person who tends to sheep—protecting, feeding, and managing them as the extremely valuable assets they are. Given that almost none of my modern readers, myself included, have a complete image of what a shepherd in the first century actually did, I encourage you to do your own research on the topic and see how it expands your understanding of the role of shepherds in the Church.

I find the information fascinating, but it would take too much time to cover here. There are only a few points I'd like to make about it.

First, I'm concerned that when some people hear the word "shepherd" or "shepherding" in a church context, they think of it in a "softer" sense than they ought to. In other words, they think of their shepherd feeding them with sound teaching (how nice!), protecting them from the false doctrine of wolves (what safety!), counseling them through hard times or visiting them in the hospital (what comfort!), but they do not think of the admonishment, the rebuke, the correction, the discipline—that which is painful and unpleasant while it's happening but later yields fruit (Hebrews 12:11).

Don't get me wrong, the true Shepherd is loving, gentle, and in no way abusive. However, he corrects his sheep *constantly*, and he does so *individually*, not just communally. In the first century, when a sheep started wandering away, the shepherd would reach out his staff to give it a firm nudge back into position (though never inflicting injury), sling a stone that lands right in front of its nose to startle it back toward the flock (shepherds were experts with the sling for this very reason—e.g., David), or walk directly in front of it while increasing the frequency and volume of his speech to reestablish its mental connection to his voice.

Here's where I think most church leaders miss the mark. They admonish mostly from the *pulpit*, thinking they've done their jobs, and rarely to the *individual person*. But from the pulpit alone, many will not conform. The wandering sheep doesn't hear the shepherd speaking to the whole flock; it needs *personal intervention* to get its attention, which a good shepherd will give. We covered the nature of this correction in the chapter on church discipline, so I refer back to that if you've forgotten what it entails. But let us remember this: "Better is open rebuke than hidden love. Faithful are the wounds of a friend; profuse are the kisses of an enemy" (Proverbs 27:5-6).

Shepherds shouldn't be the *only* people in the community doing this—everyone is responsible for admonishing their brothers and sisters in Christ—but the true shepherds are the ones who do it more than anyone, and who do it with a gentle and lowly spirit, setting the example for the rest to follow. This means that one shouldn't wait to be appointed to leadership to begin caring for the sheep this way, for we all have God's permission, yes, even his command, to begin doing it now. Rather, it is those who first demonstrate an organic faithfulness in this area whom the church should consider for the appointment, without which it would be premature to appoint them.

The following passage of Scripture describes the event when Paul visited the elders in Ephesus one final time, offering them an exhortation regarding how they should lead. In it, we gain insight about Paul's ministry and his understanding of the role of elders, which includes the kind of caretaking we've been talking about:

> Therefore I testify to you this day that I am innocent of the blood of all, for I *did not shrink* from declaring to you the whole counsel of God. *Pay careful attention* to yourselves and *to all the flock*, in which the Holy Spirit has made you overseers, *to care for the church of God*, which he obtained with his own blood. I know that after my departure fierce wolves will come in among you, not sparing the flock; and from among your own selves will arise men speaking twisted things, to draw away the disciples after them. Therefore be alert, remembering that for three years *I did not cease night or day to admonish every one with tears.* (Acts 20:26–31)

That final sentence says it all: "I did not cease night or day to admonish *every one* with tears." The way this is written in Greek suggests strongly that he meant "every single person" or "every one individually," not merely the whole group generally. The fact that he did so *with tears* makes this even more likely, implying deep and personal relationships and interactions. At any rate, God has used this verse as a standard of measurement for my own ministry for years, as an admonishment towards me, to grow up and love my flock in a similar way.

Next, let us recognize that biblical elders *are* shepherds—not some, but all—which differs quite a bit from the idea of eldership in certain church institutions today. Rather than detailing what all those ideas of eldership include, I will simply say that we should not divorce eldering and shepherding from one another. If your church has "elders" that aren't actively and intimately shepherding the flock, then you should stop calling them elders; think of something different to call them. (On that note, the word "pastor" is probably the most common English term for leaders in the Church today. Believe it or not, the term just means "shepherd" in Latin, so we would do well to start thinking of it that way. If your Bible has the term "pastor" in it, it is probably in Ephesians 4:11, where the correct translation is still *shepherd*.)

With this in mind, consider the titles and roles given to so many leaders. A Teaching Pastor, well known for his sermons but not for his personal care for people, will proudly say, "God just didn't give me the gift of shepherding, and that's okay!" Well then, my friend, you may be teaching, but you're not a pastor. Similarly, churches use titles like Worship Pastor, Executive Pastor, and Lead Pastor, but these all should be subject to the same standard of measurement. If the person isn't actively and effectively shepherding people—stewarding individual souls via close, Christ-centered relationship as we've discussed so much throughout the book—then they aren't "pastoring."

Fruit vs. Gifts: The Qualifications for Overseers

So then, what exactly makes someone qualified to be an appointed leader in their church? As I've already mentioned, the standard qualifications for overseers are found in 1 Timothy 3:1-7 and Titus 1:5-9. Another, less comprehensive, list is found in 2 Timothy 2:24-25. You may read these passages yourself, but I've compiled a list below to remove the duplicates. I have also included a short description of each for deeper reflection. An elder/overseer must be:

- **Above Reproach:** Blameless; possessing a character that does not leave them open to *valid* public accusation. (Remember, Jesus was charged as a criminal and given the death sentence; thus, *invalid* accusations are part of the job description for those who embody Christ. All the more reason that a charge against an elder requires two or three witnesses, per 1 Timothy 5:19, as a safeguard against personal vendettas and false accusations, which are sure to come.) Notably, this does not mean "perfection." Every leader is probably still aware of things about themselves—that is, their own imperfections—that others cannot see. But being above reproach has more to do with what *others can see*, or, otherwise, what others would accuse you of *if they saw*.

- **Upright and Holy, a Lover of Good:** Deeply valuing what is virtuous; bearing the fruit of the Spirit (i.e., love, joy, peace, etc.); fair in dealings and devout in his relationship with God.

- **Disciplined/Self-Controlled:** Prudent and sensible; demonstrating self-mastery in all areas of life.

- **Sober-minded:** Stable, level-headed, and vigilant.

- **Respectable:** Honorable, well-mannered, modest, orderly.

- **Not Open to the Charge of Debauchery or Insubordination:** Not reckless, wild, unruly, or wasteful.

- **Not a Drunkard:** Not addicted to or controlled by alcohol (or any other Spirit-inhibiting substance).

- **Not a Lover of Money:** Not greedy; lives modestly.

- **Not Arrogant/Corrects Opponents with Gentleness:** Not self-willed or stubborn; doesn't bite back or intimidate; open to reason; submissive.

- **Patiently Enduring Evil:** Does not return evil for evil; loves and blesses his enemies; maintains a positive, eternal outlook amidst suffering and persecution.

- **Kind to Everyone:** Impartial, forbearing, charitable, quick to forgive.

- **Not Quarrelsome, Violent, or Quick-Tempered:** Not argumentative or contentious; slow to speak, quick to listen; not prone to physical outbursts; gentle and peaceable; patient and slow to anger.

- **Hospitable:** Open and welcoming to guests and the community; eager to care for others.

- **Husband of One Wife:** Faithful to his wife; a "one-woman man."

- **Manages His Own Household Well:** Maintains order in the home; disciplines his children; does not neglect his family; children are obedient, not rebellious; wife demonstrates spiritual maturity; home is well kept, a place of peace.

- **Well Thought of by Outsiders:** Good reputation with secular employers; highly regarded by friends and neighbors. (While living for the gospel can invite persecution and hatred from the world, being generally disliked and thought of negatively by unbelievers is a clear sign of spiritual immaturity.)

- **Not a Recent Convert:** Possessing spiritual maturity to avoid the trap of pride; not thinking more highly of themselves than they ought to.

- **Holding Firm to the Word:** Loyal to the Scriptures as they were taught, both in word and deed.

- **Able to Teach Sound Doctrine and to Rebuke Those Who Contradict It:** Understands the most important spiritual truths—namely, the gospel of Jesus Christ, the elementary principles (see Hebrews 6:1-2)—and articulates them in a manner that equips the saints to walk in righteousness; proven ability to overcome the arguments of those who dissent on these core doctrines.

As you may have noticed, the overwhelming majority of these qualifications pertain to the person's character, or spiritual maturity, not to their spiritual gifting. As far as I can tell, the only gift that is mentioned here is the gift of teaching. This one gift makes a lot of sense, actually, when you consider the role of a shepherd. As sheep, our "food" is the word of God; it's what nourishes us and makes us grow. As we talked about in the chapter on the gospel, the truth alone holds the power to set us free; only by abiding in it (or in *him*, who is the Truth) do we bear fruit. Thus, a shepherd who can't teach the truth is incapable of feeding his sheep and therefore unfit for shepherding.

So again, there is only one qualification that pertains to gifting, and all the rest pertain to character. But too often, churches make the mistake of thinking that leaders are qualified because of their gifting. Some leaders are great teachers of the Bible; some have high-level (CEO-type) organizational and administrative giftings; some defend the faith with great effectiveness; some have a remarkable gift of healing; some seem to demonstrate an incredible capacity for prophetic insights; and the list goes on. Yet, for each of those categories, I can think of a famous contemporary pastor—and in most cases, multiple—who ministered for many years while having ongoing, unaddressed (or *improperly* addressed) moral failures, things that disqualify them from leadership altogether according to the biblical standard.

Among those leaders, for example, was a world-renowned apologist, whom I will not name, though many of you may know who I'm talking about. I have chosen him arbitrarily among the lot, with no implication that his scandal is the worst. An international ministry was built around this man, which managed tens of millions of dollars per year in grants and donations, given toward spreading the gospel. Shortly after his death in 2020, it came to light that he had sexually groomed and abused multiple massage therapists over the course of many years, as well as used some ministry funds to pay for their travel, buy them lavish gifts, support the spas (which he co-owned) where much of the abuse happened, and fight legal battles when the accusations arose. Once this all became public and verified through proper legal investigation, within a very short time, the ministry came crashing to the ground, along with the man's reputation and legacy. Of course, many people were left hurt and confused, as well.

I remember speaking with a brother in Christ about my views on this issue—ultimately, that this leader was clearly not qualified for this appointment, that he should not have had that platform, and that the situation revealed something deeply flawed about the system that elevated, supported, and paid him for so long. My friend disagreed, insisting that the content of the man's teachings was enough to qualify him. What do you think?

His concerns were twofold. First, he was worried that if leaders must be above reproach, then we might not have any leaders! In other words, he thought that being truly above reproach was too difficult a standard for people to reach. I don't know what else to do here but defer to the Scriptures. According to the Bible, it's not only *possible* but *necessary* for appointed leaders to be above reproach. So, in the case that a church doesn't have persons who meet that standard yet, they must trust God to lead them without an appointed leader. More on this later.

My friend's second concern was that I was incorrectly deeming this man's teachings null and void, that what he taught was true and helpful for a lot of people, including himself. This is a common misunderstanding when we start talking about (dis)qualifications for leadership. So let me clarify, I'm not implying that the man's teachings were false, only that he wasn't a qualified leader. Typically, these leaders have giftings (real or perceived) that have helped to build up the Body of Christ, or else they would not be in leadership to begin with. In many cases, that's not the thing in question. We can acknowledge a real, God-given spiritual gift, even acknowledge all the positive ways that God used a person to build the Kingdom, but *this is not the only qualification for a leadership appointment!*

As we agreed in the first chapter, God uses *all* things to bring about good, even *bad* things. So the fact that God used someone's ministry in incredible ways, or the fact that their teaching was true, isn't itself proof that their being appointed to ministry was a *good* idea, only that God *used* it for good. Now, don't get me wrong; sound teaching and fruitful ministry are factors to consider, yes, for it shows that a person has the gifts necessary for the appointment. But then, there is another kind of fruit we must look for, and that is, *the fruit of the Spirit* as expressed in Galatians 5:22-23—i.e., love, joy, peace, patience, kindness, goodness, faithfulness, gentleness, and self-control.

These character-based fruits are what Christ was referring to when he tells us how to identify false prophets in the passage below. While he only mentions "prophets," it seems most likely to me that our modern definition of prophet may be a little too narrow compared to the broad spectrum of people that Christ had in mind—i.e., basically, anyone positioning themselves as having an authoritative voice within the Church.

> Beware of false prophets, who come to you in sheep's clothing but inwardly are ravenous wolves. You will recognize them by their fruits. Are grapes gathered from thornbushes, or figs from thistles? So, every healthy tree bears good fruit, but the diseased tree bears bad fruit. A healthy tree cannot bear bad fruit, nor can a diseased tree bear good fruit. Every tree that does not bear good fruit is cut down and thrown into the fire. Thus you will recognize them by their fruits. Not everyone who says to me, "Lord, Lord," will enter the kingdom of heaven, but the one who does the will of my Father who is in heaven. On that day many will say to me, "Lord, Lord, did we not prophesy in your name, and cast out demons in your name, and do many mighty works in your name?" And then will I declare to them, "I never knew you; depart from me, you workers of lawlessness." (Matthew 7:15–23)

Notice, he didn't say anything about their actual teachings or prophesying being false; nor did he suggest that their ministry would be unfruitful. To the contrary, he said they would prophesy (presumably with accuracy), as well as cast out demons and do many mighty works (again, presumably in actuality), but that they would be *workers of lawlessness* who never actually knew Christ, nor were known by him. For this reason, despite doing much effective work/ministry *in the name of Christ*, they will never enter his kingdom, for they were never his to begin with. That may sound like an unlikely scenario to you, but Christ says that *many* will say to him, "Lord, Lord..."—not a few, but *many*. So, if this doesn't fit your theological box, I recommend you expand your box.

As a Church, we need to reckon with the fact that a leader's spiritual maturity is paramount to their fitness for leadership. Otherwise, we'll continue to do harm to everyone involved in these situations, and (perhaps even more importantly) we'll continue to follow people whom God hasn't really given the authority to lead. Consider that for a moment. The fact that a person should have never been appointed to leadership brings entirely into question whether they took the Church in a direction that God actually intended.

All this to say, a person may have an indisputable anointing to function in some area of gifting—they may even be a highly gifted teacher of God's word—but if they exhibit condemnable character in any area of their life, then they are disqualified, not from serving as a brother but from being appointed (and therefore, potentially paid) as a leader.

As a brief note, I am aware that some people interpret Paul's discourse in Romans 7:14-25 to be evidence that he himself had (not merely a constant *struggle* with, but) a persistent *losing battle* with sin. Hence, he says, "I do not do the good I want, but the evil I do not want is what I keep on doing" (Romans 7:19). This, of course, would seem to contradict my argument that qualified leaders (which Paul obviously was) must be above reproach and not consistently overcome with sin. In short, my position is that, in Romans 7, Paul is *not* describing his current personal spiritual state but the state of a person who is operating under the law as opposed to under grace. I defer to my book, *No Longer I*, for a much deeper treatment of that scripture and topic.

People to Imitate

Even when leaders *do* have the spiritual maturity that the Bible calls for, if our idea of leadership is primarily about gifting and not character, something very precious and transformative is lost in the sheep-shepherd relationship. The sheep will look to their shepherd as having information they can use, but not necessarily as having a true, authoritative understanding about the Way of life that transforms everyone without exception. Let me explain to you what I mean.

The goal of the Christian life is to be transformed into the image of Christ, that by faith in Christ, God who dwells within us would be manifest in our mortal bodies—through our thoughts, desires, emotions, and actions. If we agree with the Bible, there's no need to speculate about the kinds of transformation everyone will experience if they follow Christ and learn his ways. The Bible tells us that they will experience freedom from shame, from condemnation, and (increasingly) from sin. Christ will teach them to genuinely (not just obediently) rejoice in suffering. They will not stay stuck in old patterns and addictions. They will learn the way of escape from things like depression and anxiety because those things don't exist in the life of God; joy and peace will be natural fruits they bear. They will pray often (i.e., without ceasing). They will live with heightened clarity and intense purpose, happily laying down their lives for others in love. They will not neglect their families but love them well. They will take care of their bodies as temples of the Holy Spirit. Those inclined toward being grumpy and irritable will become kind and patient. Those who tend toward introversion will find themselves enjoying people in a new way, and those who tend toward extroversion will find themselves enjoying silence and alone time (with God). Those who are naturally meek will grow into supernatural boldness, and those who are naturally bold will become supernaturally meek. Unforgiveness will find no place in them, but they will have the compassion and mercy of Christ, who died for his enemies. They will be truly satisfied in God, with a sound mind.

We could go on and on, of course, but the point is that these fruits are *promises* of walking by the Spirit. They describe who Christ is, who we truly are, and what we will experience if we grow up into Christ. The spiritual *gifts* are apportioned to individuals differently as the Spirit wills (1 Corinthians 12:4-11), but the spiritual *fruits*—i.e., the qualities of life and godliness—are apportioned to all of us the same, for God has willed it (2 Peter 1:3). All these traits, like being self-controlled and well-ordered, kind and patient, or managing their own household well, are not merely the expected traits for *leaders* but for *everyone*. Indeed, every single one of the character-based qualifications can be found somewhere else in the New Testament as a command or description of the normal Christian life, something every believer is to strive for. This means that a true spiritual leader is someone who, above all, is modeling the life that every Christian is called to live.

There is only one way to this kind of transformation, and it's the way of the Spirit, the way of faith. A leader's job, then, is to train people to walk by the Spirit, from whom all these traits emerge. But if a leader is lacking these spiritual fruits, then it proves that they haven't actually learned what they're trying to teach (i.e., walking by the Spirit). They are, by definition, blind guides.

I don't know if you've tried to live like Christ (I must assume you have, since you're reading this book), but it's not particularly easy! And believe it or not, studying the Bible, reading Christian books, doing all the spiritual disciplines, and immersing yourself in ministry doesn't necessarily lead to a transformed life. Maturity comes from walking by the Spirit, abiding in Christ, believing the truth, renewing your mind, trusting God, knowing him and being known by him, habitually depending on his strength and wisdom instead of your own. Only the one who has been trained in this Way will be able to bear fruit consistently; therefore, the one who has all these fruits is shown to *know* the Way, not merely to know *about* it.

The early Christians were, in fact, known as "The People of the Way." And so, their *leaders* were those who were recognized (by the fruits of their life) to have learned the Way and to be equipped to lead others in the Way. They were not merely "struggling like everyone else" but with a bit of extra Bible knowledge. They weren't valuable to the community because of their academic degrees. And it wasn't just their willingness to serve that made them fit for the task, either. In the war against the powers of sin and darkness, they were true, battle-tested soldiers who were capable of teaching anyone to fight well.

On a very practical level, then, pick any of these fruits that I've mentioned, or any other biblical fruit that comes to mind which you desire to see in your life, and then ask yourself, "Do I believe that my pastor has the know-how to lead me into bearing that fruit?" (Notice, I'm using the word "fruit" not "gifting.") This is essentially what it means to "ascribe authority" to someone. Do we think that they are properly credentialed for their area of service, in this case, leading others to grow in Christ and bear all the fruits of the Spirit?

In my own experience as a pastor, at times I have seen the people I lead ascribe greater authority to therapists, self-help authors, or other Christian voices (who they don't know and whose fruits they cannot measure) than they do to me. Please understand, I *never* take this personally, and I'm not saying it's always wrong. I have no need to be the one that they come to for help. However, I have frequently seen it result in them not actually taking what I say to heart, for they don't ultimately believe that I understand their problem or that my wisdom will work, though I am often confident that it would if they would just trust me. Because of this, they do not benefit from my shepherding like God intends.

That's what I meant when I referenced the precious and transformative nature of the sheep-shepherd relationship. If we handle our leadership appointments properly, with spiritual fruit being the primary indicator of readiness, ideally the sheep will learn that they can entrust themselves to their God-appointed shepherds (who were given specifically to them for this time of life), take what they say to heart, follow in their footsteps, and thereby experience greater transformation.

I really do hope that this doesn't come across as arrogant. To be sure, a leadership appointment in the Church is, categorically, an ascription of authority and know-how to lead people into the abundant life God promises them. We should not be offended at the idea that individuals could possess this understanding. Indeed, it's the amazing power of the gospel that we proclaim. If I don't have this, then I should not be an elder.

Consider all these scriptures which describe a leader's role as someone worth imitating (i.e., becoming like):

> Can a blind man lead a blind man? Will they not both fall into a pit? A disciple is not above his teacher, but *everyone when he is fully trained will be like his teacher.* (Luke 6:39-40)

> For though you have countless guides in Christ, you do not have many fathers. For I became your father in Christ Jesus through the gospel. I urge you, then, *be imitators of me.* That is why I sent you Timothy, my beloved and faithful child in the Lord, *to*

remind you of my ways in Christ, as I teach them everywhere in every church. (1 Corinthians 4:15–17)

Be imitators of me, as I am of Christ. (1 Corinthians 11:1)

Let no one despise you for your youth, but *set the believers an example* in speech, in conduct, in love, in faith, in purity. (1 Timothy 4:12)

Remember your leaders, those who spoke to you the word of God. *Consider the outcome of their way of life, and imitate their faith.* (Hebrews 13:7)

So I exhort the elders among you... shepherd the flock of God that is among you... not domineering over those in your charge, but *being examples to the flock.* (1 Peter 5:1–3)

To put it simply, if I cannot tell people with integrity, "Imitate *me* as I imitate Christ, and you will bear the fruit of the Spirit," then I have not learned the Way and am not a shepherd. Most pastors would be comfortable with saying, "Follow *Christ,* and you'll experience the fruit of joy." It's true, but they should also be able to say, "Follow *me,* and you'll experience the fruit of joy." A lot of pastors would say, "Follow *Christ,* and he'll set you free from your addictions." But again, they should be able to say, "Follow *me,* and you will overcome your addictions."

Of course, as I've mentioned numerous times, in order for this relationship between sheep and shepherd to work as it's supposed to, it must include the face-to-face, life-on-life sort of interaction that goes far beyond the pulpit, requiring a level of devotion that no person can provide to more than a small number of people at one time. This means that we need a lot more people maturing into shepherds than we may realize.

Let Them Be Tested

As for measuring a leader's maturity, I must clarify something. I'm not saying that we should expect our leaders never to sin again, or to be impervious to temptation, or to have it all figured out. As long as we live in the flesh, we lack perfect knowledge, and we are all still capable of falling into sin. Even Jesus was tempted up to his last days on earth. However, if a person is mature in Christ, there will be mounting evidence that they are *consistently* bearing the fruits of the Spirit (see Galatians 5:22-23)—i.e., fruit that doesn't come and go with seasons and trials, but is always evident.

> . . . Their leaves will not wither, nor their fruit fail, but they will bear fresh fruit every month, because the water for them flows from the sanctuary . . . (Ezekiel 47:12)

Truthfully, the one who has learned to walk by the Spirit, the one whose "water flows from the sanctuary," will always bear fruit because the conditions for growth are always ideal in God's kingdom. There is no "winter." Please understand that's not to say there are no *trials*, but that even in the midst of trials, we always have the indwelling Christ, who is all we need to bear fruit. Hence, Jesus says to the woman at the well, "[W]hoever drinks of the water that I will give him will *never be thirsty again*. The water that I will give him will become in him a spring of water welling up to eternal life" (John 4:13-14). Thus, even in a spiritual "desert," someone who is mature will find refreshment to continue bearing fruit.

This is also why, I believe, Jesus cursed the fig tree that wasn't bearing fruit, despite that "it was not the season for figs" (Mark 11:13). He had just witnessed the sad state of the temple (Mark 11:11), and he held the religious leaders responsible for it. The following day, on his way back to Jerusalem to cleanse the temple, he cursed the fig tree: "May no one ever eat fruit from you again" (Mark 11:14). This was a prophetic declaration or foreshadowing of God's removal of their current religious leaders and institution. It didn't matter whether it was "in season." Time had run out for the religious leaders to get their act together; there was *no justification* for their lack of fruit.

True maturity, then, is something that takes multiple "seasons" to discern. Someone may be bearing fruit in this current season of their life; it may even be quite exciting and impressive. But whether it continues into the next season of life, when trial comes, is something only time will tell. Hence the requirement that an elder must not be a recent convert (1 Timothy 4:6). This wisdom is given on the basis that appointing someone to leadership prematurely may cause the person to fall into conceit—that is, a pride of thinking they're further along in the spirit than they actually are—and then the subsequent condemnation of the devil, which is the result of hypocrisy—i.e., not living according to the standards that you're implicitly (via the eldership appointment) claiming to live by.

In the same letter, Paul tells Timothy that they should "not be hasty in the laying on of hands" (1 Timothy 5:22), referring to the final step in the process of appointing leaders where the church would lay their hands on the newly appointed person to "make it official" with prayer and blessing (cf. 1 Timothy 4:14). His reasoning? "The sins of some people are conspicuous (i.e., obvious) . . . but the sins of others appear later. So also good works are conspicuous; and even those that are not cannot remain hidden" (1 Timothy 4:24-25). In other words, give it enough time, and the fruit of someone's spiritual state will be manifest, good or bad.

In his qualifications for deacons (who were not appointed *overseers* but appointed *servants* to some specific type of ministry), Paul says we should "let them also be tested first; then let them serve . . . if they prove themselves blameless" (1 Timothy 3:10). It's more than reasonable to assume that he meant this for overseers, as well, not just deacons. But what does he mean by them being "tested" first? Some churches take this to mean that the *quality of their work* should be tested first—e.g., let them preach a few sermons and see how good a preacher they are. It certainly applies there, but I think we'd be mistaken to stop there. More importantly, the "testing" refers to the testing *of their faith* when trials inevitably come. How do they respond when things get difficult?

We might imagine, for example, a pastor who exhibited nothing but love and kindness toward people in his congregation, which is part of the reason he was appointed. But then, only after receiving the appointment, he started experiencing people being unkind toward him, and he became unkind in return. He defaulted to gossiping, showed arrogance, or crumbled under the pressure to please. This would be a clear sign that the man was appointed too early. Had the church waited for him to be tested first—in this case, for him to endure relational conflict in the church—they would have seen that he was not ready.

Therefore, one of the most necessary traits every leader should have is *consistency* in their fruit-bearing, independent of circumstance. Admittedly, there is never a point where we know everything we could know about a person (even ourselves), so the amount of time we wait before appointing someone still requires the collective discernment of the saints. I am only advocating here that it would be wise, in that process of discernment, to assign much greater weight to the consistency of a person's spiritual state than to fruits that have yet to be tested or to fruits that come and go.

Do We Really Need Leaders?

If we raise our standards for leadership to what the Bible actually calls for, I think it would require some leaders to step down from their positions or otherwise be removed. For what it's worth, this is exactly what I did, so I'm not talking about anything I wasn't willing to do myself.

I was a licensed pastor at my former church (in a denomination with all the protocols and procedures meant to ensure that the licensing process was legitimate), but I wasn't truly qualified. I was still pretty volatile in my spiritual life, slipping back and forth between "doing well" and "not doing great" on a weekly or monthly basis. I struggled on and off with watching pornography (which I was openly dealing with the best I knew how). I was still prone to anger—never abusive, but also not very gentle in spirit toward my family. My wife was not spiritually mature, either, though she was following me and learning mostly from me. (Can you connect the dots there?) When someone came to me struggling, I could direct them to the Lord and pray with them, as anyone can do. But I couldn't really say, "Imitate me in this." I could only say, "I get it, and I'm with you." That's an honest start, and that's being a good brother. But when that's *all* you can do, you're just a brother, just a fellow sheep, not a shepherd.

When I started the house church, I was excited to be simply a brother among brothers again. This didn't mean that I would refuse to lead *functionally,* for God has given me gifts to use whether or not I have an official title. It simply meant that I would refuse an appointment and that our church would be without an elder for as long as necessary, until someone was qualified.

Frankly, I don't understand why churches fear this so much—that is, not having any official leadership in place. Some of the earliest Christian communities that were started/led by the Apostle Paul functioned for some time without elders after he left. Then, after Paul gave them time to mature, he would return and appoint those to leadership who had actually become mature and qualified (Acts 14:21-23; Titus 1:5). If Paul didn't have an issue with leaving a community without elders for a time, then we shouldn't either. To him, it was obviously better to have *no* leaders than *unqualified* leaders.

However, I think if a lot of churches were honest with themselves, they would have to admit that they place a greater importance on having *appointed* leaders than on having *qualified* leaders. Tell me, how many churches are you aware of that don't have any appointed elders? That should tell you all that you need to know. Of course, they could argue that their leaders are indeed qualified, but then, if you challenge that by upholding the biblical qualifications we've covered, their priority may reveal itself. They will quickly start coming up with loopholes to the meaning of "above reproach" and/or arguing about the importance of leadership structure: "A flock without a shepherd is bound to get eaten by the wolves." "You can't steer a ship if there's nobody at the wheel." "God is a God of order, and a church without a head is a body in chaos." "If we waited for a perfect leader/teacher, every pulpit in the world would be empty."

By now, I pray that you see the absolute lack of Spirit in each of these statements. In God's Church, there is no flock without a Shepherd, nor ship without a Captain, nor body without a Head, nor pulpit without a perfect Leader/Teacher. Christ Jesus, our Savior, is himself all of these and more. He has been appointed over every church in the world, and his appointment stands forever. Do you trust him to lead you or not?

If a church cannot trust Christ to lead them in the absence of a human leader whom they can see, they are no better than the Israelites who demanded a king (see 1 Samuel 8). The reason this request was such great wickedness in God's eyes is because it revealed their lack of faith that God himself would rule over them as king; in this, they rejected God (1 Samuel 8:7; 12:17). Now, to be fair to them, and true to the subject of this chapter, the prophet Samuel, in his old age, had just made his sons judges over Israel, and they were wicked. Their terrible leadership—namely, their detestable character—is what prompted Israel's request for a king. Had Samuel not prematurely appointed his sons but waited on the Lord for leaders who were ready, perhaps God would have provided. But that's my own speculation.

At any rate, if I'm calling for anything in this chapter (and this whole book, really), it's to trust that Jesus Christ—via his Holy Spirit who dwells within us—will lead and build our churches far better than we can ourselves. Indeed, this is the heart cry of every true shepherd: Trust in God, not in man.

But who's going to give us sermons? Christ will, if you learn to rely on him. *But who's going to help us resolve conflict and protect us from false doctrine?* Christ will, if you learn to rely on him. *But who will cast vision for us?* Christ will, if you learn to rely on him. *But who will manage this building and this staff?* Christ will, if you learn to rely on him. (Though he may require you to make decisions you're uncomfortable with.) *But who will equip the saints for the work of the ministry?* Christ will, if you learn to rely on him. Stop demanding a king when you already have one! Though you cannot see him, believe with your whole heart that he is leading your church!

But how will he lead? Through individuals *who look to him.* Through saints who don't put men in his place, but who learn to discern what Christ is saying and doing, and who faithfully steward their spiritual gifts toward one another. So then, you say, "If he uses people to lead anyway, what's the difference?" The difference is, when you don't see any person doing these things yet, or when you don't see a person qualified to lead in an official capacity yet, will you look to Christ and wait on him to provide, or will you prematurely put a man in his place because you don't trust Christ?

Office vs. Function

I'm sure you've picked up on this by now, but I believe we need to make a distinction between *office* and *function*. I don't love the word "office," and, believe it or not, it doesn't even exist in 1 Timothy 3:1, where most translations have it. The Greek says literally, "If anyone aspires to *oversight* [not *the office of overseer*], he desires a noble task." Moreover, there are still a number of translations that use the term "bishop" or "bishopry" here in place of "overseer" or "oversight." The history behind these translation choices is nothing short of repulsive (forgive me for saying it), revealing how the institution has tried to preserve itself for so long, even to the point of adding to the word of God and/or making its original meaning inaccessible to the average reader. But we don't have time to cover that here.

Some people take this too far and argue that there's no office whatsoever; it is *only* about function. In other words, they say that someone who *is overseeing*—even apart from any official appointment—is technically *an overseer*. And yet, if this were true, then why would there be qualifications at all? Anyone could simply do the task without the character. Why would there be any talk about the laying on of hands and *appointing* overseers? There's simply no plausible explanation for this except that the early Christians understood oversight as an *official* position (i.e., an office) that individuals held/were appointed to.

That said, we should adopt a more grassroots, decentralized framework for it. Instead of thinking about an *office* that must be filled at all costs, let us think about a *function* (or perhaps, many functions) that must be performed. Only if someone displays aptitude for that function, coupled with spiritual maturity, may the office be filled.

In this format, anyone who *aspires* to oversee God's people can start serving in whatever capacity they feel empowered. Maybe they feel led to teach on Sunday mornings, or have wisdom to offer to people who are struggling. Maybe they want to start meeting with individuals throughout the week to disciple them. Maybe they need to call a brother and correct him, or help to resolve a conflict between two brothers. Maybe they feel a deep desire to pray and intercede for the saints. Etc. No one needs an appointment to do these things. I repeat: *No one needs an appointment to do these things!*

As I've said, building up the Body of Christ is *everyone's* responsibility. So let *everyone* seek to do it to the best of their ability, and see who emerges as the true shepherds. But if someone hasn't been *functioning* as a shepherd already for some time, and doing so with great efficacy and character, then it is foolish to appoint them to the office and start paying them to do it.

As for the office, then, what's the point? If someone is already performing these functions within the Body, then what actually changes after they are appointed? I'm not sure that this is an exhaustive list, but the following are functions that I understand to be unique to the office/appointment:

1. In a house-church model, oversight comes with the church's blessing to go from house to house (Acts 5:42; 20:20). All the other saints are expected to be committed to gathering in the same house each Sunday, so that they might learn to devote themselves to the same small group of people. If they desire to attend another house instead of their own, they must submit this decision to the others for approval. This is to prevent people from hopping around, consuming church, avoiding conflict, neglecting love, and never going deep. The overseers, however, have a larger jurisdiction. Their appointment comes with the unique freedom to attend different churches whenever they desire, to teach, check in, resolve conflict, and perform any duty required to build up the Body at large.

2. Appointing someone to oversight also implies that the work they're doing—most importantly, teaching/shepherding—is *worthy of pay* (1 Timothy 5:17-18). There's a difference between teaching and teaching *well*, between shepherding and shepherding *well*. Those who merely *aspire* to oversight can *and should* engage in these ministries, but just because they're *practicing* it doesn't mean that they've proven themselves *proficient* in it, nor that they're doing it for enough hours a week to justify getting paid for it. But the community will recognize when someone is doing these things at a "professional" level, for the direct impact they have on people's lives will be undeniable. For what it's worth, though, this doesn't mean

that an overseer must always be paid. In fact, it's a great privilege (and at times, a great lesson for everyone) to oversee without pay, as Paul did at times (see 1 Corinthians 9:1-23). If we take all this at face value, I think we'd quickly realize that most who *aspire* to oversight (i.e., who feel called to ministry) would actually do well to get normal jobs and develop secular skills to earn a living for themselves while developing their character and learning to serve the church on the side. Unfortunately, a lot of ministers today feel trapped in their leadership positions, despite feeling that they may not be qualified, because they have no other skills to make a living and provide for their families.

3. As I said at the beginning of the chapter, appointed leaders are also those who are ultimately entrusted with managing the church's money and distributing resources to those in need—a responsibility that demands remarkable character, wisdom, and depth of relationship with the saints.

4. And last, overseers are appointed to *represent* their churches in circumstances like, say, the Jerusalem Council in Acts 15, where the apostles and elders gathered to discuss theological issues. It's not always possible, nor would it be fruitful, to gather all the saints to discuss matters of governance, so churches may send those whom they know and trust to represent them in these situations and then relay the information back to them. I myself don't have any experience with this yet, so I'll leave it at that. But I expect that it will become more commonplace as our church grows.

The Organic Path to Ministry

One of the proudest moments of my life came over three years after starting the house church when, after one Sunday gathering, I was approached by a brother named Garrett. I had told Garrett a couple of years prior that I believed God was raising him up to shepherd his people, but Garrett couldn't see it. He felt called to earn a living in a secular vocation, and he had no intention of ever going to seminary or working for a church. However, this morning, he finally got what I'd been saying.

He told me that he had been paying attention to my life, that he had witnessed me working in logistics full-time while faithfully and effectively shepherding our house church, with peace, joy, and not a trace of burnout. He thanked me for setting this example and helping him to see that he actually did desire to shepherd people toward Christ, in his own home one day. He previously couldn't see it because the institutional mold for leadership was in contradiction with the other ways God was leading him to live.

Garrett is still only in his mid-twenties, but it's been amazing watching him grow organically into such a great measure of love, wisdom, and responsibility amongst the saints. Though he never received a formal education for it, and though he works a secular job, he is "in ministry" in the most meaningful *and healthy* way, under no pressure to perform or to be any further along than he is.

I hope some of you will consider taking a similar path, including those of you who feel especially called to ministry. For work, develop real-world skills. Get a job where you can earn a living outside the Church. Stop thinking of ministry as a career path, and just start doing it organically. Pour into people, and learn to love them like Christ. Take responsibility for their souls and lean on the Lord to help them mature. Devote yourself to prayer in the midst of all your ministry. Pay attention to your results, and make any necessary adjustments as the Spirit provides wisdom. All along the way, strive for holiness in your own life, understanding that you can't lead others if you can't lead your own life. Seek to live a life worth emulating in every respect, a life totally dependent on Christ.

If you start doing this in any significant measure, it's not unlikely that people will want to appoint you to leadership. Be cautious. Do not let money tempt you into this. Do not accept an appointment too early, that is, before you yourself have learned the Way *and* proven capable of leading others in it, too. This is all for your benefit. Humble yourself, and at the right time, God will exalt you.

CHAPTER ELEVEN

Moving Forward

With Wisdom, Love, and Lots of Faith

I am aware that, after reading this book, you may still be left with the feeling of not knowing exactly where to begin, how to make a difference, or what your role is in helping your church (or *the* Church) to come into alignment with the biblical principles we've covered. If I've left out any specific instruction in that regard, please understand, it isn't because I've failed to think through many possibilities that I could present to you. Rather, it's because *I'm not God*, and I would be a fool to think that I know what God's wisdom is for every Christian and every church on earth. It is one thing to say, "Here's God's intended design according to Scripture"; it is another thing to say, "Now, here's what you need to do about it," as if there is a one-size-fits-all solution. There is not.

Even if everything I've written about how the Church should function is true, I do not pretend to know how God intends to get the whole Church on board with that, or how long it will take. And so, I must encourage you to do the only thing that I myself have done, which is nothing other than to *trust* God to show you, to teach you, to lead you, to empower you, and to trust him so much that you'll wait on him as long as is necessary to see him move and confirm your steps.

As for each of the principles that I've covered in this book, I'll say once again that I believe they are *not optional*. They are not unique to the house-church model but core design elements for God's Temple, that is, the Body of Christ. As such, I hope you will take them to heart. The thing about each of them is that, as long as someone believes they are optional, they'll almost always get brushed under the rug. They're just too inconvenient. So, I beg of you not to let that happen. You may not know how to implement them yet; that's okay. Every fruit in the Christian life starts with the crucial step of coming into agreement with God (i.e., renewing the mind), and then relying on him in prayer. If you learn this Way (of dependence on God), God will provide you with everything you need to fulfill your purpose on earth and build up the Body of Christ.

For example, a pastor may take my admonition to "wait on the Lord" and quickly realize that his job would be in jeopardy if he takes it too seriously. How exactly he should proceed, I cannot say; that is above my pay grade. I can simply say what he should *not* do. He should not forgo this admonition for any reason, especially not for the sake of comfort, security, or convenience. Instead, he should hold it within his heart, knowing that he cannot ultimately live any other way, and he should wrestle with God until he has received clarity about how to move forward.

In like manner, someone may be stirred by one of my other exhortations—like practicing open participation or making small groups non-optional—but they aren't in a position of authority within their church to make that happen. Again, I can't say what the Lord would have them do, only what he *wouldn't* have them do, that is, to give up on these biblical ideals. If upholding God's word creates tension in your life, let it! Let it continue leading you to the Lord until he resolves the tension by giving you real wisdom about how you are to best live according to his word.

Maybe your next step is to have a conversation about it with your pastor. Maybe it's to pray earnestly for change. Maybe it's to finally tell your brother about your concerns regarding his walk with Christ. Maybe it's to read this book with others in your church. Maybe it's to start a small group that functions the way a *church* should. Maybe it's to start a house church. Maybe it's something else entirely.

Whatever it is, you likely won't know until God shows you. So, seek him persistently in prayer until he does.

Now, as I have repeated throughout this book, I do not believe God is calling every Christian to leave their traditional church and start a house church (though there may come a time, as is the case in many countries around the world, when we have no choice). I do, however, believe that he is leading more and more people in that direction, and this certainly includes *some* of my readers. So, it is to them that I will briefly turn my attention, that

I may provide a few useful tips for getting started. Then, I'll circle back to all my readers with one final exhortation.

Starting a House Church

First and foremost, I ask you, is your mind right? Please do not start a house church out of bitterness or resentment toward those who do it differently or toward those who've hurt you. It's unfortunately quite common for house churches to start this way, and the fruit of these communities is death, as they sit around bashing their brothers and sisters in Christ, identifying with one another around their former church-hurt. If you're not in a state of total forgiveness, compassion, and humility toward the Church, then you're not in a place to start any kind of church. Seek godly counsel, believe the gospel, and renew your mind, getting firmly established in Christ.

I can say with a true heart—which I hope you have perceived—that my church's beginnings were none other than faith working through love, and the fruit of that is evident. New members in our community have sometimes commented that they're surprised by how little we actually talk about "house church" or "the traditional church" or even why we operate the way that we do. That's because we focus on building each other up through the word of God and prayer. A lot of the "why" behind what we do becomes manifest organically as they simply experience the benefits of how we relate to one another.

Secondly, if you're leaving your current church, please do not be divisive. If there are people you trust within the church, submit your convictions to them with full sincerity, and ask them to weigh in and pray with you before making a final decision. Don't do this as a mere formality, to "check the box," but do it sincerely, humbly considering their response before the Lord. Even if you don't come to agree, this is a way to honor them, and it will go a long way toward keeping peace within the Body of Christ during/after your departure. Ultimately, you must walk according to your own faith, not theirs.

When I left my former church, I also made a conscious effort not to invite anyone from that church to come with me. If they were interested in joining me, I decided that they would have to be the ones to reach out first. This kept my departure from becoming anything more than *my* departure. It was not a church split, nor a subversion of authority, but one member going a different direction in faith. As a result, I received kindness and blessings as I left. I strongly advise you to go about it the same way unless you receive a direct blessing from the leader(s) of your church to invite other members to join you.

Thirdly, I ask you to carefully consider the strength of your convictions regarding the things I've written about in this book. There is no guarantee that starting a church in your home will yield the kind of community I've described. Indeed, many house churches today have done little more than import the traditional church model into a smaller setting. Others have eventually drifted back toward the traditions of men despite initially having intentions to operate differently. In either case, they have not accomplished much to turn the tide.

On the other hand, many house churches that avoid the trappings of the traditional model have their own unique kinds of dysfunction due to a lack of love, submission, church discipline, an accurate gospel, etc. Therefore, much of what I've written in this book is a correction not only to my traditional-church brethren but also to my house-church brethren who, in some cases, need the exhortation just as badly.

The point here is that if your convictions are weak, it won't work. Everyone and their brother is going to misunderstand you. People will challenge your ideas, tell you why you're doing it wrong, and even suggest that you're being prideful. Some will get very frustrated that you won't just "do more," while you insist that God will build it if we wait on him and do it his way. They'll push hard for you to start bringing a teaching every week, and then, to add more structure to the gathering "because it feels like not much is happening." Some will be with you for years before they finally understand what you've been saying about sharing our gifts with one another, loving one another, and speaking truth with one another. Many people will leave without having seemed to learn anything. Some will say it's starting to feel cultish; they'll perceive biblical submission as manipulation. Some will say that you hurt them, especially those who refuse church discipline.

With that in mind, are you confident enough that these are God's terms for biblical community that you're ready to die alone on this hill? I am. If I weren't, I would've given up a long time ago, as many people do. So, whatever level of confidence you think you need in order to take this leap of faith is between you and God. However, I suggest, at the very least, that you get firm in your beliefs as quickly as possible, pray for extreme clarity, and then *gird up your loins*. The Enemy does not like what you're thinking about doing.

And lastly, I would suggest that you go all in. It's common for people to start house churches *as a supplement* to their traditional church community (e.g., meeting on a Saturday so everyone can still go to their normal churches on Sunday). However, in my opinion, this does a disservice to both communities. Referring back to our "one another" appointment, if you're going to continue being a part of your traditional church community, you owe it to them to love them with full force, with wholehearted devotion. And the same goes for your house-church community. But if you're a part of both, you won't be able to love either in the way that is necessary. It's not just about the one weekly gathering, but life outside the weekly gathering, as well.

In addition to how it divides *your* attention, you should also think about how it prevents *others* from learning the way of love, further exacerbating the issue of consumerism in the Church. I know a man who led a house church on Saturday nights for three years. All of his members attended a traditional church, as well, on Sunday mornings. Most people would think this is no big deal, and yet, he always struggled to get his members to be more than "attendees." Not surprisingly, when he moved the time of his gathering to Sunday mornings, and they were forced to choose between the two, they all stopped coming to the house church and chose the traditional church, revealing the truth all along that the house church was never a community they were devoted to, felt responsible for, or were helping him to build. Instead, they had "consumed" the church experience he provided to them for years because they were never required to commit to any one community.

In this way, creating an expectation of commitment/devotion is intrinsically linked to discipleship. Something as simple as holding your house assembly on Sunday mornings can help to teach people the way of love (*via* the structure, not *in spite* of it) in ways that your words may never get through to them. As it requires people to reckon with this truth on the front end, it may also spare you a lot of time pouring into people who don't actually feel appointed to your community. And if they don't ultimately decide to be a part of your church, if they take your words to heart, you'll be sending them back to their church with a greater devotion toward that body. It's a win-win for the whole Body of Christ.

That being said, this is not a black-and-white thing, only something for you to consider. God may have wisdom for your particular situation that defies all the logic I just provided. So, as always, please bring to the Lord whatever I have said, letting him show you what applies to you, and then walk by faith.

"What Should I Look For in a Church?"

Someone asks what they should look for in a church, and they're met with the typical answers: Find a pastor who preaches a particular way. Find a church that inspires you every Sunday. Find a church that's going to push you to grow or has a place for you to serve. Find a church that *really* teaches the Bible. Find a church that prioritizes evangelism and missions. Find a church with a strong small-group ministry. And a good student ministry. And a good children's program. Find a church with lots of diversity. Find a church that isn't *too* big. And the list goes on.

The question, however, is inherently flawed. Ask me, "What should I look for in a church?" and I will tell you simply that you're asking the wrong question. Start asking the right question, which is this: *How should the Church look, and how might I help it to look that way?*

I'm serious. This isn't just a question; it's a revelation. And as long as you resist it, you resist a very important part of God's will for your life.

To think of "the Church" as something other than your own body, as something which is capable of being what it ought to be *without you*, is a fundamental error in judgment. The unfortunate reality, however, is that many Christians operate this way, without any real sense of agency when it comes to building the Church, largely because they're thinking of the Church as an *institution* instead of *people*. I hope to help change that.

Honestly, I'm tired of watching my Christian friends move away and be at the mercy of whatever new city they're in to find a church that will (hopefully) suffice. I'm grieved by the fact that so many of my loved ones have settled with a form of "church" that is nowhere near the goal, and that they don't seem to have the slightest clue how they might do something about it, let alone that they're even allowed to.

The fact is, regardless of how your church functions, no one can keep you *yourself* from doing any of the things I've outlined in this book, and that's where all of us must start—i.e., being faithful to live according to our own convictions.

No one can keep you from radically waiting on the Lord, inviting people into your home, loving them like Christ, speaking into their lives in a way that no one else will, building them up in the Lord, and cultivating the kinds of community we've been talking about—one that is full of spiritual gifts and prayer, one that is gospel-centric, one that is practicing submission and church discipline, etc. You don't need anyone's permission to begin loving and relating with God's people in the way that you're called to love and relate with them. And you can only learn by *doing*.

So, whatever kind of church you're currently a part of (or if you're not part of one at all), you have no excuse not to get started (unless your excuse is that you're actively seeking the Lord about *how* or *when* to get started)!

If I could summarize my desire for the Church in practical terms, it would be that every Christian becomes capable of building up the Body of Christ wherever they are. It's that fewer and fewer Christians would be dependent on others to build for them a healthy, fulfilling, transformative, Spirit-filled Christian community, but that each person would become the steady, life-giving communal Rock that others gather 'round for fresh water. There is something very empowering about knowing that, wherever you are, *you can build* the kind of church that your soul longs for—of course, only by the power of God—and that it doesn't depend on any formal institution (which, at times, is more a hindrance than anything) but on human relationships and the Holy Spirit.

This is, ultimately, what I want for *you*—the school teacher, the architect, the carpenter, the salesman, the counselor, the stay-at-home mother, the doctor, the business owner, the retiree, the recent college grad, the missionary, the church-planter, or the pastor.

That *you* become an unstoppable force of Kingdom advancement, not by running yourself dry in vain striving, but by trusting the Lord and being empowered by him.

That *you* become one who is capable of shaping the trajectory of the souls around you, of leading them into the abundant life that Jesus promised.

That *you* would never be a victim of what the Church lacks, but that the Church would become a product of *your life, your love, your faith.*

That *you* would have a framework for serving Christ and serving people that helps you to bear more fruit and to remain more at rest than you've ever dreamed was possible.

Above all things, as you set out on this course, I pray you make up your mind that God is faithful. Fix your eyes on the Chief Shepherd and Overseer of your souls. Lean on him for all wisdom and strength as you build, and do not give up! The fruit you desire and the community you were made for are on the other side of *you* putting on Christ and daring to believe what others won't—that God will build it *if we let him!*

Final Remarks

Thank you for journeying through *Unless God Builds It.* Your time and engagement with this message mean the world to me. If this book has moved you, I'd be incredibly grateful if you would leave a brief review on Amazon or your preferred platform. A quick 1-2 sentences about how it impacted you can make a huge difference in helping others discover this important message.

To stay connected and receive updates on new releases, please visit jacobhotchkiss.com.

To make this message entirely accessible to the Church, I intend to make a digital version that is always available for free on my website. Please share it with friends and family at no cost. My heart is to spread this truth far and wide.

May the Father bless your steps as you lay down your life for the sake of his Body, always looking to our Lord Jesus Christ, the Chief Shepherd and Overseer of our souls.